CB001176

Outro Dia

Coleção Estudos
Dirigida por J. Guinsburg

Equipe de realização – Edição de Texto: Iracema A. de Oliveira; Revisão: Elen Durando; Sobrecapa: Sergio Kon; Produção: Ricardo W. Neves, Sergio Kon e Raquel Fernandes Abranches.

Ruy Fausto

OUTRO DIA

INTERVENÇÕES, ENTREVISTAS, OUTROS TEMPOS

Dados Internacionais de Catalogação na Publicação (CIP)
(Câmara Brasileira do Livro, SP, Brasil)

Fausto, Ruy
  Outro dia : intervenções, entrevistas, outros tempos
/ Ruy Fausto. -- São Paulo : Perspectiva, 2009. -- (Coleção
estudos ; 273)

  ISBN 978-85-273-0870-0

  1. Artigos 2. Entrevistas 3. Capitalismo 4. Democracia
5. Política 6. Totalitarismo I. Título. II. Série.

09-10148   CDD-320

Índices para catálogo sistemático:

1. Ciência política 320

Direitos reservados à
EDITORA PERSPECTIVA S.A.

Av. Brigadeiro Luís Antônio, 3025
01401-000 São Paulo SP Brasil
Telefax: (011) 3885-8388
www.editoraperspectiva.com.br

2009

Para Luisa, minha filha

Sumário

Prefácio..XIII

Parte I
INTERVENÇÕES

  1. Democracia, Capitalismo, Totalitarismo

      Atravessando Marx............................3

      Sobre a Identidade da Esquerda.
      Que é Ser de Esquerda no Século XXI? 11

      Notas sobre Democracia, Capitalismo
      e Totalitarismo..............................17

  2. Brasil (e América Latina)

      A Esquerda na Encruzilhada.................33

      A Gangrena 39

      Para além da Gangrena 47

      Reflexões sobre o Momento Político 72

As Perspectivas da Esquerda 75

Posfácio ao Artigo "As Perspectivas
da Esquerda" 80

As Esquerdas e a América Latina 84

Que me é Permitido Esperar? 89

Jogo de Espelhos 93

Antes Tarde... 97

3. França

Antes das Eleições Francesas. 101

Reflexões sobre as Eleições Francesas 104

Sarkozy segundo a Ordem das Razões. 110

4. Cuba

Cuba sim, Ditadura não. 119

Policiais Brasileiros em Cuba. 139

Cuba e a Crítica de Esquerda ao Castrismo 143

5. Ética e Universidade

Em Defesa do "Moralismo" 149

Sobre os *Lobbies* na Universidade. 152

Complemento a " Sobre os *Lobbies*
na Universidade". 155

Universidade, Democracia, Sociedade Justa 159

Parte II
ENTREVISTAS

Dialética, Indivíduo, Teoria Crítica 173

Filosofia Francesa, Esquerdas no Brasil e na Europa,
Universidade Brasileira 186

Seminários sobre *O Capital,* Política Brasileira,
Esquerda e Universidade 200

Socialismo Democrático, Marx Hoje, Futuro
do PT, Fundamentalismos 217

Governo Lula, Social-Democracia, Esquerda
Radical 230

Duas Entrevistas do Segundo Semestre
de 2002 237

   a. Entrevistador: Manuel da Costa Pinto 237

   b. Entrevistadores: Anderson Gonçalves,
      Rodnei Nascimento e Sílvio Rosa 239

Entrevista sobre Cuba. 250

A Esquerda Difícil, Projeto Socialista-Democrático,
Violência e Corrupção 255

Esquerda e Direita, Intelectuais Brasileiros,
Capitalismo e Totalitarismo. 261

Lógica e Política, Filosofia e Não Filosofia,
Dialética 268

Parte III
OUTROS TEMPOS

Resenha de *Pourquoi des Philosophes?*,
de J.-F. Revel 279

Sobre o Raciocínio Político de Oliveiros
Ferreira. 283

Sobre os Textos 293

Prefácio

Esse volume reúne artigos, intervenções em colóquios, entrevistas – boa parte dos quais foram publicados em versões mais ou menos diferentes na imprensa de São Paulo – e dois textos de "outros tempos". A série é de certo modo um complemento ao meu livro *A Esquerda Difícil, em torno do Paradigma e do Destino das Revoluções do Século XX e Alguns Outros Temas*[1].

O presente volume contém a maioria dos meus artigos sobre a política brasileira, textos relativos a Cuba, três artigos sobre a França, outros tantos referentes à ética e universidade, além de três intervenções orais – com que abro o livro – em torno da democracia, do capitalismo e do totalitarismo. Os artigos, que tomo como intervenções escritas, foram publicados entre 2004 e 2007. As intervenções orais são todas de 2007. As entrevistas vão de 1983 a 2007. A última seção, "Outros Tempos", que tem um caráter particular, inclui dois trabalhos bem antigos, publicados, respectivamente, no início de 1960 e em 1967.

---

1 São Paulo: Perspectiva, 2007.

O conjunto dos textos – principalmente os da segunda série da primeira seção, mas não só – gira em torno da crítica dos descaminhos da esquerda, em particular da esquerda brasileira. Descaminhos que são dois ou três ou, ainda, quatro, conforme a maneira de contar. Os dois principais são o "revolucionarismo", e o petismo "vulgar", aquele que tem uma atitude leniente em relação à corrupção. O revolucionarismo tem, *grosso modo*, duas variantes: o revolucionarismo tradicional, que prega a revolução e crê na sua realização; e a variante niilista que, no plano da análise, professa em grandes linhas a visão "revolucionista" do mundo, mas crê que as portas se fecharam e que não há mais saídas de progresso. A esses três descaminhos se soma um quarto: a tentação de abandonar a esquerda e aderir a partidos e movimentos de centro ou de direita. Sobre o fundo da crítica dessas posições se desenha o projeto difícil, incerto, mas legítimo e insubstituível, de um socialismo democrático.

A série da França está centrada na batalha eleitoral de 2007, de que resultou a vitória de Nicolas Sarkozy, e nos inícios da presidência deste último. Com relação aos artigos sobre Cuba, observaria apenas que eles me valeram reações de uma rara violência, inclusive por parte de gente que tem responsabilidades universitárias. Quanto aos textos sobre a universidade, o leitor encontrará um desenvolvimento e explicitação deles em partes de algumas das minhas entrevistas. Ficará evidente, espero, o quanto os problemas lá discutidos são importantes – embora passem por pessoas, eles não são "pessoais" no sentido pejorativo do termo – e merecem, por isso, discussão teórica e desenvolvimento.

Como já indiquei, os textos deste volume não coincidem sempre com a versão que publiquei na imprensa, embora, ao contrário do que projetara inicialmente, eu tenha preferido, muitas vezes, a versão curta publicada na imprensa, ao original mais longo. Um problema delicado é o das passagens com as quais o autor não está mais de acordo. O longo e difícil caminho de progressivo desencanto com o PT me pareceu ter interesse, porque não foi apenas o meu, mas o de muita gente. A regra foi a de nunca omitir aquelas passagens (os cortes, que fiz, visam sempre reduzir as repetições ou são correções de forma), mas acrescentei a elas uma nota crítica entre colchetes[2] ou em rodapé. No que se refere às entrevistas, utilizei frequentemente uma versão bem maior do que a que foi publicada, mas introduzi ao mesmo tempo um certo número de cortes. De novo, não se trata de ocultar tropeços passados, mas de reduzir desenvolvimentos excessivamente longos, ou de omitir referências pessoais, quando elas não têm dimensão universal, o que ali é, comumente, o caso.

Sobre a última parte, Outros Tempos, remeto o leitor ao que escrevo na nota introdutória correspondente.

Os textos podem ser lidos em ordem dispersa. Mas peço a atenção do leitor para a data em que foram redigidos, indicada brevemente em pé de página, e mais detalhadamente no final do livro.

Uma parte considerável dos artigos que compõem esse volume foi lida e discutida por meus amigos, antes da sua publicação pela imprensa. A ajuda deles foi, em muitos casos, decisiva, mas evidentemente estão eximidos de qualquer responsabilidade pelo resultado. São eles: Cícero Araujo, Janete Grynberg, Márcio Suzuki, Martha Gambini, Newton Bignotto e Eduardo Kugelmas (falecido em novembro de 2006 e a quem dediquei meu último livro). O livro completo foi lido por Cícero Araujo e Daniel Golovaty, que fizeram numerosas e muito interessantes observações críticas, as quais eu quase sempre repercuti no texto. Alexandre Carrasco também examinou a versão final. Evidentemente, eles não são responsáveis pelo que diz o livro, em particular pelo que, nele, ainda precisaria ser melhorado. Com os meus agradecimentos.

No final do prefácio de um livro cujo objeto é em grande parte a política, é impossível não dizer duas palavras sobre o que ocorreu entre janeiro e novembro de 2008 (mais precisamente, no segundo semestre), e suas implicações. Refiro-me à crise. A ideia de que, abandonado a si mesmo, o mercado, e com ele o sistema, tende ao desequilíbrio, tem, uma vez mais, uma confirmação histórica dramática. Durante trinta anos nos ensinaram o contrário, e quem não aceitasse as lições (mesmo

---

2 Observo que, se a maioria das minhas notas críticas se refere à avaliação do PT, este não foi o único problema a respeito do qual repensei teses ou argumentos.

admitindo que fosse necessário modificar em muitos pontos o antigo modelo de *welfare state*) era considerado arcaico ou ignorante. Os donos da verdade tiveram de fazer o seu caminho da cruz. O governo inglês estatiza bancos, Bush faz mais ou menos o mesmo e, na defensiva, declara que o capitalismo representa, apesar de tudo, o melhor sistema... Sarkozy trata de tirar do armário o "molho de esquerda" com que assessores haviam temperado alguns dos seus primeiros discursos (ver, neste volume, "Sarkozy segundo a Ordem das Razões"). O mercado capitalista, endeusado e naturalizado até ontem, aparece agora como um menino travesso e irresponsável. O Estado, até ontem fonte de todos os males, é sagrado como tábua de salvação pública. O neoliberalismo naufraga. Se os problemas continuam pendentes (e quase tudo é a discutir, em primeiro lugar, as modalidades da intervenção do Estado), temos agora um espaço de que não dispúnhamos anteriormente. Ao contrário do que aconteceu com parte da esquerda no início dos anos de 1930, é improvável que, uma vez alertada pela experiência trágica do século XX, ela embarque de novo na canoa furada do totalitarismo, pseudoalternativa de horror ao sistema em crise. A crise do capitalismo do século XXI não pode alimentar o totalitarismo, nem o leninismo que lhe serve de antessala. Se ela põe na ordem do dia alguma coisa, esta só pode ser o projeto de um socialismo democrático.

Novembro de 2008

Parte I

Intervenções

1. Democracia, Capitalismo, Totalitarismo

ATRAVESSANDO MARX*

Que deve significar Marx, para a esquerda de hoje? Digamos que para uns, na Europa principalmente, ele não é nada, e para outros, no Terceiro Mundo latino-americano, principalmente, ele é mais ou menos tudo. Duas respostas que bloqueiam as possibilidades da esquerda atual, no Primeiro como no Terceiro Mundo. Minha tese é a de que o marxismo como política e, em boa parte, como filosofia da história, envelheceu (para não dizer mais, por ora), mas ele continua sendo sólido, sem dúvida, em grandes linhas, como crítica do capitalismo. Quantos defendem essa perspectiva complexa? Muito poucos. E, entretanto, estou convencido de que só ela pode oferecer uma saída para a esquerda, em todo o mundo.

O século XX não foi o século marxista como pretendem alguns, contra as evidências; foi outra coisa. Sem dúvida, o capitalismo subsistiu e se desenvolveu, em grandes linhas, segundo cânones não muito diferentes dos que Marx havia suposto. Porém o século foi muito mais do que isto. Para retomar

---

* Texto lido em seminário de agosto de 2007 sobre Marx.

a expressão de Eli Halevy, o século xx foi também a "era das tiranias", na realidade, muito pior, a era dos totalitarismos. E se como grande modelo de crítica do capitalismo o marxismo oferece elementos consideráveis para pensar o século xx, ele não serve para pensar o século como "era dos totalitarismos".

Não vou me estender muito sobre motivos críticos que desenvolvi pelo menos em dois dos meus livros. Nem Marx nem Engels pensavam que o século xx seguiria o caminho que seguiu, naquilo em que ele não foi capitalismo. Dir-se-á que Marx ou Engels não podiam prever o que aconteceria? O problema (para começar) é que houve quem previsse. Digamos Bakunin à esquerda, Nietzsche à direita. E mais ainda. Por rica e, a seu modo, rigorosa, que fosse a teoria crítica de Marx, ele não só não pensou na possibilidade de um totalitarismo, como, de um certo modo, vedou a possibilidade da compreensão dele. De fato, se os governos totalitários do tipo stalinista ou maoísta (e também castrista, vietminista etc.) puderam e podem utilizar o marxismo como ideologia, é porque havia um ponto, ou pontos cegos, no marxismo que permitiam essa apropriação. Isso não significa, evidentemente, que seja admissível a tese de que Marx diria amém a Stalin, a Mao ou a Castro. Mas significa que o seu projeto político, embora devidamente adaptado, serviu para a constituição das ideologias totalitárias ditas "de esquerda", e para consolidar os poderes que elas expressavam (nenhum totalitário pensou em adaptar, por exemplo, o anarquismo, para fazer dele a sua ideologia[1]). E é por isso mesmo, porque o marxismo "serviu" para constituir as ideologias totalitárias de esquerda, que ele não serve para entendê-las e interpretá-las. Ou mais precisamente, o fato de que, modificado ou não, ele tenha sido utilizado como ideologia para os totalitários é um sintoma que nos leva a reconhecer as insuficiências da política e da teoria da história de Marx, e da sua consequente incapacidade em entender esse mesmo totalitarismo como um dos grandes fenômenos sociais e políticos do século xx.

Essas considerações são óbvias para muita gente, e escandalosas para outras. Dirijo-me essencialmente a essas últimas.

---

1 [O que não significa que o anarquismo não ofereça, por sua vez, outras dificuldades].

Mas a recusa dessa postura é complexa. Uns, principalmente na América Latina, acharão que tal atitude em relação a Marx é excessivamente crítica (para dizer as coisas de forma atenuada); outras, principalmente no Primeiro Mundo, dirão, pelo contrário, que quem pensa assim está preso demais ao marxismo. Devo dizer que essas últimas considerações não são hipotéticas: estou acostumado a ser acusado de antisocialista no Terceiro Mundo, e de radical marxizante no Primeiro.

O que me assusta no pensamento de boa parte da esquerda latino-americana (certamente, não a totalidade, nem a maioria, mas, até certo ponto, esta posição é hegemônica) são, assim, duas coisas que vão no mesmo sentido: 1. a de pensar a história e a política contemporânea a partir, essencialmente, do cânone marxista; e 2. a sua incapacidade em entender o significado da grande deriva totalitária do século XX.

Sobre o primeiro ponto: ao invés de se perguntar se o que foi visto no século passado, e, em parte, ainda se vê nesse início de século, é compatível com o pensamento de Marx, boa parte da esquerda tenta, pelo contrário, inserir no texto do *Capital* (ou no *corpus* global de Marx) a experiência social e política que aquele século ofereceu, e o nosso, em parte, oferece. A história contemporânea é posta sobre o fundo das ideias de Marx, como se estas fornecessem o esquema de algo como uma história essencial, à luz da qual deveria ser pensada a história fenomenal. Quando aparece um poder totalitário depois de uma revolução feita em nome do fim da exploração, isso não representa um problema teórico maior. Tem-se uma solução mais ou menos pronta. O que vem depois de uma revolução feita em nome do comunismo é a ditadura do proletariado, como Marx e Engels afirmaram; aquele poder que apareceu na história real há de ser, então, uma ditadura do proletariado ou alguma forma próxima desta última. Se esse poder revela traços muito desviantes em relação ao projeto original, dir-se-á, de modo mais sutil, que estaríamos diante de uma degenerescência, mas de qualquer modo degenerescência daquela ditadura ou, em termos mais simples, degenerescência do "Estado operário" (a expressão não é de Marx). Esse tipo de interpretação não ocorreu uma só vez, foi a regra geral. Se a forma fenomenal não satisfaz plenamente o conceito, este ganha uma determinação negativa, mas se mantém como conceito.

Da análise desses poderes poder-se-ia generalizar para a interpretação geral do século XX e, em boa medida, para a do conjunto da época contemporânea. Esse século seria os das revoluções e das ditaduras revolucionárias, conforme pensaram Marx e Engels. Mas que aqueles poderes representem formas sociais novas, que, como se disse, não só escapam aos quadros do pensamento de Marx, mas em parte pelo menos, também não se inserem nas teorias clássicas das formas de governo de Platão e Aristóteles a Montesquieu, disso não se dá conta. E o que é mais grave: no interior daquele quadro de leitura, não se pode mesmo dar conta. Enquanto o esquema marxista da história for mais ou menos confundido com a história efetiva (digo, quando ele ganha o estatuto de algo assim como o de uma "história essencial"), é impossível pensar o caráter real desses fenômenos novos. Trótski tentava pensar a burocracia nos quadros do marxismo e da tradição marxista. Qualquer que fosse o seu talento, o resultado é que ele se debateu com o conceito de Termidor (o objeto era outra coisa que não uma reação termidoriana); e, pior do que isto, definiu o Estado russo sob Stálin como "estado operário [sic!] degenerado". Ao invés de pensar que lugar teria tal ou tal forma ou evento da história contemporânea no interior do livro (*O Capital*), seria preciso pensar que recursos explicativos o livro poderia oferecer (ou não oferecer!) para interpretar a história contemporânea.

Mas então, como pensar essa história? Não posso tentar aqui um desenvolvimento maior em torno de um problema tão vasto. Diria que os elementos para um esquema interpretativo original se encontram em autores estranhos à tradição marxista, ou então em autores que passaram pelo marxismo, mas se tornaram críticos de Marx (na realidade, todos eles reconhecem o interesse de Marx para pensar o capitalismo). Para citar só alguns, diria que esses elementos podem ser encontrados nos textos de dois franceses e um alemão (ou antes, de um francês, de um grego-francês, e de uma alemã): Claude Lefort, Cornelius Castoriadis e Hannah Arendt. Até onde estou informado, Lefort e Castoriadis são lidos entre nós [em alguma medida, em certos meios filosóficos], mas tira-se

DEMOCRACIA, CAPITALISMO, TOTALITARISMO

pouco do seu pensamento. Arendt também é lida (talvez até mais do que os outros), mas ela passa por ser "conservadora", no melhor dos casos, razão pela qual é tomada como leitura complementar, e a ser utilizada "com cuidado e moderação". Claro que não falo de todos, mas, como já disse, do que se passa nos círculos mais radicais[2]. O que se pode tirar da leitura desses autores é que o totalitarismo é uma forma política original e que, por isso mesmo, a história do século xx revela um processo, sob muitos aspectos, também original: o fenômeno da transformação de revoluções contra as autocracias e a desigualdade em poderes não igualitários, mas "igualitaristas", e cujo autocratismo ultrapassa tudo o que se conhecera até então na história moderna e contemporânea. Esse "descarrilhamento" da história – expressão que não é muito rigorosa porque continua pressupondo a ideia de uma história "sobre trilhos", mas que diz alguma coisa sobre o que foi, de qualquer modo, uma virada – exige uma outra ideia do processo histórico, e uma outra ideia do progresso. Na realidade, por mais que se complique a ideia crítica tradicional (marxiana) – por si mesma, sem dúvida, já bastante complexa – de progresso, essa complexização era e é insuficiente para pensar aquilo que representou uma verdadeira regressão histórica, a saber, os regimes totalitários (no caso, os "de esquerda"); regimes no interior dos quais houve progresso técnico, e um certo número de "avanços sociais", mas que não puderam se transformar em "conquistas", dado o contexto arquiautocrático em que foram implementados.

Até aqui só falei das dificuldades que enfrentam aqueles que pretendem conservar os cânones essenciais da política marxista, ainda que introduzindo este ou aquele ajustamento ao objeto que, na realidade, lhes escapa. Mas é ilusória também, no outro extremo, a perspectiva dos que recusam toda referência ao pensamento de Marx, dos que estão afetados por uma verdadeira reação alérgica a tudo o que concerne a Marx e marxismo, e mais ainda, a tudo o que se refira a classes, capitalismo, ou forma econômica. As recentes eleições francesas mostraram que, contrariamente ao que se poderia pensar, as insuficiências destes últimos não são menos graves do que as

---

2 [Em outros, ela é lida, mas frequentemente utilizada no quadro da polêmica contra os direitos do homem, última moda do pensamento pós-moderno.]

dos revolucionaristas, seus contrários. Diante de um candidato de direita que, paradoxalmente, afirmando-se de direita com todas as letras, praticava e pratica ao mesmo tempo um certo tipo de populismo que o leva, entre outras coisas, a utilizar um discurso centrado na defesa, ou no elogio do trabalho, a esquerda foi incapaz de dar uma resposta rigorosa e eficaz. O discurso de Sarkozy era, na realidade, o da "economia vulgar", e a resposta adequada passava de algum modo pela crítica marxiana da economia. Mas, inibido pela alergia a todos os temas dessa crítica, o PS francês foi incapaz de desmontar construções ideológicas simplistas, como as de quem diz defender o trabalho ao defender a riqueza, porque a riqueza vem do trabalho[3]. A extrema-esquerda francesa, por sua vez, também não pôde dar boas respostas, mas por razões inversas: ela não tinha nenhum programa sério para o curto prazo, além de todas as suas ambiguidades no plano internacional (na França, muito pouca gente de esquerda se dispõe a votar em partidos e grupos que continuam dando apoio, mesmo se "crítico", ao castrismo, e alimentando ilusões revolucionárias de um outro tempo).

Assim, a meu ver, o revolucionarismo marxista e a "alergia a Marx", os dois opostos, barram o caminho da esquerda, tanto no Primeiro como no Terceiro Mundo. As pessoas preferem, de longe, o conforto de posições cristalizadas, positivas ou negativas, ao esforço por pensar o objeto, e estudar as possibilidades e as impossibilidades de um certo corpo de doutrina. Não nos esqueçamos de que Marx foi *um* teórico socialista, e de que a tradição da esquerda tem muitos outros autores e atores, mesmo se, em geral, menos fortes do que ele em termos teóricos. Proudhon, Bakunin, os críticos pré-marxistas da economia política como Hodgskin, Fourier, e mais alguns; e, depois, Jaurès e várias outras figuras antiautoritárias da esquerda do século XX. Em todos eles há alguma coisa a aprender, e (muitas vezes) eles viram mais longe do que Marx em termos políticos, mesmo se a crítica marxiana do capitalismo, ao contrário da sua política, representa o modelo mais rico. É preciso incorporar o que, contra Marx, há de importante nesses autores (digamos a defesa da circulação simples nos críticos pré-marxistas da economia

---

3 Sobre o discurso sarkozista, ver mais adiante, neste volume, "Sarkozy segundo a Ordem das Razões".

DEMOCRACIA, CAPITALISMO, TOTALITARISMO

política; a consciência dos perigos essenciais que oferecem os Estados revolucionários, como é encontrada em Bakunin; a recusa do comunismo, tal qual a encontramos, por exemplo, em Proudhon; o espírito democrático de Jaurès). Sem a consciência de que, tudo somado, esses autores fazem parte da tradição da esquerda, não menos do que Marx, não há saída possível. Bem entendido, o problema não é de história das ideias, trata-se de encontrar soluções novas; mas, neutralizada a hegemonia tradicional do marxismo, estas reencontram, muitas vezes, o que disseram alguns dos seus adversários. Mais do que tudo, é preciso refletir sobre o significado das revoluções ditas "comunistas" do século xx, e sobre o seu destino. Para dar um exemplo atual, quantos refletiram sobre o fato de que Castro apoiou a invasão da Tchecoslováquia em 1968, de ele ter sido favorável à tentativa de golpe stalinista contra Gorbatchev, de ter, *not the least*, apoiado o massacre dos estudantes que se haviam manifestado contra o poder despótico-burocrático em Pequim? Bentham dizia, num texto, que as coisas mudam, mas os nomes ficam e, com isso, a significação primitiva desses nomes é aplicada a objetos que não têm mais nada a ver com o que originalmente eles designavam. Essa observação corresponde bem ao que ocorre em boa parte da esquerda contemporânea, embora o problema não seja só o da fetichização de nomes, mas o da fetichização de teses e de doutrinas. A exigência cartesiana de obedecer ao critério da evidência pôde parecer mais ou menos vazia para Leibniz, e, pulando para o nosso tempo, muito pouco "operacional" para Gaston Bachelard. Se esse anticartesianismo pode ser justificado talvez no plano das ciências naturais, e com relação ao lado mais especificamente teórico das ciências sociais, ele não se justifica no plano da política. A ideia de aceitar só o que se apresenta como evidente, por vazia que pareça a fórmula, é uma ideia preciosa na situação atual das esquerdas. Isto significa pensar a política a partir do objeto, e não de tal ou qual corpo doutrinário mais ou menos ossificado. Mais especificamente, pelo menos no que se refere às ilusões revolucionaristas, seria preciso quebrar o preconceito do terceiro excluído, que é o ponto nevrálgico das ilusões de pelo menos uma parte da esquerda. Os inimigos dos nossos inimigos não são necessariamente, nem em geral, nossos amigos. Seria necessário, por exemplo, aceitar o que representa um paradoxo para o senso comum, inclusive o de esquerda: exigir a saída dos americanos de Guantánamo, e lutar ao mesmo tempo pelo fim da perseguição aos dissidentes e pelo fim do poder despótico castrista em geral. No que se refere ao outro lado (o dos alérgicos a Marx), impõe-se a articulação da luta contra todos os totalitarismos, inclusive "marxistas", que representa o seu forte, com a incorporação da tradição teórica da esquerda, uma tradição no interior da qual Marx continua tendo um lugar importante.

No que concerne à relação a Marx (claro que o problema não se reduz a isso), o que faltou, nos dois casos, foi, e é, a capacidade de criticar a tradição marxista, "atravessando" o corpo marxiano, a partir das exigências atuais das lutas da esquerda, e do estudo da história contemporânea. Essa reflexão e esse estudo devem levar a uma recusa da política marxista, enquanto reivindicação do comunismo, da violência e da ditadura do proletariado[4], mas, ao mesmo tempo, à consciência de que temas como o da naturalização dos processos econômicos, como o do desequilíbrio essencial do sistema, e mesmo como o da mais-valia, uma vez repensados, continuam a ter uma legitimidade crítica indiscutível. Essa dupla atitude exige outra coisa que não a fé, o simplismo, a inércia teórica, demônios aos quais, infelizmente, uma parte importante da esquerda, incluindo muitos jovens, se entrega. O revolucionarismo vulgar, praticado por uma parte da esquerda – enquanto a outra cai no pragmatismo mais vazio e conciliacionista – conduzirá, na hipótese improvável da sua vitória, não à liberdade e à igualdade, mas a regimes de sangue e de opressão. O pragmatismo preguiçoso e oportunista levará, por sua vez, ao reforço dos governos de direita e da ideologia que o sustenta. Para além dos "pró-Marx" e dos "anti-Marx", cabe a toda teoria crítica refletir sobre esse impasse.

---

4 Criticar a política de Marx não significa, evidentemente, afirmar que todas as suas análises políticas são incorretas ou sem interesse. A crítica visa, principalmente, o projeto político de Marx. Mas, se é verdade, como indico em outro lugar, que ela arrasta também parte das análises, ela não invalida evidentemente tudo o que ele escreveu em matéria de política.

SOBRE A IDENTIDADE DA ESQUERDA. QUE É SER DE ESQUERDA NO SÉCULO XXI?*

A identidade da esquerda é, em geral, definida a partir da ideia de "igualdade". Mas a experiência trágica do século xx pôs na ordem do dia um problema, na realidade já antigo: o da atitude da esquerda em relação à "liberdade". Seria muito insuficiente supor que a experiência do século passado, que foi a do totalitarismo, teria sido a de um sacrifício da liberdade em benefício da igualdade. Esse jogo de compensação pode ter ocorrido, e mesmo assim só muito aproximadamente, nos primeiros anos de algumas das revoluções do século xx, porém muito cedo o que se viu foi o sacrifício tanto da liberdade como da igualdade. Onde estamos? Depois da derrocada do "socialismo de caserna" é preciso repensar os fundamentos de toda política que se pretenda de esquerda. Isto é uma exigência para as esquerdas em todo o mundo, mas no interior de cada país, ela toma características particulares. Pretendo, aqui, discutir um pouco tanto a questão geral da identidade e do destino da esquerda, como o problema particular da esquerda brasileira.

Há quem considere o colapso do "socialismo de caserna" como uma grande derrota da esquerda. É supor equivocadamente que ele a encarnava de direito. Alguns, muitos até, no Terceiro Mundo [latino-americano] principalmente, querem recomeçar tudo mais ou menos do mesmo modo, como se não houvesse lições a tirar. No outro extremo, há os que, de um modo ou de outro, abandonam todo projeto que poderia merecer o nome de socialista.

Num extremo estão os neorrevolucionários. Alguns, minoritários, ainda reivindicam a herança de Mao ou de Stálin. Mas o neorrevolucionarismo dominante é, em geral, leninista -trotskista, ou castrista (mais frequentemente guevarista); ou as duas coisas ao mesmo tempo[5]. No outro polo, está a tendência a abandonar uma exigência propriamente de esquerda, e a aderir à política de partidos de centro, e mesmo de centro-direita, partidos que, de qualquer modo, não têm como núcleo do seu projeto

---

* Texto lido em seminário de agosto de 2007. O título é dos organizadores do colóquio.

5 A acrescentar o modelo nacionalista-populista.

político a luta contra a desigualdade. Entre os dois, fica o espaço para repensar uma política de esquerda para o século xxi.

No plano mais geral, o que se impõe em primeiro lugar é, evidentemente, a reivindicação da democracia. Não se trata de negar que a democracia, tal como se apresenta hoje nos países capitalistas, é uma democracia imperfeita: mas ela simplesmente inexiste no que resta de países ditos "comunistas". A novidade não está, assim, no fato de que se deveria negar que essa democracia é imperfeita ou mesmo formal; a novidade está em que a experiência do totalitarismo nos ensinou que, imperfeita ou não, ela é uma conquista cuja importância não se pode subestimar. Mais precisamente, se continuamos a pensar com a tradição da esquerda que há oposição entre uma igualdade formal e uma desigualdade substancial, fazemos da igualdade existente – embora formal – uma alavanca na luta contra a desigualdade. Ou em outros termos, pensamos a relação entre democracia e capitalismo não mais em termos de convergência (mesmo se o capitalismo se serve da democracia para ocultar a si mesmo como máquina de produção de desigualdade), mas em termos de oposição. Impossível aceitar o projeto tradicional de uma derrubada do capitalismo junto com a democracia, com vistas à instauração de uma utópica sociedade de pura transparência.

Mas a simples exigência democrática é insuficiente, mesmo no plano dos fundamentos. Somos obrigados a definir de maneira mais precisa o sentido geral do nosso projeto. Isso também vai, e duplamente, contra a tradição. Primeiro formalmente, porque se a tradição revolucionária indicava, bem entendido, objetivos últimos, por razões internas e, à sua maneira, profundas, ela se recusava a proceder a uma tematização mais detalhada desses objetivos. Essa recusa vinha da tese de que toda tematização de objetivos finais não é inocente, e de que, pelo próprio fato de tematizar esses objetivos, correríamos o risco de bloquear o movimento de transformação. O problema não se coloca mais nesses termos. É preciso explicar nosso projeto de sociedade. Mas há uma ruptura com a tradição revolucionária também na substância mesma dos objetivos. Creio que é preciso abandonar todo projeto de uma sociedade transparente, em que desapareceriam Estado e Direito, e em que a igualdade seria, essencialmente, absoluta. Pelo contrário, devemos ter como objetivo – é importante ter um objetivo, quer ele seja realizável ou não a curto prazo – uma sociedade em que subsistam trocas de mercadorias e mercado, mas em que o poder do capital seja controlado e neutralizado dentro de limites que só o futuro poderá determinar.

Tentemos precisar um pouco mais qual é a situação da esquerda, incluindo a da *intelligentzia* de esquerda, e fixando -nos principalmente, mas não só, na situação brasileira. Digamos que a *intelligentzia* de esquerda brasileira, e a esquerda brasileira em geral, oscila entre três posições (ou, caso se prefira, entre quatro, já que uma delas se desdobra):

A. Há, por um lado, os que continuam professando um projeto revolucionário. O peso dessa tendência é característica [de certos países] do Terceiro Mundo; ela não tem grande importância no Primeiro Mundo, mesmo se obtendo, lá, resultados eleitorais não desprezíveis. Apesar da catástrofe que representou o caminho revolucionário da Rússia, China, Cuba, Vietnã, e *not least*, do Camboja, os nossos radicais continuam pregando a solução violenta, como se nada tivesse acontecido e não houvesse experiências históricas a meditar. Essa atitude é exatamente inversa à que domina, em geral, no Primeiro Mundo. Se a esquerda do Primeiro Mundo tem o mérito de haver abandonado as ilusões revolucionárias, ela, entretanto, está afetada por uma verdadeira alergia a toda referência ao capitalismo e a toda análise das classes, o que tem consequências não menos desastrosas. O impasse atual do PS francês tem muito a ver com isto. Impossível pensar a política contemporânea sem falar em capitalismo. O resultado é que, se em certos países do Terceiro Mundo é ainda mais ou menos hegemônico um revolucionarismo descabelado, no Primeiro, é um pragmatismo sem profundidade que dá as cartas. Nos dois casos, a esquerda perde.

B. Voltando ao Terceiro Mundo e ao Brasil. Ao lado desse revolucionarismo tradicional, existe também uma tendência niilista, muito próxima daquele revolucionarismo, mas diferente, porque é pessimista em relação às possibilidades da revolução. Embora a revolução continue sendo sua perspectiva, ela insiste na inexistência de saídas para a situação atual. Mas se, de fato, as coisas não são fáceis, o que ocorre propriamente é que não há saídas para quem se situa no quadro das teorias tradicionais da esquerda. Se supusermos que a política de Marx é a verdadeira, é mesmo muito difícil acreditar que se possa sair do impasse. O bloqueio é da teoria, muito mais do que do real, mesmo que, insisto, seja muito difícil ser otimista. Porém, não ser otimista é muito diferente de, por exemplo, decretar a morte da política. O que morreu, de fato, foi a política tradicional da esquerda, não a política em geral. A essas duas posições (que compõem o gênero "radicalismo") se soma a dos que ainda acreditam na política petista. Para eles, a questão da corrupção é secundária, quando não a supõem invenção da mídia. Nesse sentido, frequentemente confundem aceitação do jogo democrático com aceitação das práticas de corrupção (é verdade que as duas coisas andam juntas, mas de fato, não de direito) e enxergam resquícios de "sectarismo revolucionário" em toda atitude intransigente diante dos corruptos. Há aí uma confusão de planos. A exigência democrática, bem entendida, implica em mais, não em menos rigor em relação àquelas práticas. É só para os adeptos das soluções revolucionárias-violentas, que a corrupção não é mais do que um epifenômeno.

C. Finalmente, há os que, não sendo nem revolucionaristas nem lenientes para com a corrupção, se dispõem, entretanto, em nome da tolerância, do bom senso ou do realismo, a aderir à política de partidos, digamos, de centro (centro-esquerda ou centro-direita). Par dar nome aos bois, refiro-me à tendência de parte da intelectualidade e de parte dos antigos comunistas a se aliar, senão a aderir, a partidos como o PSDB. Não estou afirmando em absoluto que entre os membros de partidos como esse não haja pessoas bem intencionadas, nem que inexistam lá tendências de tipo desenvolvimentista, mas para dizer tudo em duas palavras, acho que é impossível qualificar esses partidos como partidos de esquerda. As suas bases não são populares, nos seus programas não se dá ênfase à luta contra a desigualdade, e os seus próprios representantes – alguns deles, pelo menos – declaram expressamente que não pertencem à esquerda. Nessas condições, não vejo em que sentido esses partidos poderiam interessar à esquerda. Assim, acho que se pode resumir o impasse da *intelligentzia* de esquerda brasileira, e da esquerda brasileira em geral: ora se professa um revolucionarismo (tradicional ou niilista) de um outro tempo, ora se assinam cheques em branco às maracutaias do partido, atualmente no poder,

DEMOCRACIA, CAPITALISMO, TOTALITARISMO

ora, ainda, recusando o revolucionarismo e a leniência, aceita-se como alternativa a adesão ou o apoio a partidos cuja política não tem mais nada a ver com qualquer projeto de esquerda. Essa é, a meu ver, a situação.

E quais seriam as saídas? Não tenho receitas mágicas a propor, mas observaria que se, *grosso modo*, a *intelligentzia* da esquerda se perde em falsas soluções, há individualmente muita gente de boa vontade em diferentes partidos ou grupos, e também entre os que evoluem de forma independente. De imediato, o problema é de hegemonia. É preciso discutir essas questões com os melhores, publicar o quanto for possível textos de crítica desses três (ou quatro) enganos, de maneira a lançar algumas sementes de verdade – creio eu – no meio da confusão teórica e prática que reina atualmente. Acho que, a médio prazo, seria preciso que aqueles que recusam os três (ou quatro) enganos se organizassem numa publicação política e teórica, que poderia funcionar como o núcleo para alguma coisa de mais sólido no futuro. É o que dá para propor atualmente.

Quanto ao programa prático, é difícil avançar muito. A primeira coisa seria manter uma atitude absolutamente estrita em matéria de luta contra a corrupção. Não há nada de mais desmoralizante para a esquerda do que o envolvimento de partidos de esquerda em escândalos ligados a dinheiro e poder. Por outro lado, os efeitos econômicos de uma política intransigente em relação à corrupção não seriam insignificantes. Mas aquilo de que necessitamos é, em geral, de um programa de redução radical das desigualdades, que deveria atingir em primeiro lugar as regras de imposição do imposto de renda (aliás, a propósito do imposto de renda, não nos esqueçamos da questão essencial do combate à sonegação fiscal). Junto com uma política econômica que estimule o desenvolvimento, isto permitiria liberar meios que tornassem possível verdadeiras reformas no plano da educação e da saúde. Outro capítulo é o da economia solidária, que existe, mas de forma muito tímida, no quadro do governo atual. É preciso repensar os projetos de cooperativas, que estão bastante desenvolvidos em outros países. O interesse delas é múltiplo: desenvolvimento econômico, luta contra o desemprego, luta contra a alienação do trabalho. No plano da política externa, seria preciso pôr em prática uma política de independência em relação aos grandes centros, mas que não faça concessões ao que resta de regimes totalitários ou a governos neopopulistas de estilo quase totalitário. Apesar das dificuldades, tem-se a impressão que o governo Lula não se empenhou o suficiente na luta contra a desigualdade, e, ao mesmo tempo, a de que ele teve uma postura radical (ou pseudorradical), tanto nas suas relações com os chamados movimentos sociais, como nas que ele mantém com regimes pretensamente revolucionários da América Latina. O ideal seria o oposto: que ele fosse inflexível em relação aos pseudorradicalismos internos e externos, e que fosse mais ousado e radical no combate à desigualdade. O mérito de Lula está em algo que, paradoxalmente, é denunciado como seu principal defeito por uma parte dos seus adversários: até aqui, ele não se revelou um Chávez. Porém a prática do governo atual está muito longe de ser a efetivação de um projeto sólido de luta contra a corrupção e contra a desigualdade, projeto que só uma esquerda com outras exigências seria capaz de propor e de realizar.

NOTAS SOBRE DEMOCRACIA, CAPITALISMO E TOTALITARISMO*

Introdução

O tema nos convidaria a uma tipologia ou a uma série de definições. Mas prefiro não começar por aí. Parto do vivido e da experiência histórica dos séculos xx e xxi, em particular a experiência da esquerda. Isso nos levaria, mais adiante, não propriamente a uma tipologia, mas a fixar noções num plano ao mesmo tempo conceitual e histórico. Faço assim, ou começo por fazer uma espécie de Fenomenologia (no sentido da *Fenomenologia do Espírito*, de Hegel), isto é, uma descrição crítica da experiência, que só no final poderia abrir caminho para [o análogo de uma] *Lógica* (isto é, uma apresentação propriamente teórica).

A partir do final do século xix, o marxismo foi hegemônico no interior da esquerda [e a partir do após Segunda Guerra Mundial, parece ter sido hegemônico nos meios intelectuais em geral. No Brasil, e na América Latina em geral, o marxismo ainda é hegemônico, pelo que parece, nos meios estudantis. Entre os professores de universidade, e no plano da teoria, aparentemente, não é este mais o caso.]. Ele enfrenta dificuldades sérias na segunda metade do século xx (em particular, a partir dos anos de 1970). E já é possível fazer um balanço. Ao fazer esse trabalho, encontramos o nosso tema: democracia, capitalismo, totalitarismo. Porque globalmente pode-se dizer que o marxismo se sai bem na crítica ao capitalismo, e que ainda hoje, no seu núcleo, a crítica marxiana ao capitalismo tem bastante vigor. Outra coisa, se considerarmos o seu destino nas suas relações com o totalitarismo e com a democracia. Digamos que aí ele encontra dificuldades muito grandes: e se é duvidoso que ele tenha se revelado fecundo para pensar a democracia, é certo que ele fracassa inteiramente diante do fenômeno do totalitarismo.

Tratar do destino do marxismo é uma forma indireta de introduzir a reflexão sobre democracia, capitalismo e totalitarismo. Progressivamente, tomarei distância em relação a esse ponto de partida. Retomo aqui considerações que fiz em outros lugares, mas variando a forma da apresentação, introduzindo

---

* Para uma conferência proferida em setembro de 2007.

temas sobre os quais não havia tratado até aqui, e incorporando alguma coisa da bibliografia mais recente[6].

I. Marxismo, Capitalismo, Totalitarismo, Democracia

1. Marxismo, Democracia, Totalitarismo

A. Fundamentos – Em que sentido e por que razões o discurso marxista parece frágil ou envelhecido diante dos objetos "totalitarismo" e "democracia"? Creio que seria preciso distinguir certos níveis de discussão. Existe, por um lado, uma espécie de nó teórico que parece vedar a compreensão do totalitarismo, e também da democracia, enquanto "outro" do totalitarismo (também em parte de forma independente, mas dentro de certos limites que estudaremos). Se quisermos entender o porquê dessas dificuldades, talvez pudéssemos recorrer a três elementos, isto é, a três insuficiências (aqui, apoio-me em parte em Claude Lefort). Poderíamos dizer o seguinte:

i. Há por um lado uma dificuldade no plano da teorização das relações entre "sociedade civil" e "Estado". Apesar da forma complexa pela qual aparece, em muitos textos, a sua tese, Marx vê o Estado como expressão da oposição de classes, de tal forma que temos, de certo modo, um só nível de oposição, cuja forma originária se situaria no interior da sociedade civil. A esse esquema, Lefort vai opor, a partir da leitura de Machiavel, uma dupla oposição. (Isto parece uma banalidade, mas não é). Existe uma oposição de classes dentro da sociedade civil (que pode se refletir mais ou menos no nível do Estado), mas existe também uma segunda oposição essencial, cujos termos são agora o Estado e o conjunto da sociedade civil.

Dei-me conta (*il m'est apparu*) de que, para Machiavel, a sociedade está sempre dividida entre dominantes e dominados; que esta divisão não pode ser imputada às condições de fato (grau de desenvolvimento das forças produtivas) e que ela se combina com

---

6 Pelo menos um livro, a série de artigos de Claude Lefort, de 1945 a 2005, editados pela Belin, Paris, em 2007, sob o título de *Le Temps Présent*.

a divisão do poder e do conjunto da sociedade (*ensemble social*). Esta dupla divisão é constitutiva de toda sociedade política [...]. Sem ignorar as condições econômicas, [Machiavel] julgava que [a divisão de classes] se manifestava na oposição entre dois desejos: o de comandar, de oprimir – o desejo dos "grandes", qualquer que fosse a sua figura no decorrer da história – e o de não ser comandado, oprimido – o desejo do povo. [...] ele combinava esta divisão com a do poder e da sociedade, e explorava as posições que eram oferecidas ao príncipe ou, em geral, aos dirigentes políticos, uma vez que eles estão no lugar do poder[7].

ii. A segunda dificuldade – eu a considero também a partir do texto de Lefort – está não mais na questão das relações entre sociedade civil e Estado, mas na própria maneira pela qual Marx pensava a sociedade civil. Num brilhante artigo de 1980 (na origem, uma conferência) "O Pensamento Político diante dos Direitos do Homem"[8], em que ele faz a crítica do artigo de juventude de Marx, "A Questão Judaica"[9], Lefort insiste sobre o fato de que Marx pensa a sociedade civil essencialmente como campo onde se enfrentam os diferentes interesses – eu diria, no texto de juventude, de forma atomística; mais tarde, propriamente sob a forma de oposições de classe – porém não a pensa como "espaço público", onde circulam "pensamentos, palavras, opiniões, escritos, que [...] escapam do poder"[10]. Por essa razão, considera os direitos do homem em conexão estrita com os interesses egoístas de proprietários, e não para além desse universo.

iii. Em terceiro lugar, poder-se-ia falar da concepção de história de Marx, ou também do problema da violência. Aqui não parto do texto de Lefort. A história em Marx é paradoxalmente fechada, de certo modo conhecemos os atores históricos, o futuro não é fatal, mas não se introduz a possibilidade de terceiros (ou de inversões absolutas, se vale a expressão). Por outro lado, creio que se Marx pensa a violência, ele não considera uma possível *hybris* da violência, se posso dizer assim.

---

7   Idem, p. 348 e 360 (grifo meu).
8   Revista *Europa*, e incluído em *Le Temps Présent*, p. 405 e s.
9   Ver também Direitos do Homem e Política, em *L'Invention Démocratique*, Paris: Fayard, 1981.
10 C. Lefort, op. cit., p. 413.

A violência em Marx tem sempre limites [à luz do que se viu no século xx] e é de certo modo funcional. Poder-se-ia dizer que ela tem limites qualitativos e quantitativos. Qualitativos, no sentido de que ela é visada em conexão muito estreita com a luta de classes, e nesse sentido, há duas espécies de violência, a revolucionária e a contrarrevolucionária, e não mais do que duas. Quantitativos, no sentido já indicado, de que não se considera a possibilidade de um desencadeamento quase infinito da violência, uma violência de intensidade de certo modo ilimitada, e autodeterminada.

A partir desses três elementos (sem dúvida, essa esquematização não é a única plausível), seria possível pensar em que sentido e por que o marxismo não vê o totalitarismo, e também a democracia na medida em que esta é o outro do totalitarismo. Há aí, já disse, uma espécie de "nó teórico". O totalitarismo não é visível, porque é um *tertius*, e porque nele se encontra uma espécie de violência infinita, que vem do poder de Estado (também, ou mais, do partido, mas passa pelo Estado), e porque ele liquida a sociedade civil enquanto "espaço público", mas não o liquida necessariamente (ver o caso do totalitarismo de direita) como lugar da luta de interesses. A democracia não é visível, porque ela só é pensável como exigência de libertação progressiva deste espaço, e não apenas de uma sociedade civil concebida como o lugar da luta de interesses. [A acrescentar que se desenvolveram muitas lutas por diferentes reivindicações, lutas que não foram só de classes, mas de grupos, de sexo, minorias de diferentes tipos etc.]. Ela é, por outro lado, impensável, se fizermos abstração da dupla oposição (oposição interna à sociedade civil, e oposição entre sociedade civil e Estado), porque a dimensão "resistência ao poder de Estado" lhe é essencial. E, finalmente, porque democracia significa resistência a todas as violências, revolucionárias, contrarrevolucionárias ou outras. A democracia se pôs em evidência na luta contra a *hybris* da violência do Estado, a violência totalitária. Com o que, se relançou no Ocidente a discussão sobre democracia. O argumento de que Marx viveu antes da época do totalitarismo não é probante. Há quem o tenha previsto (Nietzsche). Bakunin viu o caminho que acabou levando a ele. E a teoria de Marx serviu bem à ideologia totalitária, pelas próprias insuficiências dessa teoria.

B. Desenvolvimento e exemplificação – Se quisermos desenvolver um pouco o quanto a tradição marxista não dá conta de um e de outro objeto, poderíamos lembrar, para o caso do totalitarismo "de esquerda", os textos em que Marx se opõe a Bakunin. Bakunin observa que num governo dos trabalhadores, estes são, na realidade, "ex-trabalhadores": "no momento em que eles se tornaram apenas representantes do povo eles deixaram de ser trabalhadores". Marx, pelo contrário, acredita que eles deixaram tão pouco de ser trabalhadores "como um capitalista pelo fato de se tornar conselheiro municipal". E acrescenta: "bastaria que Bakunin conhecesse a posição de um *manager* numa fábrica cooperativa de trabalhadores, para que ele mandasse para o diabo todos os seus sonhos sobre a dominação (*herrschäftliche Traumen*)"[11]. Bem entendido, aqui não se trata propriamente de totalitarismo, mas em geral de uma deriva autocrática de um "poder dos trabalhadores". De qualquer modo, o texto interessa. Quanto ao totalitarismo de direita, a tendência dos marxistas foi a de vê-lo como uma simples variante da dominação capitalista, o que é um engano (embora Trótski tenha se dado conta do perigo que representava o nazismo, e numa série de textos, que estão entre os seus melhores escritos, tenha proposto uma aliança comunista--socialista para enfrentá-lo). Quanto à democracia, ver a "Questão Judaica" de Marx e os comentários de Lefort (por exemplo, a leitura redutora por parte de Marx do problema muito sério da "segurança diante do poder")[12], também o Manifesto Comunista, e – me permito – o comentário crítico que fiz dele em "Acertos e Dificuldades do *Manifesto Comunista*"[13], (a lei entendida apenas como "preconceito burguês", a liberdade de consciência entendida apenas como expressão "da livre concorrência no campo da consciência" etc.).

11 Marx, *Werke*, v. 18, citando Bakunin, *Staatlichkeit und Anarchie* (ver meu livro *A Esquerda Difícil: Em torno do Paradigma e do Destino das Revoluções do Século xx e Alguns Outros Temas*, São Paulo: Perspectiva, 2007, p. 237).
12 Ver Lefort, O Pensamento Político diante dos Direitos do Homem, art. cit.
13 Em *A Esquerda Difícil*, op. cit., p. 51 e s.

2. Marxismo, Democracia, Capitalismo

Em outro plano, o da relação democracia e capitalismo (não mais democracia e totalitarismo), a posição de Marx é menos criticável, mas ela é insuficiente. Marx denuncia as oposições liberdade/não liberdade no capitalismo, assim como igualdade/não igualdade, isto é, a existência de duas "camadas" que se contradizem no interior do sistema, e uma espécie de interversão de um termo no outro. A análise é muito rica. Mas, apesar de tudo, Marx não pretende se apoiar no polo democrático (igualitário e "libertário"), para utilizá-lo como uma espécie de alavanca contra o outro polo. Ele quer a liquidação dos dois e a passagem a uma sociedade transparente. Observe-se que no século XIX, a oposição democracia/capitalismo é muito evidente. Lutou-se pela democracia política (os poderes burgueses só muito lentamente reconhecem o sufrágio universal masculino, e depois o sufrágio universal propriamente dito); por outro lado, na medida em que as grandes desigualdades são incompatíveis com a democracia, mesmo as lutas econômicas (nível salarial, jornada de trabalho), tiveram e têm, de fato (às vezes, talvez, também no plano do vivido), uma dimensão democrática.

Lefort, em geral, subestima a oposição entre capitalismo e democracia. Aí o ponto em que discordo dele. Não farei aqui a discussão desse problema que é fundamental, mas que, por isso mesmo, nos levaria muito longe. Digamos que Lefort vai, um pouco rapidamente demais, da ideia [em linhas gerais, justa] de que a democracia implica na possibilidade de trocas, de mercado e de abstrações sociais, à ideia discutível de uma coabitação mais ou menos inevitável entre democracia e capitalismo. Mas a sua posição não parece cristalizada.

II. Consequências da Crítica

1.

A experiência do século XX nos põe diante de uma história, de certo modo, aberta; e submetida a uma violência sem limites.

A violência não é mais revolucionária ou contrarrevolucionária; frequentemente a gente não sabe o que ela é. E ela vai até o genocídio. Essa história revela formas sociais novas, de que o totalitarismo, ou os totalitarismos são o melhor exemplo. A história é aberta: a irrupção da violência tem uma força própria de inércia, e conduz a interversões fundamentais (muito mais fundamentais do que pensava a tradição). As forças de progresso podem se transformar em forças de regressão (isso a tradição conhecia, mas não na escala em que se deu). Seria preciso se referir ao livro (nada de esquerda) de Alain Besançon: *Les Origines Intellectuelles du Leninisme*, apesar das críticas que se podem fazer a ele. Há ali a ideia importante da inércia própria de certo tipo de violência, inércia que já é visível no jacobinismo, e como ela pode transformar a face da história (como vai transformar com a chamada Revolução Russa). Esse fenômeno é estranho ao esquema de Marx. Uma história em que aparecem novos personagens, e na qual a violência e a opressão – não capitalista, nem burguesa, nem revolucionária – atingem um clímax. O que muda é a teoria do progresso. Tem-se aí uma verdadeira regressão, porém regressão que se dá não só no interior de um processo histórico em que há progresso técnico, mas no interior de um processo histórico em que há também invenção de formas (a regressão não é volta ao passado, mas criação de algo novo). Isso exige uma ideia de progresso muito mais complexa, por complexos que fossem os esquemas de Marx sobre o progresso. Ao mesmo tempo, o paroxismo da violência parece instaurar, e ao mesmo tempo exigir, uma espécie de transcendental na história. No sentido de que é o próprio gênero humano que, de certo modo, é posto, quando se chega a tal grau de violência. Isso põe em xeque – não inteiramente, é verdade, porque regionalmente ela pode ter alguma verdade – uma filosofia como a de Hegel, que serve de modelo primeiro a Marx, sobretudo na forma da crítica ao "moralismo". Também se poderia falar de uma espécie de patologia social. Mas "patologia", creio eu, tem aqui um sentido um pouco diferente do que tinha nas teorias clássicas, inclusive porque partimos de uma noção diferente do que sejam os regimes, ou o regime "normal". Trata-se de formas patológicas por causa do alto grau intensivo e extensivo da violência que neles se praticam.

Esses fenômenos não eliminam a diferença direita/esquerda, mas a complicam muito. Há, de certo modo, uma nova dimensão, que se situa, poder-se-ia dizer, no plano transcendental. Uma esquerda totalitária é, por isso, pior do que uma direita não totalitária. O que não quer dizer que a diferença desapareça [nem que não se deva preferir a esquerda, quando não se tratar daquele caso].

2.

Na crítica ao capitalismo a tradição mostrara a interversão da liberdade em não liberdade, e da igualdade em desigualdade. Mas a ideologia do capitalismo, que se apropria dos temas da democracia, acentua a liberdade. A esse respeito, a crítica mostrava essencialmente como a liberdade burguesa era liberdade para o capital. Isto é, como a liberdade se intervertia em não liberdade, pela mediação da desigualdade, que se instaurava.

Mas agora se descobre uma dialética – uma nova dialética da igualdade. A igualdade que se interverte em desigualdade, mas não no interior do capitalismo. A igualdade que gera a não liberdade. Se se quiser, igualdade que se interverte em não igualdade pela mediação da não liberdade. Mas aqui a não liberdade é decisiva. Esse movimento caracteriza o totalitarismo de esquerda, e serve à crítica dele.

Seria preciso se deter mais nesse ponto. Há uma convergência paradoxal – dentro de certos limites – entre, de um lado, os ideais democráticos e socialistas, e, de outro, os ideais do déspota. Os primeiros visam a igualdade (com alguma medida), o último também. Mas este a visa com vistas a uma desigualdade fundamental: a desigualdade entre o déspota e os súditos. Esse é um tema rousseauniano conhecido, mas talvez não se tenha dado suficiente importância a ele. No fundo, este deve ser o segredo das convicções "socialistas" dos Stálin, Mao ou Castro. Eles querem igualdade entre os súditos, porque essa é uma das condições da dominação despótica. (A partir daí, creio eu, seria possível discutir o problema do real caráter dos Mao, Stálin, Castro etc., da sua sinceridade ou insinceridade etc.). Pode haver dominação fundada na desigualdade, mas a dominação despótica exige, de algum modo, a igualdade dos súditos[14].

Temos assim, agora, uma nova interversão, que permite caracterizar o "descarrilhamento" da história (Merleau-Ponty).

3.

Em terceiro lugar, lembremos que é toda a teoria das formas que tem de ser modificada (e aqui voltamos ao início). A noção de "modo de produção" que servia como pivô da teoria das formas se revela insuficiente. É preciso pensar a forma econômica e a forma política (embora, é claro, elas não se superponham simplesmente, e em cada caso signifiquem outra coisa, mas há necessidade de considerar os dois "momentos"). Assim, "capitalismo" não caracteriza, por si só, a maioria das sociedades ocidentais contemporâneas. Trata-se de democracias capitalistas (oximoro, embora). No totalitarismo de direita, o capitalismo sobrevive, mas não define a forma (a noção de modo de produção não é, por si só, definidora, e pode até ser secundária, conforme a forma social). No totalitarismo de esquerda, ou "de esquerda", cai o capitalismo, e tem-se uma economia que poderia ser chamada de "burocrática" (exploração através do Estado). Há burocracia também no nazismo, mas sua função é (relativamente) mais clássica. Temos aí três formas – claro que há variantes, capitalismos autocráticos, outros são difíceis de situar – mas isso não é um obstáculo. Assim, contra liberais que falam em "democracia", e marxistas que falam em "capitalismo", usemos os dois termos (Castoriadis prefere "oligarquia liberal"; sim, mas seria preciso acrescentar "capitalista").

---

14 Cf. Rousseau, final do *Discurso sobre a Origem e os Fundamentos da Desigualdade*: "C'est ici que tous les particuliers redeviennent égaux parce qu'ils ne sont rien" ("É aqui que todos os simples cidadãos [*particuliers*] se tornam iguais, porque eles não são nada"). *Oeuvres Complètes: Du contrat social, Écrits politiques*, Paris: Gallimard, 1964, p. 191 (Bibliothèque de La Plêiade).

III. Complicação: Os Fundamentalismos*

1.

Esse quadro já é bastante complicado, mas a história no texto do novo século prepara uma nova complicação. Para além do totalitarismo – para além mesmo? – surgiu, parece, uma nova figura (há, em todo caso, um novo fenômeno), o que se costuma chamar de fundamentalismo, visando com isto um tipo de fanatismo, principalmente de convicção islâmica, instalado em poderes de Estado, ou, mais visivelmente, fora dele, o que, diga-se desde logo, considerando a potência do fenômeno, é um fato inédito. Que é, afinal, o fundamentalismo? Ele representa uma nova forma social, comparável ao totalitarismo, por exemplo? Ou ele é uma nova forma do totalitarismo? As dificuldades são grandes para defini-lo. Observe-se que ele surpreende, como surpreendeu a uns e outros o totalitarismo.

Poderíamos considerar, por um lado, os Estados islâmicos (existem poucos, mas existem), por outro uma "sociedade internacional" (com franquias, parece), do tipo Al-Qaeda. O poder, quando nacional, vai na direção de um poder totalitário: controle sobre a vida pessoal, mobilização militar, embora seus objetivos últimos tenham se realizado só de forma relativamente limitada. A economia, parece, se mantém capitalista, mas dirigida por capitalistas ligados ao poder (ou "evoluiu" para uma forma mais ou menos burocrática?). A novidade é a ideologia: islamismo retrógrado, opressora da mulher, arquipuritana etc. Difícil de definir.

Mais fácil, talvez, é estudar [como ponto de partida] a gênese do fenômeno. Os países capitalistas (democráticos, ou autocráticos) desenvolveram impérios coloniais, e praticaram um expansionismo imperialista em várias direções do globo. Nas colônias – foi Arendt quem assinalou melhor esse fato – dominava um regime extremamente violento, que contrastava com a democracia duvidosa, mas existente, que existia na metrópole. Arendt insiste no papel que teve a experiência colonial no desenvolvimento do totalitarismo de direita. A reação contra a metrópole, o anticolonialismo (palavra chave, no con-

---

* Como se indicará no texto, refiro-me aos fundamentalismos religiosos e, em particular, ao islâmico.

texto), apareceu há bastante tempo, mas se desenvolveu muito depois da Segunda Guerra Mundial. Esse anticolonialismo não é em geral democrático, e simpatiza muitas vezes com os poderes totalitários de direita, e depois de esquerda. (Isso vale também para os populismos das nações politicamente independentes: Perón, Vargas…). Na Ásia do Sul, durante a Segunda Guerra Mundial, ele se entende com os japoneses. Mas o lado autoritário desses movimentos se intensifica pela atitude das metrópoles. Há, de resto, tentativas democráticas, do tipo do governo Mossadegh no Iran, derrubado por uma conspiração financiada pelos ingleses e pela CIA. Com a derrocada do nazifascismo, esses movimentos se ligam em muitos casos com os totalitários de esquerda. A URSS, e depois a China, se tornam defensores ou pseudodefensores dos povos coloniais (de resto, há casos de participação efetiva e mesmo de imbricamento entre revolta anticolonial e comunismo, o do Vietnã é o mais importante). Entretanto, existe também desde há muito tempo, creio, movimentos de tipo religioso e fundamentalista. Eles pareciam não ter grande importância, mas ganharam um potencial imenso. Eles estão entre as causas da queda do império soviético, mas ao mesmo tempo, inversamente, o seu desenvolvimento é estimulado pela crise daquele império, provocada (também) por outras razões. O caso limite é o do Afeganistão. Os russos decidem intervir para salvar um governo amigo. O resultado é um formidável movimento tradicionalista, movimento apoiado pelos americanos. Estes, como os russos, não veem o perigo. Os israelenses cometem o mesmo erro: usam dos fundamentalistas contra Arafat. O movimento anticolonial toma assim várias figuras: pelo menos duas, despotismo laico e fundamentalismo (houve, além disso, outras formas). Se o totalitarismo é uma forma que se pode considerar patológica, o fundamentalismo, cuja gênese tem a ver com ele (e também com o capitalismo), é também patológico.

2.

Aqui, o que nos interessa é a ideologia desses regimes. Observe-se que, para o caso de quase todos os regimes anteriores, a ideologia (no sentido mais geral) era mais ou menos *aufklärer* (iluminista). O capitalismo democrático é iluminista, os capitalismos autocráticos (inclusive burocráticos) não, ou não propriamente. Mas o capitalismo democrático será a forma dominante. O totalitarismo de esquerda é fortemente iluminista [no sentido de ideologia do progresso]. Uma espécie de *Aufklärung* "desembestada", com a destruição do meio ambiente, as fábricas no meio das cidades etc. O totalitarismo de direita combina traços *anti-aufklärer* (ideologia comunitária, algum agrarismo, mas pouco), com elementos "modernos": culto do corpo – ver a ousadia de alguns filmes nazistas – mesmo se, ao mesmo tempo, uso "reprodutivo" da mulher etc. Ora, a novidade é que o fundamentalismo será claramente anti-iluminista. No quadro das formas políticas – se ele é uma forma política – será preciso acrescentar a dimensão ideológica (no sentido mais geral); e então só nesse caso (fora, em parte, os capitalismos autocráticos) nos vemos diante de uma ideologia claramente *anti-aufklärer*. Por outro lado, temos o fenômeno do caráter não estatal, que é inteiramente novo, das organizações fundamentalistas, embora o fundamentalismo apareça também no nível do Estado.

IV. Enriquecimento do Quadro Geral e das Interversões

Será preciso enriquecer o quadro geral das formas com essa nova figura. Também acrescentar mais um caso à tábua de "interversões" que caraterizam os diferentes regimes, em sua forma mais geral. E tirar certas consequências, no que se refere à ideia geral do progresso:

1.

Já disse: no quadro geral das formas, seria preciso incluir a dimensão "ideologia", entendida no sentido mais geral. Para o capitalismo democrático, a "ideologia" é "aufklärer", para o totalitarismo de esquerda também (e *aufklärer* "desembestado"), para o nazismo é mais complicado. Agora temos uma forma (ou algo equivalente) de tipo claramente anti-iluminista. Observemos que um outro movimento (não é uma forma social) da maior importância, aliás, e de que ainda não falara (se revela lá pelos anos de 1970 [sob certas formas, é muito antigo]), a ecologia, é também anti-iluminista. Mas anti-iluminista pelo outro lado: ele faz a crítica da *Aufklärung* de uma perspectiva que é de progresso social. Sem dúvida, existem fundamentalismos ecologistas, mas é um caso particular. Os fundamentalismos religiosos – islâmicos principalmente, porque estes são por ora os mais fortes – representam a crítica reacionária do *Aufklärung*.

2.

Essa figura complica ainda mais toda teoria possível do progresso. Porque o que temos aí é, aparentemente, o ressurgimento de tudo aquilo que o racionalismo combateu no século XVIII (e também antes e depois). Mas pode-se falar de reaparição? Que significa isto exatamente? Esses movimentos utilizam as técnicas mais modernas, e ao mesmo tempo são absolutamente impermeáveis em matéria de ideologia. Mais ou menos o contrário do que acontecia até aqui com muitos dos movimentos do Terceiro Mundo. Não chegavam a adquirir as técnicas mais modernas (*whatever happens, we have the maxim gun and they have not*[15], dizia um mote colonialista autotranquilizador) e, ao mesmo tempo, se deixavam contaminar por ideologias ocidentais de diversos tipos. (Isso tem a ver também com o caráter dos objetos técnicos da época contemporânea, em particular com os meios de destruição).

Historicamente, e no plano político, como já indiquei, esses movimentos nascem (ou se desenvolvem a partir) da decomposição e desmoralização dos movimentos ideológicos revolucionários ou pseudorrevolucionários no Ocidente. Surgiu um vazio, onde se instalaram os fundamentalismos. Seu trabalho foi facilitado pela inconsciência da maioria de seus adversários, no que se refere ao poder que eles poderiam ter. No fundo, há uma ilusão *aufklärer* de que os fundamentalismos eram coisas do passado (o que em parte é verdade), e por isso não poderiam ter eficácia (o que se revelou ilusório).

---

15 "O que quer que aconteça, nós temos a metralhadora e eles não".

Tem-se aí uma espécie de desenvolvimento desigual e combinado (cf. Trótski), mas que vai numa direção reacionária, e não de progresso. A técnica mais moderna posta a serviço do *Anti-aufklärung* ("o tzar com telégrafo").

Se o totalitarismo já representara uma regressão, com o fundamentalismo tem-se uma nova regressão. Mas a regressão totalitária se dava no interior do Iluminismo (em linhas gerais, para o nazismo menos), era mesmo, como disse, uma *Aufklärung* "desembestada". O que não era necessariamente uma vantagem. Agora se tem uma regressão em duplo sentido. Regressão porque violência, autoritarismo, e regressão, também, porque *Anti-aufklärung*: opressão da mulher, puritanismo etc. Assim, regressão não é sinônimo de *Anti-aufklärung*.

3.

No plano das interversões, falei de dois casos, o do capitalismo, em que se tinha essencialmente liberdade intervertida no seu contrário, isto é, em liberdade para o capital. E em segundo lugar, da interversão da igualdade, mas não a do capitalismo, a interversão da igualdade nos totalitarismos: a igualdade se revela não liberdade e se interverte em não igualdade. Para o caso do fundamentalismo, o que teríamos?

É difícil partir de uma noção geral como liberdade ou igualdade, para designar o ponto de partida, e a aparência do fundamentalismo, como fizemos para os outros. Aqui o ponto de partida é uma noção de nível *médio* por assim dizer: a já mencionada noção de anticolonialismo[16]. Mas esse anticolonialismo (que

---

16 [Na realidade, como observou Cícero Araújo, para os próprios movimentos não é a noção de anticolonialismo a noção essencial. Esses movimentos se organizam em torno de palavras de ordem religiosa, do tipo "guerra santa", "luta contra os infiéis". De fato, anticolonialismo é a forma fenomenal (forma fenomenal, portanto, ela mesma já "traduzida"), sob a qual esses movimentos aparecem aos olhos de certo público de extrema-esquerda, que lhes é simpático. Mas essa forma fenomenal duplicada, se se quiser assim, não é denunciada pelos movimentos fundamentalistas e tem certa eficácia, em termos da difusão do prestígio das organizações fundamentalistas para além dos meios islamitas. Por essa razão, pelo menos para efeito de comparação com as formas "ocidentais", parece-me válido recorrer [provisoriamente] a ela. Voltarei ao problema em outro lugar.]

é a única coisa que veem os ingênuos) se interverte em terrorismo e barbárie. Assim como a liberdade no capitalismo se revela não liberdade, liberdade para o capital; assim como a igualdade no totalitarismo se revela não liberdade e desigualdade; o anticolonialismo, nos fundamentalismos do tipo considerado, se revela algo muito diferente do anticolonialismo e de sinal contrário a ele. Esse é o quadro moderno das interversões.

V. Conclusão

Podemos concluir discutindo qual é a alternativa existente no interior desse universo. A de uma forma que seria democrática no plano político, e socialista (a definir o conteúdo) no plano econômico: a alternativa do que se poderia chamar de socialismo democrático. Quais seriam suas exigências, expressas no plano mais universal?

1.

A regra principal de um socialismo democrático seria em primeiro lugar a medida. Medida para evitar as interversões. A dialética foi, e é (também, pelo menos), a filosofia e o discurso da prática que conhecem a medida das coisas; que sabem que, a partir de certo ponto, qualquer projeto se interverte no seu contrário. A dialética tem alguma coisa a ver com a chamada áurea média de Aristóteles. Esta última é uma formulação não dialética de uma ideia, que sob outra forma, se encontra na dialética. A recusa dos extremos. No entanto, a dialética pensa a passagem de extremo a extremo.

2.

Mas se a medida é uma regra, ela não exclui o radicalismo. Que se pretende com isto? É preciso ser radical e mesurado. Isso é paradoxal só na aparência. Os extremos não são radicais, porque remetem um ao outro (por exemplo, a chamada violência revolucionária dá em totalitarismo, que é, na realidade, reacionário: não liberdade, desigualdade burocrática etc.)[17]. De certo modo, é preciso ir não até o ponto em que há interversão, mas até o limiar da interversão, isto é, antes desta, mas na posição o mais radical possível, dentro desses limites (pensar, por exemplo, nos problemas brasileiros, a terra, reforma agrária etc; contra a violência, mas não contra a luta em geral). Assim, um e outro, medida e radicalismo.

3.

Em terceiro lugar, pensar a história em termos reais, mas ao mesmo tempo transcendentais. Isso significa que vale a crítica da moral kantiana pelas filosofias dialéticas, há humanismos que se intervertem em anti-humanismos etc. Vale a crítica de Hegel a Kant, se se quiser. Mas vale também o movimento contrário – a crítica de Kant a Hegel (isto é, a crítica aos hegelianismos e marxismos, feita a partir de Kant). Este duplo movimento caracteriza o melhor do pensamento de Frankfurt, Adorno em particular[18].

4.

Em último lugar, no que se refere à ideologia, no sentido amplo considerado. No plano ideológico geral, impõe-se uma posição que não seria nem Iluminismo, nem anti-iluminismo, seria crítica do Iluminismo (ou *aufklärer* "suprimida", no sentido de Hegel), crítica da *Aufklärung*, ou *Aufklärung* crítica (incorporando, de certo modo, a *razão* romântica, porém sem posição desta última).

---

17   É interessante observar que Aristóteles dizia que "se na ordem da substância e da definição que exprime o que ela é realmente em essência, a virtude é uma mediatidade, na ordem da excelência e da perfeição, 'ela é um extremo (*akron*)'". *Ética a Nicômaco, II*, 6, <1107 a 1123>, trad. Tricot, p. 107, e edição Loeb, p. 95 (grifo meu). Ver o *Dictionnaire Aristote* de Pierre Pellegrin, Paris: Ellipses, 2007, p. 191, artigo "Vertu".

18   Tese – me permito observar – sobre a qual insisto, há muito tempo, em cursos e conferências.

2. Brasil (e América Latina)

A ESQUERDA NA ENCRUZILHADA*

Intelectuais de extrema-esquerda rompem com o PT. O que salta aos olhos, nos pronunciamentos de ruptura, é a mistura entre o que é justo e o que não é, as críticas em parte fundadas aos desacertos do PT governamental e o radicalismo mal fundado. Em sua declaração de saída, Chico de Oliveira começa com uma epígrafe do *Manifesto Comunista*, e mais adiante, fala de Marx e Engels, "renegados pelo PT". Sem dúvida, uma epígrafe é uma epígrafe, e em documento mais recente, Chico de Oliveira se diz "reformista". Mas a dúvida persiste e o mínimo que se pode dizer é que o seu projeto é ambíguo. Fazer a crítica ao PT invocando a política marxista é hoje o melhor caminho? Estou convencido de que não; indico mais adiante o porquê. Para falar do governo Lula, começaria observando que a famosa continuidade entre a era Cardoso e o governo Lula, é em boa parte, um mito. Basta pensar na estratégia das privatizações e nas suas consequências, além de várias outras coisas, para ver que a relação é muito mais complicada.

---

* Dezembro de 2003/janeiro de 2004.

Chico de Oliveira critica a reforma da Previdência, a suposta campanha de desmoralização dos funcionários, as alianças oportunistas e o estilo autoritário do governo. Aqui só posso examinar um ou dois pontos. A reforma da Previdência, lançada de forma mais ou menos abrupta, mas denunciada de um modo também autoritário pela extrema-esquerda (até se exibiram as fotos dos deputados que votaram favoravelmente) não poderia deixar de ser discutida. É difícil justificar a posição dos que consideram a situação atual da Previdência como um modelo a ser defendido. Como já se disse muitas vezes, 21 milhões de assalariados quase sem nenhuma cobertura, e menos de um milhão com a possibilidade de uma cobertura integral: uma desigualdade que não existe em nenhum outro país do mundo. Não vou detalhar todos os abusos. Eles parecem não ter importância para uma certa esquerda. Em geral, os argumentos utilizados para recusar toda reforma aludem à divida, ao estímulo à demanda, à pressão do FMI. Ora, a dívida é a dívida; será preciso resolver esse problema de algum jeito. Mas não é lembrando o volume esmagador da dívida que se vai eliminar o problema da Previdência. Quanto ao estímulo à demanda, que os altos salários provocariam, é evidente que o que se economizará, cortando ou corrigindo os abusos, poderá ser redistribuído de outro modo. Sobre a posição do FMI, pergunto-me se é bem essa a reforma dos seus sonhos (de modo sintomático, a maioria do PFL votou contra). Mas o que parece gritante em toda essa história da Previdência, por isso ela tem muito interesse para além do problema particular, é o fato de que a extrema-esquerda é mais ou menos cega para o problema da desigualdade, quando a desigualdade vem do Estado. Tem-se a impressão de que, para alguns, a luta da esquerda é, *sem mais*[1], a luta do Estado contra o mercado. Ora, o que define a esquerda não é ser a favor do Estado e contra o mercado. O que a caracteriza e é a sua razão de ser é a luta contra a desigualdade[2] (o que não significa que ela deva ser favorável

1   O grifo é de 2008.
2   [A minha fórmula é, apesar de tudo, ambígua. Na opção mercado vs Estado, a esquerda é mais a favor do Estado: não no sentido de que se pretenda abolir o mercado, mas no de que propõe regular o mercado através da ação do Estado. Porém, é verdade que essa alternativa não esgota o projeto da esquerda, o qual, de fato, é essencialmente a luta contra a desigualdade, venha ela

a uma utópica e nefasta igualdade absoluta). Se a desigualdade vem do mercado ou vem do Estado, isso define formas diferentes de exploração ou de injustiça social, mas não modifica o essencial. Se a extrema-esquerda não vê, ou não quer ver, o problema, é porque a tradição dominante na esquerda pensou a exploração muito mais a partir da sociedade civil do que a partir do Estado. A exploração na sociedade civil é sempre enxergada, a que se faz através do Estado é mistificada. Um pouco como ocorre, também, no que se refere à opressão. Conversando não só com gente de extrema-esquerda, mas com colegas de esquerda moderada, tenho às vezes a impressão de que, para eles, o dinheiro do Estado cai do céu. De resto – isto no que concerne à extrema-esquerda – racionalizar as despesas do Estado seria coisa reformista que não ajuda a revolução. Não demonizemos ninguém, mas também não angelizemos. Beber o leite da vaca do Estado sempre foi um esporte nacional. Com isto não quero dizer que a reforma da Previdência proposta pelo governo, mesmo com as modificações impostas pelo Congresso, seja a reforma ideal. Nem nego que haja hoje no mundo, e também no Brasil, uma ofensiva neoliberal que tenta um desmonte do *welfare state*. Mas a resposta da esquerda não deve ser a de negar as dificuldades do *statu quo*, nem de se aferrar em todos os detalhes às formas clássicas do Estado-previdência. As injustiças saltam aos olhos na forma quase caricatural que ele teve no Brasil.

Os problemas que o PT vive hoje são os da esquerda mundial, refratados pelas particularidades latino-americanas e brasileiras. É preciso começar pela questão geral (e, dados os limites de espaço, não poderei ir mais longe). Como diziam os primeiros críticos, pré-marxistas, da economia política, precisamos "remontar aos fundamentos". Essa recomendação é absolutamente atual, e mais

> de onde vier. O melhor seria escrever: o que define a esquerda não é apenas propor a regulação do mercado pelo Estado, mas é lutar contra a desigualdade. No caso da Previdência, os acontecimentos mostraram, que, mesmo se os fundos, como medida complementar, desde que com garantias (fundos fechados) não são a excluir de forma absoluta; e mesmo se, por outro lado, reformas se impõem, principalmente no que se refere às diferenças escandalosas entre o que recebem os aposentados do setor público e o que recebem os aposentados do setor privado, além de outros problemas – é o Estado que oferece uma proteção segura diante das peripécias do mercado, e ele deve ser o suporte principal e essencial.]

ainda no Brasil. Fala-se de derrotas da esquerda no século xx. Houve derrotas, em certo sentido, porém, mais do que elas, o que se teve foi um "afundamento" de parte da esquerda, uma espécie de caminho de autodestruição. Esse ponto é essencial para entendermos onde estamos. A vitória do bolchevismo, movimento "enérgico", mas intransigente e com tendências totalitárias desde a origem (basta dizer que os bolcheviques – menos Lênin, é verdade, mas talvez por razões táticas – viam com maus olhos os sovietes em 1905), liquida o movimento socialista russo, e abre caminho para um despotismo burocrático genocida. O resto da história é conhecido: o bolchevismo serviu de modelo para os movimentos posteriores. Ele deformou e finalmente destruiu o movimento socialista em escala mundial. Isto não significa que tudo tenha andado bem do lado social-democrata. (Refiro-me sempre, bem entendido, à social-democracia como movimento histórico-mundial, não a tal ou qual partido que, no Brasil, tenha adotado esse nome). A social-democracia começa com um desastre que reforça o bolchevismo: o partido social-democrata alemão apoia o Kaiser e os partidos de direita na aventura da Primeira Guerra Mundial. Segue-se a ruptura da ala esquerda, e também do centro (Kautsky), o qual, no primeiro momento, ainda que teoricamente contrário à guerra, foi incapaz de esboçar uma resistência efetiva. A história posterior da social-democracia contém o pior e o melhor. Sem falar no episódio sangrento da repressão da extrema-esquerda alemã (o qual, não esqueçamos, ocorre sob um partido já desertado pelas grandes figuras do centro), a social-democracia foi algumas vezes colonialista (Guy Mollet, Bernstein já o eram), e muitas vezes se perdeu numa política de um reformismo cada vez mais indiscernível da política do centro ou mesmo da direita. Porém, ao mesmo tempo, a social-democracia teve um compromisso com as instituições democráticas e com a luta pela sua efetivação, que se fez, aliás, muito lentamente. Ela impulsionou – junto com os partidos comunistas, é verdade, mas ela encarnava melhor esses avanços – as principais reformas sociais que o século conheceu (jornada de oito horas, cobertura de saúde, aposentadoria etc.). Contrariamente a uma opinião tradicional, que ainda faz estragos entre nós, a social-democracia, com todos os seus erros e insuficiências, se revelou muito melhor que o bolchevismo.

A experiência do século xx não tem apenas como resultado a derrubada do mito do bolchevismo. O marxismo – do qual, entretanto, o bolchevismo se afastava consideravelmente – fica também abalado. O socialismo revolucionário marxista (e também o bakunista) se revela não o parteiro do homem novo e da sociedade livre, mas do despotismo e do genocídio. Nada nos leva a crer que o resultado será diferente, se revolução houver – houvesse – nos países mais avançados. Nesse sentido, é preciso abandonar as velhas ilusões revolucionárias. Isso não significa proscrever a violência como contraviolência em todas as situações. Nem significa proscrever as quase violências que as sociedades democráticas normalmente admitem. Significa, sim, dizer que o caminho da violência não é o caminho fundamental. De resto, não se trata de abraçar, sem mais, o reformismo, mas de encontrar um caminho entre o reformismo e o revolucionarismo. A política marxista cai não só no seu projeto, mas já no plano das análises. O quadro das análises políticas de Marx, por brilhante que seja, não dá conta da realidade do século xx. Insisti em outra ocasião que um marxista não pode pensar o que significa um déspota do tipo Saddam Hussein; ele o vê como simples epifenômeno da totalidade dominada pelo capitalismo. Esse erro grave, eu dizia, se deve ao fato de que falta ao marxismo a noção ou a significação "despotismo" (com exceção do despotismo oriental). Ora, o século xx foi dominado por déspotas, de direita e de esquerda. Nesse sentido, quem parte apenas das categorias de Marx – e elas dominam, bem mais do que se supõe, o pensamento da maior parte da esquerda – simplesmente não *vê* o que ocorreu no século. A observar, mais ou menos na mesma ordem de considerações, que um livro como *O 18 Brumário de Luís Bonaparte*, de Marx – que muitos tomam como uma verdadeira Bíblia para a análise política –, se engana, essencialmente, nas suas previsões sobre os rumos que tomaria a história mundial. *O 18 Brumário* prevê governos bonapartistas para os países capitalistas avançados. Ora, depois do Segundo Império, fora o interregno de Vichy, houve 130 anos de república democrática na França. A mesma coisa, sem a exceção, para a Inglaterra.

E o que não foi república democrática, não foi autocracia bonapartista, mas ditadura genocida de direita ou de esquerda. Falo, no entanto, da política de Marx, não da crítica marxiana à economia política. Se faço essas observações sobre o *deficit* político do marxismo, não nego a riqueza nem a atualidade relativa da crítica marxiana à economia política. Marx e Sismondi no século XIX, Keynes e Kalecki no século XX, mostram que o sistema – se abandonado a si mesmo – tem uma tendência essencial para o desequilíbrio, a desigualdade social e a crise. Apesar do que dizem os neoliberais, aliás, hoje já meio na defensiva, essas teses resistem à experiência histórica. É, de resto, o que, em boa medida, os mais lúcidos entre os economistas ligados às instituições financeiras internacionais vêm, de um modo ou de outro, reconhecendo.

Uma falsa perspectiva (embora não seja só isso) fez com que a primeira vaga das lutas da esquerda, a que cobre os séculos XIX e XX, se afundasse num abismo de ditadura e violência. Em vez de chorar pretensas derrotas e se aferrar a antigos dogmas, é preciso preparar – na teoria e na prática – uma segunda vaga. Esta talvez esteja em formação nesses primeiros anos do século.

A GANGRENA*

A revelação de um caso de suborno envolvendo um assessor importante do ministro da Casa Civil desencadeou um vendaval na política brasileira, cujas consequências ainda se fazem sentir. O fato é da maior gravidade, mas por isso mesmo a sua descoberta poderia ter tido resultados positivos. Entretanto, dada a reação do governo e de seus defensores, mas, também, dado o estilo de uma parte dos ataques, não há motivos para otimismo, mas para inquietude.

O que há de negativo nessas [atitudes] é o excesso na crítica, por parte de alguns dos opositores (embora, tudo somado, o barulho da mídia seja positivo) e certamente o excesso na defesa por parte do governo e de seus partidários. De um lado, uma ofensiva como raramente se viu na mídia brasileira: fala-se em "lodaçal moral" (e a ausência de precisões sugere que ele atinge todo o governo e, no tempo, toda a gestão Lula); compara-se, mesmo se hipoteticamente, Lula a Collor.

E, já anteriormente às revelações, falava-se em "estelionato eleitoral". Do outro lado, se faz tudo para jogar a sujeira para debaixo do tapete. Argui-se que o ministro se enganou com o seu assessor como todo mundo se engana, insiste-se sobre a ocasião meio "longínqua" do evento, ou sobre a condição de não petista do acusado. E faz-se tudo para evitar que se constitua uma CPI.

No primeiro caso, há excesso, não porque as revelações não tenham gravidade, mas por se perder de vista que, se há "lodo" (o que, por si só, diz muito), ele certamente não atinge o conjunto do governo, nem no tempo nem (por ora) no espaço, o que também deve ser levado em conta. E mais: se coisas muito desagradáveis existem, elas coexistem com uma prática de governo (até aqui) com certas qualidades em termos de competência, honestidade e responsabilidade por parte de um número importante de ministérios.

---

* Dou aqui, com pequenas alterações de forma, a versão reduzida, publicada pela *Folha de S. Paulo* em março de 2004, mas conservando o título original, que a Redação alterou.

Não vou dar nomes. Mas examinem as equipes que estão nos ministérios (quatro exemplos: Relações Exteriores, Minas e Energia, Meio Ambiente e Educação, mas há bem mais do que isto), compare-se a qualidade das equipes e, em vários casos, o que já foi feito, com as figuras e os balanços dos ministérios correspondentes dos governos anteriores que o Brasil já teve. Ver-se-á que, até aqui (até o "evento", exclusive), o governo Lula não se sai mal, mesmo se, para alguns casos, só em termos de um início de trabalho, já que o primeiro ministério tinha pontos muito fracos.

Entre outras coisas, eu diria que hoje, em termos de qualidade das equipes, mas não só isso, esse governo é melhor, em geral, do que o governo Fernando Henrique Cardoso, o qual, diga-se de passagem, apesar dos seus graves erros, não foi, como se pretendeu, "o pior governo que o Brasil já teve". Mas o lado bom do governo Lula coexiste com um lado sombrio, que os seus defensores querem ocultar ou atenuar. Ora, se a corrupção não for combatida a fundo, haverá gangrena e nenhum bom ministério poderá compensá-la ou resistir a ela.

Tentemos repensar o conjunto do processo. De um modo geral, o PT apareceu como um partido de esquerda *sui generis*, nascido à contracorrente dos partidos de esquerda oficiais. Ele defendia uma linha não muito bem definida, mas bastante radical, afinada, de alguma forma, com uma perspectiva que não rejeitava as soluções revolucionárias. Pelo menos essa era a perspectiva de uma boa parte dos militantes. No plano da prática política imediata, condenava os acordos políticos e tinha, pelo menos aparentemente, uma atitude bastante intransigente no que se refere à corrupção.

Hoje, os adversários da atual política do governo petista, sejam eles da extrema-esquerda, mas também, o que é surpreendente, os de centro ou centro-direita, tendem a idealizar esse PT do passado. Trata-se de mostrar as qualidades reais ou supostas do antigo PT, para realçar a gravidade da sua queda atual. Ora, uma análise mais cuidadosa e objetiva desse velho PT mostra que, nele, nem tudo era bonito. Mais do que isso: quaisquer que fossem os méritos do partido, e estes não eram pequenos (digamos que ele era o partido que melhor encarnava as aspirações populares), a sua ideologia tinha o inconveniente de ser "revolucionarista", simplista, mítica mesmo, sob muitos aspectos.

E um ponto que gostaria de ressaltar: a separação entre o lado negativo do PT, que seria o seu revolucionarismo, e o lado positivo, a intransigência diante da corrupção, é, em parte, ou potencialmente, enganosa. É verdade que a corrupção diminuiu muito com a chegada do PT ao poder em vários municípios e isso marcou época[3]. Mas o radicalismo revolucionário, tanto no Brasil como fora dele, nem sempre foi infenso à corrupção. O governo fidelista, que o PT tanto apreciava e que, infelizmente, parece que ainda aprecia, andou negociando em proveito próprio com o narcotráfico (ver, a propósito, a liquidação de Ochoa e Laguardia, bodes expiatórios das aventuras fidelistas em matéria de "comércio" internacional. [Aqui se trata de "corrupção internacional de Estado"]). Da guerrilha colombiana, que alguns no PT, ao que parece, apreciavam (nesse ponto, felizmente houve evolução), não é preciso falar muito. Trata-se de guerrilha e de alta corrupção.

Por outro lado, as revelações que transpiraram do caso Celso Daniel parecem indicar que pelo menos algumas das pessoas suspeitas de atos escusos se apoiavam em velhas práticas revolucionárias e antigas justificações políticas da expropriação dos burgueses... Isso para mostrar que é falso supor que hiper-radicalismo e honestidade administrativa vão sempre juntos. Porém, mesmo que o PT tenha sido exemplar no passado, não seria válido agravar o caso atual, já em si mesmo muito grave por causa desse passado, como se faz hoje de uma maneira um pouco fácil.

Como é sabido, e se repete à saciedade, o PT mudou. A propósito dessa mudança, é importante salientar três coisas. Primeiro, contra a idealização bem ou mal intencionada do passado, é preciso dizer que (até a presente crise) ele mudou, em geral, para melhor. Isso a extrema-esquerda nunca quis entender e, com suas fórmulas de uma outra época e o seu corporativismo (embora tenha acertado na sua alergia a certos ministros), dificultou o processo de mutação do PT. Segundo, o principal

---

3 [Deve ter havido prefeitos petistas honestos, mas o mínimo que se pode dizer é que o quadro se revelou bem mais negativo do que quase todos supúnhamos.]

dessas mudanças vem antes, não depois das eleições, o que permite descartar a tese falsa do "estelionato eleitoral".

Para uma parte dessas mudanças – visão mais positiva da democracia representativa, por exemplo –, a mutação ocorreu, mesmo, antes do ano da campanha. O terceiro ponto é que alguma coisa do lado negativo da mutação (porque há também o outro lado, e esse é o nosso problema), já aparece antes da eleição de Lula. Assim, por exemplo, durante a campanha, Lula começou a fazer o elogio de certo homem político de honestidade duvidosa, para não dizer mais. Porém, Lula e o PT não foram longe nessa direção. E com a escolha de Alencar como candidato à vice-presidência, o PT não vendeu a alma[4].

Houve nova mudança, esta após as eleições. Como se sabe, ocorreu, em primeiro lugar, no plano da política econômica. Diante da ameaça de um processo inflacionário que se esboçou por causa do resultado das eleições e também pelo terrorismo em torno da vitória de Lula, praticado por pefelistas e tucanos, o governo decidiu aceitar de imediato uma taxa de juros alta (reduzindo, depois, pouco a pouco), e adotar um superávit ainda maior do que o exigido pelo FMI, o que comprometeu as possibilidades de relançar imediatamente o crescimento econômico.

Precisemos. Essa política tem continuidade com a do final do governo Cardoso (mesmo assim, como assinalava um jornalista econômico, há diferenças), mas o problema é que a política final da gestão Cardoso não dá a essência do que foi o conjunto da política econômica daquele governo. Passou-se facilmente da tese dessa continuidade (ela mesma incompleta) com a política econômica final da gestão anterior à tese da igualdade entre as duas. Afinal, o PT não promoveu a privatização selvagem – criticada quase unanimemente quanto à forma e, ao que parece, desastrosa [também] quanto ao conteúdo – a que realizou o governo anterior, que era aliado do partido que melhor encarna a direita, em termos políticos, e melhor reflete os objetivos dos bancos, em termos de interesses econômicos, o PFL.

O que o governo petista fez foi continuar as medidas que tomara o antigo governo para evitar a catástrofe, ameaça pela

---

4 [Discutível depois do que se soube a respeito das condições dessa aliança.]

qual esse mesmo governo anterior parece ter sido, em parte, o responsável. E o fez também levando em conta os efeitos da onda de terror ampliada pelos seus adversários. Quero dizer com isso que a política econômica do PT se justifica? Com todas as precauções que opinar em campo tão técnico exige (Merleau-Ponty escreveu, aproximadamente, que opinar em política – em política econômica eu diria – é ser obrigado a falar de coisas a respeito das quais os não especialistas que somos só podem ter evidências indiretas), se a política econômica do PT era justificável no primeiro momento, ela foi errada depois, porque se imobilizou numa prudência excessiva.

Porém, um erro desse tipo, erro que, se ouso dizer, é certamente de boa-fé, e que, em parte, tem raízes na herança econômica e política [do governo anterior, incluindo o "terror" anti-Lula], não justifica de forma alguma o termo pomposo e ultraviolento de "estelionato político". Crê-se seriamente que Lula e Palocci sejam "estelionatários"? O que significa "escroques" da política? [Trata-se do problema da mudança da política econômica]. É dizer demais e mal. Se esse é o diagnóstico que se deveria fazer da política econômica do PT, o que dizer da sua prática política (antes dos acontecimentos recentes)? Lula eleito, e o PT não tendo maioria absoluta, foi preciso fazer alianças. Com relação ao problema das alianças, observaria que é absurdo supor, como supõe a extrema-esquerda, e por isso sua crítica é estéril, que toda aliança com partidos que não se apresentem como sendo de esquerda deva ser proscrita (a observar *en passant*: entre os partidos e grupos ditos de esquerda há, por exemplo, partidos neomaoístas ou grupos neostalinistas, o que complica ainda mais o problema). Porém, também é falso afirmar que qualquer aliança é válida.

A meu ver, a propósito das alianças, seria preciso afirmar o seguinte: alianças podem e nas condições atuais do Brasil têm de ser feitas. Mas elas têm limites. Mais precisamente, têm um duplo limite, que poderíamos tentar definir, apesar das dificuldades que oferece, no caso, uma definição de ordem geral. Há um limite político e um limite ético. Sobre esses dois aspectos, a regra deveria ser: são vedadas em termos absolutos as alianças com grupos, partidos ou indivíduos claramente reacionários, ou notoriamente corruptos. Os dois advérbios são excessivamente vagos? Nem tanto. Exemplos de alianças ilegítimas. Para o primeiro caso, alianças com o PFL, como a que fez o PSDB. Para o segundo caso, alianças com certo político do PMDB paulista, como, há pouco, ameaçava fazer o PT. Com os demais grupos, partidos e homens políticos, a validade das alianças depende de quem se trata e, caso haja concessão recíproca, troca de "poderes", depende do que é oferecido, do que é obtido, e das condições em que se oferece e se obtém.

Fora os casos que assinalei, não há regras absolutas. Cada caso é um caso e deve ser julgado como tal. Há suspeita de que o PSDB praticou ações desonestas por ocasião da reeleição de FHC. Isso é muito grave, mas a partir daí não dá para dizer que todo mundo no PSDB é corrupto e que toda aliança com políticos filiados a ele seja a proscrever. Depende de quem se trata, [e] das condições. Considerando a situação anterior ao presente episódio e limitando-nos ao problema específico das alianças políticas (porque houve pelo menos um "caso tenebroso", ao qual me refiro em seguida), até a crise recente, pelo menos na medida do que se sabe até hoje, não creio que o PT tenha feito nada de escandaloso no plano político nem no plano da honestidade administrativa – falo dos acordos e de suas consequências – mesmo depois da vitória, ou que tenha traído a si próprio, como pretende a extrema esquerda[5]. Mas agora a situação se modifica. Estoura um grave caso de corrupção. Trata-se simplesmente da desatenção de um ministro, que se enganou ao escolher um assessor? Seria bom se fosse apenas isso. Infelizmente, as circunstâncias nos fazem pensar que a gravidade é maior. Esse não é o primeiro caso suspeito que envolve gente do PT. Houve pelo menos mais uma história grave, os fatos obscuros de Santo André, que culminaram com o assassinato do prefeito Celso Daniel. Há também as revelações de alguém que ocupara um posto importante no Ministério da Justiça, e que teria sido obrigado a sair por pressões vindas dos altos escalões do governo.

A acrescentar, agora, a reação desastrosa do PT, tentando pôr panos quentes e se aliando com o diabo para que, como se diz, tudo termine em pizza. E, "*last but not least*", a atitude não menos desastrosa do ministro Dirceu, para o qual parece que

5 [Sublinhar, "considerando a situação anterior ao presente episódio" e, sobretudo, "pelo menos na medida do que se sabe até hoje"].

nada aconteceu (uma pérola é a sua observação de que não tomou providências porque o próprio acusado já se encarregara disso…). Se juntarmos tudo o que se sabe nesses casos e em mais alguns outros, é difícil não concluir que, para além dos acordos realizados, parece evidente que, nos bastidores, certos membros do PT enveredaram (e hoje visivelmente enveredam) por uma atitude comparável ao da política comum dos partidos políticos brasileiros, isto é, acham que ter abandonado o "revolucionismo" significa aceitar eventualmente qualquer tipo de aliança e, pelo menos, fechar os olhos para práticas escusas. Essa deriva vem, pois, de uma má leitura, se podemos dizer assim, do que significa a mutação do PT, mas também, como observei acima, e paradoxalmente, de um apego a formas antigas (o revolucionismo não é sempre honesto). O PT tem que encarar seriamente esse problema, em vez de concluir com alguns dos seus partidários, e alguns dos seus adversários, que as coisas são assim em política.

Ou o PT procede a uma verdadeira análise de consciência, e mais do que isso, a uma limpeza geral das suas práticas, ou a gangrena, é preciso dizer, será inevitável. Assim, é inadmissível que para evitar uma CPI, a qual, apesar dos riscos, deveria ser aceita, ele se amarre, de pés e mãos, a Sarney, a ACM, a Calheiros (e até a Roriz). O tipo de compromisso que se anuncia a partir do episódio da corrupção do assessor de Dirceu é extremamente perigoso para o PT. O PT chega ao limite do que pode ou, antes, do que não pode um partido de esquerda. Lula não tem outra alternativa senão a da substituição de Dirceu. Só essa medida pode provocar um "sobressalto" no partido.

Seria pretensioso demais fazer propostas de programas ou de projetos, mas ousaria assinalar alguns pontos: 1. Uma questão que no momento parece secundária, mas é, na realidade, essencial: o PT deve tomar claramente distância em relação a todos os governos tirânicos ou ditatoriais, inclusive aqueles que se apresentam como governos de esquerda ou revolucionários. Observe-se que os críticos de extrema-esquerda, que reclamavam da falta de democracia no PT, não deram um pio a respeito. Nem, que eu saiba, os fundadores de novos partidos, que se pretendem socialistas democráticos. Pronunciar-se contra as antigas democracias populares é fácil; quem seria a favor do câncer ou dos acidentes de automóvel? De resto, as tais "democracias populares" não existem mais. Quero saber o que eles pensam das ditaduras "de esquerda" que subsistem. O ministro hoje na berlinda é um daqueles que parece ter mais fraquezas nessa área. Quero dizer apenas que, contrariamente às aparências, a indulgência para com ditaduras de esquerda pode reforçar a indulgência para com gente eticamente duvidosa; 2. O PT deve aceitar a ideia de que, se alianças são necessárias, há dois limites para elas, um limite político e um limite ético (ver precisões mais acima); 3. O PT deve ter uma atitude absolutamente intransigente em relação a todos os casos de indulgência direta ou indireta para com práticas desonestas, por parte de gente ligada ao partido ou ao governo. *A fortiori*, se houver mais do que indulgência. É preciso complicar, não descomplicar as coisas, para salvar o partido e o governo; 4. É preciso rever a política econômica. As conversações com o FMI tendentes a mudar algumas das regras dos acordos representam uma boa notícia, desde que levem a algum resultado. Mas é preciso ter a coragem de correr um mínimo de riscos, reduzindo a taxa de juros e tomando outras medidas que facilitem a retomada do crescimento. Em tempo, exigências de mudança da política não devem servir de cortina de fumaça para encobrir percalços de natureza ética; 5. A curto ou médio prazo é preciso pensar em medidas redistributivas. Que o governo tenha empresários entre os seus ministros não é, em si mesmo, negativo. Aliás, os ministros empresários, à sua maneira, não têm andado mal. Mas será necessário que eles mostrem que são capazes de aceitar medidas redistributivas. Por exemplo, uma tabela de alíquotas do imposto de renda menos injusta para os menos ricos e que exija mais dos mais ricos. Há projetos de importância a desenvolver, como as cooperativas.

Mas desde já é preciso buscar uma saída clara para o impasse a que nos condena, de um lado, a cara-de-pau de raposas neófitas e, de outro, o narcisismo satisfeito de certos niilistas – refiro-me só a uma franja dos que atacam o governo – que escondem mal o quanto se regozijam com a catástrofe, e o quanto fazem parte dela.

PARA ALÉM DA GANGRENA*

Que o leitor me desculpe, mas começarei citando a mim mesmo. Acho importante que cada um de nós faça um balanço daquilo com que contava e daquilo com que não contava. Principalmente para aqueles que, como eu, votaram até aqui no PT.

1.

Quando ocorreu o caso Waldomiro Diniz, assessor de José Dirceu, publiquei na *Folha* um artigo que se chamava "A Gangrena" (a Redação modificou o título, que passou a ser "O PT, Dirceu e o Risco de Gangrena"[6]). Nele – cito o original enviado, o texto que saiu é uma versão reduzida, embora fiel – eu dizia, entre outras coisas:

> Trata-se simplesmente da desatenção de um ministro, que se enganou ao escolher um assessor? […]. Infelizmente as circunstâncias nos fazem pensar que a gravidade é maior. […] esse não é o primeiro caso suspeito que envolve gente do PT, houve pelo menos mais uma história grave, os fatos obscuros de Santo André, que culminaram […] com o assassinato do prefeito Celso Daniel.

E continuava:

> Nessas condições, ou o PT procede a uma verdadeira análise de consciência, e mais do que isto, a uma limpeza geral das suas práticas, ou a gangrena, é preciso dizer, será inevitavel […]. O PT chega ao limite do que pode, ou antes, do que não pode [fazer] um partido de esquerda. Dirceu tem de ser substituído […] se Lula tiver a coragem de demitir Dirceu, ele ganhará o apoio de tudo o que existe de melhor na sociedade civil e na política brasileiras […]. Se o governo Lula persistir nesse caminho, ele perde sua alma, e mais cedo ou mais tarde, os melhores partirão.

O texto terminava dizendo: "acho que só um movimento nacional de resistência por parte dos eleitores de Lula […] poderia

---

* Setembro de 2005.
6 Ver texto anterior.

salvar o governo e o PT. Por que não um abaixo-assinado nacional pedindo [...] a demissão de Dirceu?"[7]. Cito mais um texto, que precede de quase dois anos o artigo que acabo de mencionar. Trata-se de uma entrevista para o caderno Mais!, de junho de 2002, com o país em plena campanha para as eleições presidenciais (cito de novo uma versão maior)[8]:

Lula justifica alianças com o PL e até com Quércia [...]. Na realidade o problema das alianças é por um lado ético e por outro lado político. Alianças são válidas e possíveis, mas um partido de esquerda democrática que se preze não faz alianças: 1. com gente claramente à direita [...]; 2. com gente notoriamente corrupta. A primeira exigência é política, a segunda é ética, mas uma ética que se exige da política, que deve estar incluída na política de um partido de esquerda democrática [...]. Se não for corrigido, o caminho que o PT está seguindo, conduzirá à morte desse partido. Votarei em Lula, porque acho que os erros ainda são reversíveis [...]. Mas o destino da esquerda brasileira não se identifica com o destino do PT, e ainda menos com o destino de Lula.

E se o PT insistir nesse caminho? Era a pergunta seguinte. "Votaria em branco [...] até que se formasse um novo partido, reunindo as forças socialistas e democráticas não contaminadas pelo oportunismo e pela corrupção. Essa não seria a primeira vez que um partido de esquerda teria apodrecido".

Com isso, não pretendo dizer que (só) acertei nas previsões. Nos 25 anos do PT, publiquei um artigo no *site* comemorativo que, apesar de todas as críticas e previsões, era, sem dúvida, excessivamente otimista [O mesmo pode ser dito, como se viu, de parte dos textos anteriores]. Na realidade, até os casos Celso Daniel e, depois, Waldomiro Diniz, preocupava-me (preocupava-nos?) essencialmente a corrupção vinda de fora, através das alianças. Dentro do PT, supúnhamos, poderia ocorrer algum caso de corrupção, mas isto em pequena escala, em todo caso em escala bem menor do que nos outros partidos. E se, quando os dois problemas apareceram, enxerguei a gangrena, como alguns outros observadores o fizeram,

---

7 Esta passagem foi extraída da versão original do texto, enviada ao jornal, mas não publicada pela Redação.
8 Ver infra, Parte II: Entrevistas.

não supus, entretanto, que ela tivesse essa extensão. O porquê da relativa cegueira de muitos de nós – a cegueira foi mais ou menos geral – deve aparecer no que se segue.

2.

Hoje, onde estamos? A primeira coisa a discutir é por que aconteceu o que aconteceu. Seria preciso fazer um balanço da história do PT (incluindo o governo petista) e, dentro dela, um balanço da história do que se pode chamar – denominação clássica – de degenerescência do partido. Na história do PT, em geral, acho que há duas coisas a assinalar como ponto de partida. Em primeiro lugar, a diversidade interna do partido, e a outra, a virada política que se opera já antes das eleições. O PT se desenvolve como uma frente de tendências de esquerda, frente que é estranha ao movimento comunista e também à social-democracia. Os elementos de que se origina essa frente – mas eles vão se redistribuir em diferentes tendências dentro do partido – são: certa intelectualidade de esquerda relativamente independente, setores de esquerda da Igreja, ex-militantes (ou militantes) de extrema-esquerda, e gente ligada ao movimento sindical. Nessa diversidade, ou antes, a diversidade das tendências que se constituirão a partir desse material – cristaliza-se, sobretudo, uma extrema-esquerda revolucionária, e uma tendência não revolucionária, mas com linguajar também radical – poderia representar uma vantagem, assim como a independência em relação aos partidos comunistas e também à social-democracia.

Lendo os documentos antigos, publicados no vigésimo quinto aniversário do partido, fica-se impressionado com a quantidade de argumentos críticos que lá aparecem, apesar de que, evidentemente, nem tudo é muito claro. Porém, essa diversidade oferecia perigos. Quando o PT passa a ser governo, o problema se coloca de maneira aguda. Mas antes disso, seria necessário assinalar que, com a "Carta ao Povo Brasileiro", deu-se uma virada radical nas perspectivas política do partido. A Carta poderia ser entendida como um programa provisório, e nesse sentido poderia ter sido aceito pelo menos por algumas das tendências (devo dizer que, como recusa da perspectiva revolucionária – perspectiva comum, na linguagem, a todas as tendências – e como programa econômico de transição, ela era certamente positiva). Mas pouco a pouco se descobre que a virada se instala como programa definitivo. E aí se instaura uma ruptura não só com o pior, mas, também, com o melhor do que se dizia antes, e com as posições do conjunto do partido. Entretanto, as diferentes tendências continuaram existindo, ocupando algum lugar no governo, e conseguindo mesmo concretizar, pontualmente, alguma coisa da sua perspectiva ou programa, embora parte da extrema-esquerda acabe sendo expulsa, num procedimento bastante brutal. Assim, teve-se um governo com uma política econômica ortodoxa que se foi revelando definitiva, mas política que coexistia com iniciativas de outro tipo, ao encontro da perspectiva de outras alas, inclusive as de uma esquerda ainda bastante radical. Com um pouco de maldade, poder-se-ia dizer que em vez da síntese do melhor das diferentes tendências, teve-se uma somatória do pior: ortodoxia econômica – isso foi a novidade; laxismo (leniência) em relação a certas mobilizações abusivas de pseudomovimentos de massa; desenvolvimentismo, mas autoritário por parte da direção de certo banco estatal [refiro-me à primeira diretoria do BNDES, não à segunda] e, por cima de tudo, burocratismo e corrupção. Mas houve políticas positivas implementadas, principalmente nos setores da educação e da energia, no plano do crédito popular etc., porém muito prejudicadas pelo engano que foi o conjunto.

3.

Mas vamos por partes. O problema principal é analisar as relações entre a história propriamente política do partido, incluindo a grande virada, e a questão da corrupção, ou do burocratismo e da corrupção, se o leitor preferir. Esquematicamente, o problema é o das relações entre posições políticas, na sua diversidade, e corrupção. Há muita confusão a esse respeito. Ora se reduz o problema da corrupção a uma questão política, em sentido estrito, o que é um erro, ora se vê apenas o problema ético, perdendo de vista o lado político. Eu partiria da ideia que, se a corrupção não pode ser pensada isoladamente, ela não é, entretanto, simples derivado, e deve ser estudada em si mesma. Começo assim me perguntando pela sua gênese. Há uma gênese interna do fenômeno da degenerescência petista (burocratização e corrupção), mas há também elementos externos. Creio que, internamente (em duplo sentido, privilegiando o que aconteceu dentro do PT, e analisando "compreensivamente", isto é, em interioridade, o processo) a gênese é dupla. A corrupção no PT – quero dizer o seu sentido e a sua autojustificação – veio tanto pela esquerda como pela direita. Com isso não estou dizendo que toda a direita petista se corrompeu, e menos ainda acusando de corrupção toda a esquerda do PT. A degringolada ética se situa, de certo modo, num outro plano. Há direitistas éticos e não éticos. Há esquerdistas éticos e não éticos. Ou, mais exatamente, há corruptos com uma figura esquerdizante, e os que têm, antes, uma tendência direitista. O que quero dizer é que havia um caminho "pela direita" e um caminho "pela esquerda" em direção à corrupção. Ao tratar desses dois caminhos, será preciso considerar por um lado uma certa extrema-esquerda, já que o "caminho pela esquerda" começa ali; e no outro polo, referir-se não só ao direitismo corrupto petista, mas – embora limitadamente, para não sair muito, por ora, da análise interna – também à direita em geral, de cujo espírito aquele se impregnou. De modo diferente, o transcendental (isto é, a ordem do dever-ser) é estranho à extrema-esquerda como a boa parte da direita. O caminho da corrupção pela esquerda – são principalmente ex-guerrilheiros que a representam, mas nem todos os ex-guerrilheiros seguiram esse caminho [há também ex-trotskistas] – é bem conhecido, e ele deve ter aparecido muito cedo no PT, bem antes da "Carta ao Povo Brasileiro".

A esquerda revolucionária tem um objetivo, a revolução. Ela poderá criticar a corrupção da política capitalista, mas para ela, a corrupção é epifenômeno. A corrupção é adjetiva; substantivo é o capitalismo. E se a extrema-esquerda considera que a corrupção da direita é produto da lama geral do capitalismo, quando a corrupção está a serviço da esquerda, sua atitude é ambígua. Ela admite, na prática, pelo menos, que a corrupção pode servir. O governo bolchevique comprava pasquins na imprensa ocidental para defender o poder soviético. As relações do governo castrista com as máfias internacionais da droga são ambíguas – voltarei ao assunto mais adiante –, para não falar da guerrilha colombiana. Os partidos comunistas não hesitaram em fazer alianças com os populistas mais corruptos. Esses exemplos mostram que a extrema-esquerda, em todas as suas versões, nunca teve grande respeito por exigências de ordem moral. Mas, ao mesmo tempo, é um fato que os revolucionários bem intencionados, ou mais ou menos bem intencionados – deixo claro que, objetivamente, não considero o leninismo "bem intencionado" – sempre hesitaram no uso desses meios. No caso do PT, não é a extrema-esquerda mais coerente, ou relativamente coerente, que vai seguir o caminho da corrupção, mas uma ex-extrema-esquerda marcada pelo stalinismo, e que de algum modo continuou fiel a ele. Evidentemente a corrupção ocupou o lugar que era o da violência. Hoje mesmo, em plena crise, escuta-se frequentemente a seguinte conversa: se pelo menos eles tivessem roubado para fazer tais ou tais mudanças radicais! O que mostra como, para muita gente, a democracia é simples meio a serviço de certos fins, estes sim essenciais. Que o uso da corrupção como meio para as mudanças oblitere necessariamente esse fim, disto certo tipo de extrema-esquerda não tem consciência. O que poderia também ser explicado discutindo a natureza dos fins. Se esses fins forem a sociedade comunista, em princípio – na realidade, mesmo nesse caso, só em princípio – tudo seria possível. De alguma forma, todos os meios são válidos para uma política de tábula rasa. Mas se os objetivos hoje não são esses – e um mínimo de reflexão sobre o destino das revoluções no século XX deveria pôr de lado definitivamente o projeto utópico comunista – a questão dos meios se coloca de outro modo. Não há projeto socialista que possa ser efetivado através da corrupção, porque a liquidação, ou a redução radical, da corrupção é parte essencial dele.

A corrupção "pela direita", cujo suporte vem, sobretudo, de militantes ou ex-militantes sindicais, já se manifestava também desde antes da virada política. Mas no momento em que se dá a virada, abrem-se-lhe novas possibilidades. Certos militantes pensavam mais ou menos assim: abandonamos as ilusões quase revolucionárias, agora somos políticos realistas como todos os outros. Dizia-se em 2002 que quem se mostrasse reticente em relação a uma eventual aliança com Quércia revelaria não ter abandonado ainda todo sectarismo e todo fanatismo revolucionário! Em suma, se os neostalinistas eram antiéticos já nas suas origens e por razões "revolucionárias", os que abandonaram propriamente todo projeto e linguajar revolucionário ou quase revolucionário foram descobrindo – talvez já o conhecessem também através de uma prática sindical duvidosa – um mundo em que a ética servia como verniz ideológico para uma prática em essência muito pouco ética. E aderiram a ele.

Mas o "rio de lama", que nasceu da confluência daquelas duas correntes formadoras (neostalinistas e simplesmente realistas), penetrou num pântano já existente e se alimentou dele. Todos sabem que a corrupção não começa com o PT, embora isso não possa ser de forma nenhuma uma razão para justificar o partido, ou mesmo atenuar a sua culpa. A situação é complicada. Porque por um lado é absurdo tentar inocentar o PT, ou antes, os corruptos dentro do PT, a partir do argumento de que a corrupção já existia antes deles. Por outro lado, essa pré-existência é um elemento essencial para entender e julgar o conjunto do processo. O fato de que o PT se apresentava com um programa "ético" agrava certamente o seu caso, mas ao mesmo tempo não é uma razão que permita absolver outros partidos. Dar uma pena maior ao ex-bom menino – e é preciso discutir, aliás, até onde e em qual sentido ele foi mesmo um "bom menino" – do que aos meninos que nunca foram bons, sob pretexto de que, precisamente, os últimos nunca foram bons, tem algo de injusto. Mas num certo plano, a precisar, o argumento tem alguma verdade. Por exemplo, é claro que o argumento vale, caso se prove que o ex-bom menino foi mesmo mais longe do que tudo aquilo que fizeram os outros.

Porém, mais precisamente, como o PT chegou até onde chegou? O processo que conduziu à situação atual vai pouco a pouco aparecendo nas margens dos jornais, no meio de uma enxurrada de fatos meio repetitivos e de ordenação complexa. O PT não tinha dinheiro para as campanhas, e não havia, ou quase não havia, empresários que se dispusessem a ajudá-lo. Ressalve-se que havia e há alguns empresários que contribuem para o PT, por razões de ideologia pessoal. O partido tenta, aliás sem sucesso, legalizar a possibilidade de auxílios sindicais. Até que, em certo momento – de quem partiu a iniciativa? – empresários (não simpatizantes do partido) se dispõem a "ajudar" o PT. Por que razão, não é difícil imaginar. Empresários não gostam de meter todas as fichas na mesma cartela, e devia haver indícios (o próprio irrealismo dos projetos) de que o discurso revolucionário do PT não teria um grande futuro. Por uma razão ou por outra, certos empresários se dispuseram, assim, a ajudar o PT. Isso foi o que ocorreu pelo lado da oferta. Pelo lado da procura, já vimos: o PT crescia e precisava de dinheiro para as campanhas. Na realidade, a coisa é mais complicada ou, sob outros aspectos, se simplifica, porque o partido chega um dia ao poder, primeiro ao poder municipal, depois a poderes estaduais e à presidência. E nesse momento, os empresários que contribuem não recebem apenas vagas promessas de apoios futuros, mas contratos municipais de valor variável. É nesse contexto que se deve entender o funcionamento das duas "correntes de motivação" que indiquei anteriormente. A turma que vai abandonando os projetos quase revolucionários saúda o realismo do "toma-lá-dá-cá", e mostra um partido como os outros, partido que vai crescendo e que deve oferecer também certas vantagens individuais. (A corrupção em favor do bolso próprio, existente sem dúvida sabe-se lá desde quando dentro do PT, deve ter sido, apesar de tudo, um componente segundo, pelo menos se comparado com o papel que teve na história de Collor). Quanto aos revolucionários-sem-revolução (os neostalinistas), o quadro lhes era também muito alentador. Já que a violência revolucionária sofrera grandes derrotas no país (o que pouco a pouco dava origem à ideia de que no Brasil – mas não fora – ela não representaria o melhor caminho), era justo colocar em seu lugar algo tão radical, mas menos arriscado, e mais condizente com os "costumes gerais" da política brasileira e da política em geral. Essas duas tendências, embora tenham se espalhado muito dentro do PT (no sentido patológico do espalhar) representaram de certo modo só uma camada dentro dele. Paralelamente, havia uma camada sã, ou relativamente sã – a maioria dos intelectuais estava aí; com o que não quero dizer que não tenha havido intelectuais comprometidos com o pior – camada que, um pouco, a exemplo do que ocorria com a parte infectada, ocupava todo um leque de posições: a esquerda, o centro e provavelmente também a direita do partido. Das duas tendências do rio de lama, a neostalinista é bem representada por Dirceu, se é que ele não é o seu único representante (teríamos então uma "classe de um só elemento"). Um Delúbio e vários outros chefes caídos da cúpula petista representam bem a outra tendência.

4.

Um passado de quem arriscou a vida lutando contra a ditadura enriquece sem dúvida um currículo, mas não é salvo-conduto ético nem político para ninguém. Porém, até onde sei, nem mesmo esse título Dirceu pode ostentar legitimamente. Era um líder estudantil que veio a ser preso. Foi libertado pela iniciativa de outros, e foi deportado para Cuba. Por que ninguém conta a história dos brasileiros em Cuba? Segundo me foi contado por um deles, muito cedo alguns exilados se deram conta de que o poder castrista era um intolerável regime policial. Mas evidentemente não apregoavam isso em público; só comentavam entre eles. E o detalhe que nos interessa: quando falavam sobre o assunto, o volume da voz se reduzia se, por acaso, Dirceu se aproximasse. Desconfiavam de que ele fosse ligado diretamente a tal ou qual serviço do governo castrista. (Reproduzo uma conversa: não tenho garantia absoluta de que o relato dessa incomodidade seja verdadeiro, mas ele é plausível). E aqui seria importante se deter um momento a propósito do que representa o regime castrista como escola política. Afinal, vários elementos de cúpula do governo Lula e do PT são, ainda hoje, grandes admiradores do ditador cubano, e alguns deles mantêm contato direto e frequente com ele. Já que o castrismo é assim um modelo político cultuado por muita gente desse meio, entre os quais está o personagem que representa o pivô da crise atual, não é inútil desenvolver esse ponto para fazer um diagnóstico completo sobre o significado da crise. Em outro lugar, já tive a oportunidade de escrever a respeito do poder castrista, mas acrescento alguns dados. Há dois pontos sobre os quais conviria insistir. Uma é a atitude do governo castrista diante da corrupção (corrupção de Estado, no caso), e a outra é a sua atitude diante da violência e do crime. Parece bem estabelecido que a condenação e execução de Ochoa e La Guardia, acusados entre outras coisas de tráfico de drogas, ocultavam certos contatos com os traficantes que eram efetuados pelo próprio governo castrista. Foi provavelmente para evitar o escândalo que eles foram executados. (Isso interessa para desmistificar a ilusão de que o castrismo, ou a adesão ao castrismo, estaria no extremo oposto da indulgência para com a corrupção) [No caso, trata-se de "corrupção internacional de Estado"]. Porém, há algo mais grave do que isto: o emprego que os irmãos Castro fizeram e fazem não só da violência em geral, mas do crime político. Os ingênuos costumam justificar tudo em nome da famosa violência revolucionária, expressão muito ambígua que pode ocultar o pior.

Na realidade, os irmãos Castro e seus associados liquidaram literalmente todos aqueles que se opuseram à guinada comunista da revolução democrática, guinada que foi, de fato, uma contrarrevolução neostalinista, asfixiando a revolução. Conhece-se o caso de Huber Matos, o quarto homem cubano do movimento, que passou vinte anos na prisão e só não foi liquidado porque a ditadura temia consequências políticas no plano internacional. Menos conhecido, e ainda mais grave é o episódio da morte de Camilo Cienfuegos, o terceiro homem cubano da revolução. É quase certo que Camilo Cienfuegos foi liquidado pelos irmãos Castro (ver *Castro l'Infidèle*, de Serge Raffy, os livros de Carlos Franqui, a autobiografia de Matos etc.). Há provas testemunhais de que o pequeno avião de Cienfuegos foi abatido por um caça cubano obedecendo a instruções superiores, ainda que as provas testemunhais tenham se reduzido, porque várias das pessoas envolvidas no caso morreram em condições misteriosas. Ao que tudo indica, tratou-se de um crime político. Por que isso nos interessa no momento atual? Interessa, insisto, porque mostra bem o caráter mais profundo do castrismo; e ele foi a escolinha em que estudaram alguns dos nossos ex-revolucionários. Coisa importante, porque se uma parte evoluiu e abandonou definitivamente suas ilusões com o poder dos tiranos "de esquerda", outra parte, mesmo quando afirma que o castrismo "não é a via para o Brasil", continua vendo nele um modelo de esquerda pura, de política de esquerda bem intencionada, antípoda de tudo o que aconteceu aqui. Na realidade, há parentescos ocultos. Nesse sentido, o apelo, em face da crise, à memória de certos ícones do pensamento radical que muito admiravam o castrismo – "que diria de tudo isto o professor x, se ainda estivesse vivo?" –, por honestos que tenham sido esses ícones é um grave mal-entendido. Como o são também as lágrimas de crocodilo de certos frades, íntimos das tiranias caribenhas e usufruidores das suas mordomias, que se pronunciam como se tivessem lições a dar. Sem dúvida, entre as práticas do poder petista (pelo menos até onde se sabe) e os lados mais sinistros da (contra-) revolução castrista (ainda) há uma distância considerável; porém, não deixa de existir certa convergência no à vontade com que uns e outros se utilizam de certos meios; e essa convergência precisa ser assinalada, se quisermos ter um quadro suficientemente amplo e completo do processo em curso. A deriva mafiosa de parte da esquerda brasileira tem, de fato, várias genealogias. Mas o castrismo ocupa certamente um lugar privilegiado em uma delas.

5.

Quanto à outra tendência, não há muito a acrescentar. Um amigo sociólogo lembrava, apoiando-se provavelmente no livro clássico de Michels sobre a burocratização, o papel que desempenha em tudo isso o fator arrivismo. A atração a que são vulneráveis ex-proletários – ou ex-membros da camada assalariada pobre em geral – pelas grandes massas de dinheiro postas à sua disposição, e pelas grandes possibilidades que isto oferecia em termos de consumo.

Talvez se pudesse distinguir também, de um modo intrínseco ou formal, as duas tendências, e, a partir daí, diferenciar as "tradições" que lhes facilitaram a inserção na política brasileira. Se as duas visam tanto o poder como a corrupção – mas visa-se o poder para obter vantagens ilícitas, ou visam-se vantagens ilícitas para ganhar poder? – poder-se-ia dizer, talvez, que a primeira, a dos "revolucionários stalinistas de novo tipo" está mais centrada no poder (seu projeto é, antes, o de corromper para obter poder) e a segunda, a dos burocratas sindicais, centra-se, antes, na corrupção (ganhar poder para obter vantagens ilícitas). Se isso é verdade, as duas se inserem na história nacional também de forma um pouco diferente: uma na prática tradicional de corrupção e abuso dos fundos do Estado, que sempre se manifestou na sociedade brasileira; e a outra, como certos observadores assinalaram, na tradição autoritária, que sempre teve impacto sobre a vida política do país. Todavia, as duas tendências confluíram, adotando, e desenvolvendo, as práticas que caracterizaram a sociedade civil e a política brasileiras tal como existiram até aqui.

6.

Esquematicamente, há dois pretensos herdeiros da crise, isto é, duas tendências principais, que pretendem "faturar" em cima dela. Elas se situam, de novo, à esquerda e à direita. Mas se também na genealogia da degenerescência reconheciam-se motivos e filiações de esquerda e de direita, aqui se trata, em grande parte, pelo menos, de outra coisa: de um lado, da extrema-esquerda petista ou ex-petista "autêntica", que não se envolveu (ou se envolveu pouco?) na corrupção, e pelo outro lado, essencialmente, da direita (e do centro) em sentido geral, exteriores ao PT. Ambos tentam obter as vantagens que o caso parece oferecer. Vejamos quais são os argumentos de uns e outros, e qual a validade desses argumentos. A extrema-esquerda trata de mostrar que tudo vem da política neoliberal do governo, e tenta provar que o essencial não está na corrupção mas naquela política. Por mais que se possa e deva criticar a política neoliberal, o argumento é enganoso. Não há uma relação necessária entre o neoliberalismo e a corrupção. E o essencial: para quem acredita na democracia, a corrupção é um problema em si mesmo, o que não é o caso para a extrema-esquerda, como já vimos. Inversamente, a direita (talvez também a direita do PT, mas, sobretudo, a direita em geral) culpa a extrema-esquerda pela deriva mafiosa, esquecendo:

1. Que a filiação revolucionismo/corrupção não é a única genealogia da crise; e 2. Que uma parte importante – talvez a maioria – da esquerda do PT não foi envolvida pelo processo. Assim, é preciso pôr ordem nos argumentos de uns e de outros.

Em relação à extrema-esquerda, além das razões já examinadas, seria preciso lembrar que "entidades" do tipo MST (e outras do mesmo estilo; o MST é, em grande parte, um pseudomovimento social, algo mais próximo de um partido semi-totalitário, que abusa de um nome) aproveitaram-se bem das verbas do governo. A forma pela qual o MST recebe dinheiro do governo é regular e legal? Lembremo-nos de que o MST não tem expressão legal, e recebe dinheiro através de ONGs, nominalmente a serviço da reforma agrária ou de cooperativas. Se esse repasse de verbas se revelar ilegal, como reagirá certa esquerda? Justificará as ilegalidades em nome de pretensos interesses revolucionários? Lembremos que há uma CPI (ou CPMI) que examina a questão do financiamento do MST, infelizmente, pelo que parece, controlada pela direita. Mas a melhor esquerda tem todo interesse em que as investigações vão até o fim. Em geral, me pergunto como funciona o movimento financeiro, do que constitui sem dúvida alguma um *lobby* castro-chavista, que existe no país e para além dele, *lobby* que tem seus representantes bem inseridos em jornais, revistas, agências, instituições estatais e para-estatais, ONGs etc. Atualmente, ocorre uma divisão no interior da extrema-esquerda, separando os defensores do governo, e os que o atacam e pedem o *impeachment*. Os primeiros não querem perder as suas "vantagens", os últimos têm mais coragem e não têm rabo preso, mas isso não quer dizer que sua tendência pró-*impeachement* seja uma boa alternativa, no momento atual.

Quanto à direita e ao centro, seria bom lembrar que, embora o argumento de que houve irregularidades também sob o governo Cardoso não possa servir para inocentar o PT ou mesmo atenuar sua culpa, a direita e o centro brasileiros não têm muita autoridade para se apresentar como os campeões da honestidade. Curiosamente, um filósofo-ideólogo, muito próximo do poder cardosista, que se tornou conhecido por um discurso arquiambíguo sobre "o momento amoral" da política, tenta dar lições a propósito do processo em curso. Seria necessário reler, hoje, o que ele escrevia sobre o caso Collor.

Uma leitura cuidadosa dos seus textos da época, e também dos seus textos posteriores[9], mostra bem que, apesar das suas piruetas teóricas, a interpretação aparentemente superficial, que vê no seu discurso um amoralismo no sentido de imoralismo ou antimoralismo, é, na realidade, a interpretação correta. De fato, ele escrevia coisas desse tipo em plena crise do governo Collor: "É preciso saber conviver com a infração contra valores alheios [sic] para que tenhamos política". E mais precisamente:

> Que o presidente da República venha a público, como chefe de Estado, clamar pela moralidade pública, ao mesmo tempo que *trata de defender seus interesses particulares*, tudo isso está nas regras do jogo. [...] e se cometer alguma falta, mais vale que mantenha as aparências do que venha se confessar em público. [...] a sociedade necessita tanto de seus fundamentos formados por interesses conflitantes quanto de um espelho em que os interesses são projetados, julgados e coibidos em nome da justiça [...]. Daí a regra política de que todo político que for pilhado agindo em interesse próprio deve ser punido[10].

Veja-se bem: a lição fundamental desses textos (que são de grande mediocridade teórica, disfarçada por uma retórica que só encanta certo jornalismo pró-tucano seletivamente crítico) é a de que o essencial é não ser descoberto. O essencial não é ser honesto. Se o autor não se pronuncia abertamente pela desonestidade, ele também não se manifesta em favor da honestidade, o que basta para configurar um imoralismo. As práticas de Collor evidentemente não lhe pareciam anormais, desde que ele não se deixasse descobrir. Ora, esse filósofo-ideólogo se apresenta hoje como se tivesse lições a dar. Na realidade, ele é parte da crise e contribuiu para ela. Junto com outros, contribuiu para dar certo tipo de legitimação, banalizando o "faça o que quiser, mas não seja descoberto", que foi sempre o lema dominante[11]. Sem querer demonizá-lo,

---

9 Permito-me remeter o leitor à Introdução Geral do meu *Marx: Lógica e Política*, São Paulo: Editora 34, 2002, p. 34 a 39, t. III para uma análise detalhada.

10 José Arthur Giannotti, Considerações sobre Moral e Política, *Folha de S. Paulo*, 7 de junho de 1992 (grifos meus).

11 Nesse sentido, as acusações que ele faz contra o moralismo – essa clássica imputação fraudulenta também foi utilizada por outros, na crise atual, o que mostra a necessidade de desmistificá-la, para além da crítica desse autor – são

lembremos que Cardoso só muito tardiamente se juntou aos que pediam o *impeachment* de Collor. Quanto ao governo Cardoso, quando saberemos em detalhe – ou nunca saberemos – o que se passou no processo das privatizações e no da reeleição? Isso tudo pertence apenas à "história", como ele sugere, ou interessa também ao presente? Ou ainda, levando em conta certas declarações recentes do ex-presidente: supondo que a separação seja possível, a corrupção estadual ou regional interessa menos do que a corrupção federal? Para além dos tucanos, é triste ver o uso que fazem da crise os ACMs e os Sarneys. A direita-direita exulta. Bornhausen diz que se sente feliz em "se ver livre dessa raça por trinta anos". Só os ingênuos pensarão que por "essa raça" ele visa apenas corruptos ou burocratas. O bando que roda em torno dele não é certamente de melhor qualidade ética. O jornal *O Estado de S. Paulo* tem um herói: Palocci. Todos os outros, todos aqueles que criticam uma estabilidade cujo preço é a eternização das desigualdades e os lucros fabulosos dos grandes bancos, entram na conta do bolchevismo. A ofensiva da direita mostra o mal que os espertalhões da direção petista fizeram à esquerda. Eles prestaram o melhor serviço que poderiam prestar à direita. Por isso mesmo, toda indulgência em relação a eles só desserve a esquerda.

7.

Porém, sem atenuar as responsabilidades, é preciso analisar o significado mais geral desse processo. Creio que há três reflexões teóricas a fazer sobre o conjunto dele. A primeira é a de que, no fundo, o que se tem aí é um aspecto de um problema muito importante: o das relações entre democracia e capitalismo. Capitalismo e democracia coexistem, mas há entre os dois uma tensão que aparece em diferentes níveis. Ela se manifesta no interior do processo de trabalho, ela aparece também no mercado

> completamente infundadas. O que ele chama de moralismo é, na realidade, como acontece frequentemente, a crítica ao amoralismo. (Ver artigo a respeito, Em Defesa do "Moralismo", nesse volume). E esta tem plena justificação. Quanto ao que é realmente moralismo, ele é certamente mistificador; mas isso não pode servir de argumento para justificar o amoralismo (amoralismo equivale aqui a imoralismo ou antimoralismo, diga o ideólogo o que quiser).

de trabalho (principalmente na situação de desemprego crôni-co) etc. A corrupção do poder político é um outro aspecto, do mesmo problema, na realidade um aspecto *sui generis*. *Sui gene-ris* porque, ao contrário do que ocorre em geral para as outras vertentes, aqui se trata de alguma coisa que se manifesta como uma transgressão das regras do sistema democrático-capitalista, mesmo aos olhos do sistema, embora se trate de uma transgres-são que, de fato, seja mais ou menos a regra.

Em suma, é uma questão que, diferentemente das outras, é levantada pelo próprio sistema democrático-capitalista, pelo menos em certo nível. Como garantir o funcionamento da democracia diante do poder gigantesco das empresas à cata de vantagens, principalmente na área dos contratos do Estado? Há aí uma dificuldade, que não é só brasileira, e para a qual é preciso buscar uma solução. Nesse sentido, a crise brasileira, como as crises anteriores que sacudiram outros países, é de interesse universal e de importância teórica considerável. A acrescentar que, no caso brasileiro, os processos empregados foram muito longe, provavelmente mais longe do que o que se viu em geral até aqui. Não só, como ocorreu em outros países, perverteu-se o sistema de licitações, que virou um sistema de trocas comerciais entre decisões do Estado, pilotadas por um grupo, beneficiando algumas firmas, e contribuições dessas firmas à máquina política montada pelo mesmo grupo. Houve mais do que isso. A adesão a partidos e os votos no congresso também se transformaram em mercadorias.

Embora esses fatos não sejam inéditos, nem aqui nem no exterior, o sistema é admirável pela sutileza e pela sistematici-dade [mas esse virtuosismo de bandido se revelou, afinal, fu-rado]. O grupo no poder administra a entrada de deputados da oposição em partidos-satélites, espécie de filiais ou de fran-quias do partido-mãe, contra o pagamento de "luvas". Como se não bastasse, novos e velhos associados, nas filiais e também na matriz, ainda ganhavam para confirmar que o seu voto seria favorável ao governo, por ocasião da votação de diferentes pro-jetos. Montou-se assim uma estrutura econômica mafiosa de poder, um "capitalismo mafioso de Estado" que, pelo seu "en-genho" e sistematicidade deve ter superado o que se havia feito anteriormente na matéria. Se as cpis se dispuserem mesmo a condenar os culpados, deve haver provas testemunhais sufi-cientes e, sem dúvida, um número considerável de provas do-cumentais bastantes para que se condenem os que devem ser condenados. Diante de tais fatos, o cinismo de certos acusados só é menos chocante do que a ingenuidade (ou o cinismo) de alguns que, das galerias, asseguram que os fatos não são tão graves, ou não foram suficientemente estabelecidos.

A segunda reflexão importante, mas que, em parte, já está contida no que foi dito no parágrafo anterior, diz respeito à própria esquerda, em particular às formas de degenerescência da esquerda. A crise revela novos aspectos do fenômeno co-nhecido da degenerescência dos partidos de esquerda. Tradi-cionalmente, conhecem-se duas formas de degenerescência, em grandes linhas, simetricamente opostas: de um lado o sta-linismo (mas, a meu ver, também o leninismo que, apesar das suas boas intenções "subjetivas", é a antessala daquele), de outro, o chamado "reformismo". Num caso, liquida-se a democracia – junto com o capitalismo – e se instaura um pseudorregime de transição ao socialismo, na realidade um neodespotismo burocrático de tipo igualitarista. No segundo caso, tem-se ou microrreformas, ou uma pura e simples adaptação ao regime existente, capitalista-democrático.

A rigor, o termo reformismo já não convém aqui. Porque o que se tem hoje é o fenômeno dos governos de esquerda que praticam as políticas de direita as mais ortodoxas. Não se trata de reforma, mas de conservação do sistema democrático -capitalista na sua variante mais conservadora no plano eco-nômico e social. Conhecia-se também uma terceira forma de degenerescência (ou de falsa-esquerda) que é o populismo. Penso no populismo do tipo Chávez, também o de Perón ou de Vargas. Aí também se asfixia a democracia, em geral não tão radicalmente, mas modificando apenas as regras do capi-talismo, sem liquidá-lo. Experiências negativas como a do PT não se enquadram, a rigor, em nenhum dos três casos: não houve degenerescência no sentido da imposição de um po-der "stalinista"; houve, sem dúvida, algo da "degenerescência reformista", aliás, mais na figura daquela que não visa refor-mas, mas abraça o *statu quo* mais conservador. Entretanto, não houve apenas isso. Também não se trata exatamente de "degenerescência populista", pelo menos no sentido de Chávez, Vargas ou Perón. Na realidade, o PT não atentou contra a democracia. O apelo de tipo direto à massa foi até aqui reduzido. E não ocorreram práticas de tipo plebiscitário. Claro que poderíamos falar de um populismo de outro tipo. Mas seria impreciso. Acho que se teve aí um quarto tipo de degenerescência, a acrescentar à "degenerescência stalinista", à reformista (ou simplesmente adesista) e à populista. Degenerescência que se poderia chamar de "mafiosa". Nesse caso, não se atinge a democracia nem na forma stalinista, nem na forma populista, mas também não se trata de simples adesão ao sistema democrático-capitalista. Há, sem dúvida, adesão, mas específica, digamos, adesão ao submundo do sistema democrático-capitalista, aos subterrâneos dele. Adesão ao negativo do sistema, mas não no sentido de uma abertura em direção a uma forma superior a ele, e sim ao negativo como o universo da transgressão "criminosa" das regras do sistema. Essa forma de degenerescência é específica e tem de ser entendida e combatida enquanto tal. Mesmo, e sobretudo, se o seu objetivo não foi essencialmente o enriquecimento pessoal, mas o fortalecimento da máquina.

Há uma terceira reflexão possível. Conhece-se a velha problemática da esquerda sobre a relação entre, de um lado, o que era antigamente o proletariado, e, de outro, as vanguardas ou partidos, mas também, de algum modo, a intelectualidade. Desde há bastante tempo, critica-se a tese que era de Kautsky, que foi adotada por Lênin, em *Que Fazer*, no qual o proletariado abandonado a si mesmo tende a uma via simplesmente reformista, e, por isso, ele necessitaria de uma "injeção" de consciência, que vem de fora. Longe de mim a intenção de reabilitar uma ideia perigosa e com consequências comprovadamente desastrosas. Entretanto, resta alguma coisa do tema, e ele poderia interessar nas circunstâncias presentes da política brasileira. Em primeiro lugar, seria preciso substituir proletariado por grandes massas de trabalhadores ou, de maneira mais restrita, de assalariados pobres ou médios. E também substituir a ideia de um projeto revolucionário pela de uma "mutação" social. No outro polo, há ambiguidade, porque se falava ao mesmo tempo de vanguarda e de intelectuais.

A questão da "vanguarda" é hoje muito complicada, e não sei se tem muito sentido. Prefiro, por ora, pelo menos, considerar os intelectuais. Retraduzida nesses termos, a antiga dualidade ganha interesse, e então se a tese de que a consciência deve ser "injetada" na massa pela intelectualidade é falsa, a tese contrária, a de que a massa encontra sozinha o seu caminho (que não é só um caminho de consciência, mas também de ciência e de *savoir-faire*) sem ajuda dos intelectuais, também não é verdadeira. Faço essas considerações porque se o PT foi o resultado da confluência de várias camadas, sendo uma delas a dos intelectuais de esquerda mais ou menos independentes, é sabido que o governo petista foi progressivamente se desembaraçando desses últimos, e que certos dirigentes do PT, inclusive Lula, manifestaram em algumas ocasiões um claro anti-intelectualismo. Em termos mais simples, todo mundo sabe que com poucas, e nem sempre honrosas, exceções a intelectualidade foi sendo progressivamente neutralizada na ação política do PT e do governo. Quem assistiu a um documentário bem conhecido sobre a campanha de Lula para as eleições presidenciais, o viu e ouviu dizendo que até o surgimento do PT, na prática dos partidos de esquerda, socialistas ou comunistas, tinha-se um movimento de cima para baixo, isto é, eram os intelectuais que "incutiam" nos trabalhadores as ideias de reforma ou de revolução social; e que só com o PT a situação se altera, quando os trabalhadores passam a se organizar e orientar a si mesmos. Há evidente exagero no que disse Lula (pensemos, por exemplo, no Labor Party britânico), mas a afirmativa, esquemática embora, tem certa verdade (aliás, o Labor é um dos partidos de esquerda, pouco numerosos, que oferece alguma analogia com o PT). Ora, a debacle do petismo tem certamente alguma coisa a ver com as ilusões de uma política de pura "espontaneidade". Porque, se a perigosa tese kautskista-leninista é falsa, a tese oposta também o é. Abandonados a si mesmos, abstraindo-se dos intelectuais – embora, a rigor, menos no plano da consciência do que no da ciência e do *savoir-faire* – os trabalhadores tendem a se perder num mar de ilusões burocráticas de ordem prática e teórica. O que não significa que a intelectualidade tenha a chave da verdade (abandonados a si mesmos, eles tendem a dar com os burros n'água); mas significa – verdade de "senso comum de esquerda", caso se queira, mas este último, como disse em outro lugar, não é certamente a coisa mais bem distribuída do mundo – que é da "fricção" entre trabalhadores e intelectuais que pode sair uma boa política para a esquerda. Assim, acho que entre as lições da crise está a de que, se, em geral, foi positivo que o PT nascesse livre da influência dos partidos comunistas e de outras tradições partidárias, a simples prática sindical também não é uma carga genealógica isenta de riscos. Feitas as transposições exigíveis, revela-se que nem a simples determinação pelo alto, nem a simples determinação a partir de baixo, representa um caminho seguro.

O discurso de "autodeterminação" dos trabalhadores, praticado por Lula, não livrou o PT do peso dos burocratas – burocratas sindicais por um lado, e, neoleninistas ou neostalinistas, à sua maneira, por outro. O obreirismo ingênuo, que fazia as delícias de certa intelectualidade "autoderrotista", é uma ilusão perigosa.

8.

A quantas estamos e quais são as perspectivas? O problema geral, dizia, tem a ver com o da relação – mais precisamente, com o da tensão – entre democracia e capitalismo. Ora, se a reação de muitos, incluindo a extrema-esquerda, está centrada na crítica ao neoliberalismo, ela toma também frequentemente a forma de um ataque contra a democracia. Ou, pelo menos, contra a democracia representativa, o que não melhora muito as coisas, apesar das aparências. Recentemente, um jurista do PT escreveu um texto propugnando uma espécie de democracia direta, onde se pode ler: "Na estrita verdade dos fatos [...] longe de ser um simples mal-entendido [...] a democracia entre nós foi e continua a ser mero disfarce ideológico, um roto véu que mal encobre a nudez da dominação oligárquica. Aceitamos todas as fórmulas políticas e dispomo-nos a experimentar quaisquer novidades, desde que se possa manter e fazer funcionar uma democracia sem povo"[12]. O texto é ambíguo,

12   Fábio Konder Comparato, *Folha de S. Paulo*, 5 de agosto de 2005.

mas o engano é visível. O autor quer opor a democracia direta à representativa, e, provavelmente, a democracia tal como existe lá fora à que existe entre nós. Mas o resultado é um ataque contra a democracia brasileira enquanto tal.

Quaisquer que sejam os defeitos da nossa democracia – e eles são enormes – chamá-la de "mero disfarce ideológico" ou "roto véu [...] que encobre a nudez da dominação oligárquica", é abrir fogo contra as nossas instituições democráticas. O que temos no Brasil é uma democracia representativa e não outra coisa. E tê-la obtido de volta depois do interregno militar foi uma conquista da maior importância, apesar de tudo. Por outro lado, é uma ilusão pensar que a chamada democracia direta seja uma panaceia. Sem dúvida, pode-se multiplicar as instituições do tipo "orçamento participativo" etc. Mas, primeiro: elas não podem substituir a representação. E segundo: a partir de certo nível, elas são perigosas. Todo mundo sabe no que deu certo tipo de poder plebiscitário – as consultas diretas à população são hoje proscritas na Alemanha –, o que não significa que os referendos não possam ter certo papel. Mas não mais do que isto. O engano grave desse texto é supor que a democracia representativa seja a responsável pela crise, o que, aliás, se inscreve numa desastrosa tradição antidemocrática, da qual a esquerda ainda não se libertou. Certas práticas que se desenvolvem facilmente no interior do capitalismo ameaçam a democracia? Alguns propõem uma solução curiosa: acabar com a democracia... É como se matar o doente fosse o melhor meio de liquidar a doença. Muita gente, de um universo político não muito diferente, é sensível à ideia de que a crise indica como único caminho a via revolucionária. Plínio de Arruda Sampaio afirma numa entrevista recente: "É hora do socialismo no Brasil. Porque, quando o Lula não consegue fazer reformas dentro do capitalismo por causa desse estado de sítio em que se encontra [sic], isso demonstra só uma coisa: Lula é a última tentativa de uma transformação pela via de reforma no capitalismo"[13]. A última frase contém uma aposta obscura ou arbitrária. Em que sentido a tentativa de Lula é a última? Ou, em outros termos, o que significa, para o autor, "reforma",

---

13 *Folha de S. Paulo*, 22 de agosto de 2005.

recusa da insurreição armada? De minha parte, diria que ou a esquerda adota finalmente o caminho democrático, e mais, a democracia representativa – porque a democracia direta, a menos que se administre em forma homeopática, é remédio perigoso – ou não haverá saída para a crise.

Se a exigência democrática – e democrática representativa – é essencial, ela não é, entretanto, por si só, suficiente. Precisamos de um programa econômico não liberal, mas também não aventureiro ou arcaico. A esse respeito, não posso ir muito longe: os economistas críticos têm muito a dizer [remeto ao que escrevi no texto anterior]. A mudança das regras de cobrança do imposto de renda é essencial. O sistema atual é inteiramente injusto; pesa demais sobre os pequenos e é insuficiente sobre os que podem pagar. Mas há muito mais coisas a decidir ou definir: reduzir os juros, alterar o câmbio, estudar a atitude em relação aos capitais especulativos etc. E a meu ver, é preciso levar a sério e explorar a fundo as possibilidades das experiências cooperativas. Por ora, quase ninguém, fora do círculo dos seus promotores diretos no plano econômico ou político, leva a sério esse tipo de iniciativa.

Porém, em terceiro lugar, para além ou aquém disso, impõe-se um programa específico de luta contra a corrupção. Nesse capítulo, há, por um lado, toda uma agenda de reformas eleitorais para reduzir o custo das campanhas e, eventualmente, dar maior peso aos partidos. Parte dela já está em discussão, veremos em que vai dar. Não entrarei em detalhes sobre as melhores soluções, mas acho que um sistema misto de voto individual-distrital seria o melhor. O sistema de listas partidárias tem vantagens e desvantagens que é preciso discutir. Há também a questão das regras e limites para a propaganda eleitoral etc. Porém, além dessas medidas, seria preciso mexer na questão das licitações. Caso não se chegue a um controle efetivo das licitações, os problemas permanecerão. É preciso que os juristas estudem modalidades de controle, talvez através de comissões nomeadas pelo judiciário, não sei. Se fosse possível que, nas licitações, houvesse sorteio entre propostas julgadas mais ou menos equivalentes, teríamos uma situação interessante. De qualquer modo, ou se encontra uma solução para o caso das licitações, ou nada será resolvido. A acrescentar, num plano que não é o da política, mas é sempre o da corrupção, que se impõe um programa efetivo de luta contra a sonegação fiscal. Vamos ver se a direita virtuosa mostra algum entusiasmo em relação a ele. De qualquer modo, é impossível que o país continue tolerando o volume de sonegação que existe aqui. Para além disso tudo, parece necessária uma reforma política mais geral, reforçando partidos e dando maior estabilidade a governos, reforma que garanta um sistema menos vulnerável à corrupção. Assim, existem saídas, embora elas não sejam panaceias.

9.

No plano partidário, refiro-me ao destino da esquerda. É difícil dizer no momento em que escrevo (final de agosto de 2005) se o PT irá sobreviver. E qual será o seu destino. Também não sabemos se o governo Lula sobreviverá. A melhor perspectiva seria a de que o PT se salvasse, com a expulsão dos corruptos e uma reorganização do centro e da esquerda menos fanatizada, na base de um novo programa econômico e político. Um programa definido, sem retórica inútil, sem concessões aos poderes dominantes, e absolutamente intransigente em relação à corrupção. Nesse caso, o ideal seria buscar um candidato que não fosse o Lula, para as próximas eleições presidenciais, e aceitar a ideia de uma possível derrota. Uma cura de oposição não seria má para a esquerda. Mas se não houver uma reorganização do partido, sucedendo necessariamente a um processo de expulsões, o PT apodrecerá; e o melhor do PT abandonará o partido. Infelizmente, no momento em que escrevo, essa é a perspectiva que me parece a mais provável. Para onde iriam então os dissidentes? Há bastante gente séria e honesta no PT, embora reine muita confusão. Talvez eles se dispersem em uma série de legendas sem muita expressão. Outra hipótese negativa: eles tomarão o caminho da extrema -esquerda. A extrema-esquerda acertou e acerta ao denunciar o processo de corrupção do partido, mas suas perspectivas políticas são irrealizáveis ou nefastas. A terceira possibilidade, no interior da hipótese da vitória do pior dentro do PT e da ruptura dos melhores, seria a formação de um novo partido, de esquerda democrática. Não creio que isso anuncie grandes vitórias ou grandes mudanças, mas no fundo seria o melhor, ou o mal menor, caso o PT apodreça irremediavelmente. Um partido com um programa de esquerda democrática teria uma função crítica, poderia talvez obter algumas vitórias eleitorais num plano regional. E reuniria o que há de melhor na esquerda brasileira. Quanto ao resto, veríamos. O essencial seria a tentativa de formular um programa político democrático de esquerda, suficientemente claro e bem definido. E, evidentemente, construir um partido que levasse a sério o problema da corrupção e da burocratização.

Há um outro lado que precisa ser posto em evidência: o dos movimentos sociais. Os pseudomovimentos sociais do tipo MST, a demagogia das lideranças esquerdistas no movimento estudantil, e a corrupção no movimento sindical, fizeram com que se deteriorasse a imagem dos movimentos sociais. A própria noção de movimento social está completamente deturpada. Este é o presente, que deram à direita, demagogos e aventureiros de toda sorte. Com relação ao MST, se há quem tenha ilusões, diria que a sua atitude em relação aos camponeses é paternalista e autoritária, para não dizer mais. Caso se queira ter uma ideia do que isso e outras coisas mais significam, considere-se o estilo, paratotalitário, da escola de quadros que, com dinheiro público, ele fundou no interior de São Paulo. Mais do que nunca, será fácil para a direita atacar os movimentos sociais, com que ela golpeia não só as direções demagógicas ou aventureiras, mas também os próprios movimentos. É importante dizer que a esquerda e o país precisam do movimento camponês, do movimento estudantil, e do movimento sindical. O que não significa que precisem de certos líderes, e mesmo de certas entidades que falam em nome desses movimentos.

Nos países em que a social-democracia foi mais bem sucedida (Escandinávia), os sindicatos são extremamente fortes e eles geram honestamente, até onde sei, instituições de previdência e também fundos de pensão. Não fosse o poder dos sindicatos, e certas democracias sociais, que estão entre as mais avançadas do mundo, seriam absolutamente impossíveis.

Sem querer transpor experiências, é evidente que o Brasil tem necessidade de um movimento sindical combativo, não demagógico, e honesto. O mesmo deve ser dito do movimento camponês e do movimento estudantil. Não tenho condições para discutir onde estão os melhores germes de desenvolvimento no interior das dezenas de organizações que pretendem representar os camponeses, nas várias organizações de trabalhadores, e no movimento estudantil. Digo apenas, tomando posição ao mesmo tempo contra a direita e contra uma certa esquerda corrupta ou aventureira, que é preciso distinguir, de um lado, as direções (e, em alguns casos, as entidades), e, de outro, o próprio movimento. Se, de fato, atualmente, a separação não é tão simples, de direito e a longo prazo ela não só é possível, mas é condição de sobrevivência para o movimento.

10.

A vitória petista apareceu como uma grande esperança para a esquerda mundial. Essa esperança se desfez. Com um pouco de otimismo, é possível supor que as lições da crise sejam fecundas. Mas, antes disso, haverá um longo processo de reflexão e de reorganização.

Estou convencido de que só aqueles que acreditam na democracia, poderão dar contribuições efetivas, para entender e superar a situação atual. Mas só os que propugnam uma "mutação dentro da democracia" (e não o simples reformismo ou adesismo, e também não as aventuras insurrecionais) serão capazes de indicar os remédios a longo prazo. É um trabalho longo, difícil, que supõe, entre outras coisas, a coragem de enfrentar o sistema dos preconceitos dominantes, preconceitos que, sob formas diferentes, ocupam o universo político, da extrema-esquerda à extrema-direita.

REFLEXÕES SOBRE O MOMENTO POLÍTICO*

A crise, iniciada há alguns meses, revelou a gangrena interna de parte de um grande partido de esquerda, que chegara ao governo empunhando a bandeira da mudança social e da probidade administrativa. Mas, para além do PT, também exibiu a gangrena que atinge parte do sistema político brasileiro em geral. As revelações apareceram como sintomas graves, porém foram, de início, consideradas com certo otimismo, porque incitavam uma intervenção possível. Hoje, porém, mesmo se é difícil que tudo continue como se nada acontecera, há forte risco de que o esperado grande acerto, dentro e fora da esquerda, termine em parto da montanha. Como é impossível examinar os diferentes aspectos do processo num espaço reduzido (tentei fazê-lo num texto que a *Lua Nova*, a revista do Cedec, publica no seu número 65, que aparecerá ainda neste ano de 2005 [ver texto anterior]), limito-me a desenvolver algumas reflexões.

A eleição de Aldo Rebelo para a presidência da Câmara de Deputados assinala uma contraofensiva do governo e dos majoritários do PT, ofensiva cuja primeira vitória fora a recusa de José Dirceu a abandonar a lista de candidatos à direção do partido, e a substituição de Tarso Genro por Arlindo Berzoini, como candidato majoritário. O PT, ou antes, os "majoritários", e com eles o governo Lula, tratam de sobreviver como podem, isto é, apelando para todos os meios. Lula fala de falsas denúncias [sic] que sacrificam inocentes, Dirceu (!) julga que as comissões de inquérito perderam autoridade. Luis Eduardo Greenhalgh assegura (!) que Celso Daniel morreu nas mãos de criminosos comuns. Como era de se esperar, todos os adversários tentam tirar proveito do enfraquecimento do PT. Mas enquanto esse partido não se dispuser a aceitar que o que aconteceu foi muito grave, ou seja, enquanto não se dispuser a punir quem tem de ser punido, expulsando dos seus quadros os burocratas e os corruptos notórios, ele não tem a menor autoridade, para se queixar dos ataques. Enquanto o PT não se renovar realmente, não há por que embarcar na canoa das pseudovítimas do "denuncismo", nem supor que é preciso, antes de mais nada, a união das

---

* Setembro/outubro de 2005.

esquerdas, contra a ofensiva da direita. Se o PT continuar sendo o que tende a ser atualmente, ele não representará mais esquerda alguma: transformar-se-á inapelavelmente numa legenda populista-burocrática com pouca vergonha política. E a esperança de mudança – problemática –, sob a égide de um novo presidente do partido, também se esvaiu.

Mas que fazer então? Estou convencido de que só uma esquerda ao mesmo tempo radical e democrática poderá encaminhar o país na direção de um futuro melhor. Não um partido que se comprometeu com o pior.

Por sua vez, o PSDB, que não é um verdadeiro partido social-democrata, está imbricado demais com o partido mais conservador do cenário político brasileiro, comprometido demais com interesses que não são apenas empresariais, mas também financeiros, e encantado demais (isso vale, é verdade, só para uma parte desse partido) com os esquemas econômicos mais ortodoxos. E além de tudo, o PSDB joga para baixo do tapete a sua própria poeira: os seus pecados seriam "históricos" ou "regionais". É claro que enquanto o PT, exemplo de moralidade, não "varrer a sua porta", lhe faltará legitimidade para atirar a primeira pedra[14]. Com relação à extrema-esquerda, se alguns dos seus representantes acertaram ao criticar, com coragem, a prática de certos campeões da burocracia e da corrupção, o melhor que se pode esperar da extrema-esquerda propriamente revolucionária é que não tenha êxito nos seus projetos. A propósito, é lamentável o espetáculo de intelectuais repetindo chavões revolucionários, como se nada tivesse acontecido no século XX, sempre sustentados pelo muito ativo *lobby* castrista-chavista. Pois longe de se reduzir a um inócuo blá-blá-blá de intelectuais, o discurso de legitimação da violência, supostas certas condições, acaba se transformando em violência efetiva. Quanto à sua teoria, é teoria ruim, pretensa refundação da esquerda que, por não pensar o que tem de ser pensado – a experiência revolucionária do século XX e seus terríveis resultados –, acaba caindo no que há de mais

---

14 [A propósito dos desenvolvimentos recentes da política brasileira, Cícero Araújo observou que, no caso da CPMF, a contribuição provisória sobre movimentação financeira, "o PSDB, liderado por FHC, se opôs [a ela] através de um discurso literalmente idêntico ao da direita tradicional (quer dizer, em vez de exigir um imposto mais justo, penalizando mais os ricos e menos a classe média, simplesmente endossou a ideia do 'menos imposto, menos gasto público')".]

velho e desastroso, no discurso tradicional da extrema-esquerda: o elogio da violência, o horror à democracia, a transformação da social-democracia – digo, a social-democracia "histórica" – em bode expiatório de todos os erros e fracassos da esquerda. É terrível ver quanta bobagem se põe na cabeça da juventude, hoje, por si mesma já muito desorientada. De imediato, a menos que haja alguma surpresa, a solução menos ruim seria, a meu ver, a de tentar agrupar o que resta de esquerda democrática, intelectuais ou não – que hoje estão dentro ou fora do PT – no quadro de um pequeno partido socialista democrático. E se isso não for possível, organizar-se em torno de um "clube" político ou de uma revista, que poderia ter um papel crítico. É pouco, mas nas condições atuais – sem, evidentemente, deixar de acompanhar o que se passa dentro do PT, mas sem ilusões nem compromissos –, não vejo nada melhor no horizonte.

AS PERSPECTIVAS DA ESQUERDA*

1.

Na hora dos balanços do ano findo e da definição de perspectivas para o ano novo, cabe a pergunta (principalmente para quem se situa à esquerda): que possibilidades pode ter, ainda, a esquerda no Brasil?

Retomemos o fio do que aconteceu no ano passado, e tentemos analisar um pouco o seu significado, assim como os seus efeitos na conjuntura atual. Começo por considerações empíricas (sobre eventos e pessoas), porque já no nível dos dados há muita confusão.

A câmara cassou o mandato de José Dirceu, junto com o de Roberto Jefferson, mas não parece se dispor a ir muito mais longe do que isto. A cassação de Dirceu é um fato auspicioso. Preferia não me alongar sobre o personagem, mas, já que uma parte do PT o celebra como herói (!), cabem duas palavras a respeito dele. Dirceu – é preciso que se diga – encarna o que há de pior na esquerda, em termos de burocratismo e de autoritarismo. O que não é só questão de traços pessoais. Seus laços, passados e presentes, com o "socialismo" totalitário são conhecidos, ainda que não inteiramente. É sintomático, aliás, que entre os seus maiores defensores estejam nostálgicos de Stálin, e ativistas de uma certa tendência não muito forte na defesa da democracia e da honestidade administrativa, o chamado "castro-quercismo".

Entretanto, a cassação de Dirceu – e, sobretudo, quando o cassado é acolhido com flores pelo partido – não garantiu um verdadeiro recomeço para o PT. Tudo se passa como se a última oportunidade de refundação tivesse sido perdida com a eleição, sem condições, de Berzoini para a presidência do partido. Hoje, salvo erro ou surpresa maior, uma "virada" do PT já não parece possível. Na vida de um partido – e principalmente de um partido de esquerda –, como na vida de um indivíduo, os traumas graves não podem ser reabsorvidos sem um profundo trabalho interno. Ora, digam o que disserem uns e outros, os traumas do PT não são da ordem daqueles que podem ser descartados através

---

* Janeiro/março de 2006.

de fórmulas do tipo "nossos erros no que se refere a recursos não contabilizados", ou outros eufemismos do mesmo gênero. O PT quer jogar a poeira para baixo do tapete, esquecendo-se de que se trata de coisas mais graves do que poeira e tapete. O caso Celso Daniel, para falar só do mais sério, é de uma imensa gravidade. Observemos, ainda uma vez, que as evidências de que a morte de Daniel tem a ver com práticas de corrupção em proveito do PT, são múltiplas e esmagadoras (para dar apenas um argumento: seis pessoas, de algum modo relacionadas com o crime, não teriam sido assassinadas, caso se tratasse de um simples sequestro, como pretende, hoje, a direção petista). A desmoralização do PT resultou essencialmente de revelações como as do caso Daniel, e de evidências suficientemente sólidas de práticas de corrupção envolvendo de forma direta os seus dirigentes. Inútil tentar explicar o que aconteceu através da "luta de classes" ou do golpismo da direita, mesmo se, evidentemente, a direita se refestela com tão oportuno presente.

Se se quiser apelar para a tradição, há alguma coisa mais séria a refletir. Na história do socialismo, há um fenômeno recorrente: o do apodrecimento de partidos de esquerda. Conhece-se o caso famoso da social-democracia alemã e de alguns outros partidos social-democratas, que se comprometeram a fundo com a aventura guerreira de 1914. O partido bolchevique, ele próprio um partido de tipo autoritário e ultracentralista – nesse sentido, ele já nasce degenerado –, sofreu, por sua vez, o fenômeno da degenerescência stalinista. Um partido de jacobinos -fanáticos se transformou em partido de burocratas corruptos e de policiais a serviço de um déspota genocida. Mas, e o PT? O PT se perdeu por quê? Por mais de uma razão, mas principalmente porque, partindo de um modelo de revolução violenta, ele não abandonou o que estava por trás desse projeto: a justificação dos meios pelos fins. Limitou-se a trocar a violência pela corrupção. A falta de respeito pela legalidade (que não é só "burguesa") continuou a mesma. A acrescentar a cristalização no PT de práticas antigas de corrupção sindical. Como escrevi em outro lugar, o resultado dessa mistura foi uma espécie de "degenerescência mafiosa" (a distinguir das outras, mesmo se alguns traços são comuns, a saber, da assim chamada degenerescência reformista – ou antes, adesista – da populista e da stalinista).

Nessas condições, e a essa altura do campeonato, acho que é preciso buscar uma solução fora do PT, não dentro dele. Muita gente saiu do partido, e os desligamentos continuam. Só que – novo problema – muitos daqueles que se dispuseram a partir acreditam que, com a debacle do PT, o caminho pacífico se esgotou no Brasil; só restaria uma "alternativa revolucionária". Há motivos para supor, entretanto, que essa alternativa representa uma outra ilusão, simétrica à dos que ainda acreditam no PT.

2.

Que perspectivas poderiam ter hoje, no Brasil, os projetos radicais-revolucionários? Claro que as previsões históricas são difíceis, e a definição de objetivos vem sempre afetada por um certo grau de incerteza. Mas se julgarmos pelo que se viu no século XX, colocar hoje suas fichas na revolução violenta é uma aposta altamente arriscada. As três revoluções "socialistas" mais importantes do século XX, a russa, a chinesa e a cubana, levaram aos piores resultados. Em primeiro lugar, elas custaram muito sangue e sofrimento. Para a primeira: coletivização forçada – mais ou menos sete milhões de mortos – terror e *gulag*, mais uns (três) milhões, pelo menos etc.; para a segunda, além dos massacres dentro e fora do partido que começaram muito antes da vitória final, houve o chamado "grande salto para frente", que custou de vinte a trinta milhões de mortos, e a "revolução cultural", mais ou menos um milhão etc.; para a terceira: exílio de mais de dez por cento da população, repressão brutal de toda opinião dissidente, assassinatos políticos etc. E tudo isso para desembocar num capitalismo selvagem (China) ou mafioso (Rússia); ou numa situação de miséria e colapso econômico (Cuba), que prenuncia também, a médio prazo, um retorno ao capitalismo. A acrescentar, nos três exemplos, a liquidação de todo movimento socialista-democrático, e a desmoralização da ideia geral de "socialismo".

Porém, os intelectuais que enveredam por essa via não se dispõem a extrair lições dessas experiências. Sua fé no "progresso social" é, à sua maneira, absoluta. Essa situação tem um contexto mais amplo, embora seja difícil dizer se se trata de causas ou de efeitos. A melhor e mais importante literatura histórico-crítica sobre os "socialismos" do século XX nunca foi traduzida para o português, e os originais em francês, inglês ou espanhol pouco são vistos e, menos ainda, lidos, no Brasil. Só para dar alguns exemplos: por que nenhum editor brasileiro se dispõe a publicar (pelo menos o final) *Cuba: The Pursuit of Freedom*, de Hugh Thomas, o livro mais importante sobre a história de Cuba do século XVIII à atualidade? Por que não se traduz a extraordinária autobiografia de Huber Matos (um dos dirigentes da revolução), que passou vinte anos nas prisões de Fidel Castro? Sobre a China, há trinta anos, sinólogos franceses e anglo-americanos aliam uma alta competência técnica a uma formidável lucidez [com algumas exceções] na leitura da história chinesa do século XX. Por que nunca se traduziu – que eu saiba – nenhum dos seus livros (a começar, na ordem do tempo, pelos textos de Simon Leys)? Sobre a Rússia traduziu -se mais, penso principalmente no excelente *A Tragédia de um Povo*, de Orlando Figes. Porém, quantos leram esse livro? Os leitores de Figes não são certamente tão numerosos quanto os dos ícones do pensamento terceiro-mundista, os da literatura gauchista – às vezes interessante mas insuficiente – sobre o capitalismo, ou os dos representantes nacionais do radicalismo revolucionário. O resultado se vê.

A relativa consolidação de Chávez na Venezuela (deixemos de lado, por ora, o caso Morales) não é motivo para modificar o julgamento crítico sobre os populismos e os totalitarismos[15]. Há novidade, mas ela está no que os fatos mostram – o que não é, de modo algum, uma boa notícia – a saber, que na América Latina (em termos de força, simplesmente) as possibilidades do populismo não estão esgotadas; e revelam também, o que, em boa parte, é uma consequência, que o poder totalitário em Cuba terá, provavelmente, uma sobrevida maior do que se previa. Convém lembrar que, por trás da vitória dessas duas formas de autoritarismo está, quase

---

15 [Entretanto, importa sempre distinguir os movimentos populares das direções populistas. Mobilizações populares como houve na Bolívia são, em si mesmas, fenômenos positivos. Ver "Posfácio ao Artigo 'As Perspectivas da Esquerda'" (infra).]

sempre, a desmoralização dos poderes democráticos (democrático-capitalistas, embora) pela corrupção desenfreada da chamada classe política. Nesse sentido, para o conjunto da América Latina, incluindo o Brasil, as perspectivas são, de algum modo, inquietantes. A menos que a vitória de Bachelet no Chile incline a balança da esquerda latino-americana numa outra direção.

Concluindo: para além do modelo revolucionário e do modelo petista em plena crise, fica o projeto de reconstrução de um movimento socialista democrático no Brasil, no contexto de uma política de esquerda antitotalitária para todo o continente. Apesar dos descaminhos de parte da social-democracia – mas não se trata de uma simples retomada da política social-democrata mesmo nas suas melhores versões (sem falar numa certa legenda nacional que de social-democrata tem apenas o nome) – o projeto socialista democrático está mais vivo do que se supõe.

POSFÁCIO AO ARTIGO
"AS PERSPECTIVAS DA ESQUERDA"*

Que atitude devem ter os socialistas democratas diante dos movimentos mais recentes na América latina, movimentos como, por exemplo, os que, na Bolívia, levaram ao poder Evo Morales, ou mesmo o que existe na Venezuela sob Chávez?[16]. Diante do entusiasmo – mesmo se, em alguma medida, crítico – das esquerdas revolucionárias tradicionais, os socialistas democratas podem [e devem] denunciar o populismo de Morales, e mais ainda o de Chávez. Há verdade nessa atitude, mas não basta. Existem, na realidade, três posições: a da esquerda revolucionária tradicional, já citada; a dos liberais e da direita em geral, que se limita a denunciar o populismo; e a de uma esquerda democrática que, sem recusar a denúncia de populismo, tenta uma análise mais fina. De fato, é preciso distinguir bem um grande movimento popular e de renascimento indígena, como ocorreu e ocorre na Bolívia, do jogo político de Evo Morales (coisa semelhante, mas de caráter muito mais ambíguo, existe aparentemente, em alguma medida, também na Venezuela). As duas coisas não se confundem, nem têm o mesmo sentido. Mas, então, dir-se-á, voltamos à posição revolucionária tradicional? Porque esta sempre se empenhou em fazer essa distinção. Isto é verdade, mas se nas duas posições se estabelece uma distinção, a distinção não tem o mesmo sentido em uma e em outra. Esse ponto é essencial. Nos dois casos [nas duas posições] supõe-se que temos, de um lado, o chamado movimento de massas e, de outro, governos que

---

* Setembro/outubro de 2007. Inédito.

16 [Na Bolívia, a pressão da base é mais evidente, e o poder não foi tão longe na direção de um governo autocrático. A derrota de Chávez no plebiscito é um fato muito auspicioso, e mostra que ainda havia certa margem de manobra para as forças democráticas e, em geral, as forças de oposição a ele. Mas essa vitória não pode servir de legitimação para a tese de uma pretensa fidelidade de Chávez aos princípios democráticos, como pretendem alguns, na esquerda e na direita. Chávez jogou uma cartada ambiciosa, e perdeu; de certo modo como fez Pinochet. Um pouco menos de descontentamento nas fileiras do chavismo crítico, que pesou decisivamente na eleição, e o processo estaria provavelmente fechado por muitos e muitos anos. É evidente: 1. que Chávez tende à autocracia; mas que 2. o clima político interno e externo não é muito favorável aos seus planos, o que o obriga a dar algum lastro, pelo menos provisoriamente, aos seus opositores.]

fazem o seu próprio jogo. Mas há diferenças. A velha posição revolucionária supunha:

1. Quanto ao lado das massas: que estas visam senão "para si", pelo menos "em si" (se não consciente, pelo menos inconscientemente) os objetivos máximos. De fato, para a esquerda revolucionária tradicional, as massas querem, no fundo, a revolução, e bem no fundo, sem dúvida, o comunismo. Essa, de qualquer forma, seria a sua "vocação" profunda (claro, aparece aqui contra isso, um pouco paradoxalmente, o esquema leninista de *Que Fazer*, apreciado pela esquerda revolucionária – a consciência introduzida "de fora" –, mas mesmo nesse caso, supõe-se que a direção levaria "as massas" a realizar o que representa o seu interesse mais verdadeiro).

2. Quanto ao lado dos governantes: supõem-se várias coisas, mas a mais importante, seria, sem dúvida a de que estes freiam o impulso das massas. Elas querem ir mais longe, eles ficam a meio caminho (faz-se menção também aos interesses pessoais dos governantes), mas o essencial seria as direções não irem tão longe como vão as massas, e mais do que isso, que elas tentariam impedir a estas últimas de ir até onde querem ir. Esse é, no essencial, o esquema revolucionário tradicional. A perspectiva socialista democrática parte também da distinção movimento/dirigentes, mas a lê de outra forma:

1a. Quanto às massas: estas, quando se exasperam com a situação, vão certamente até a violência, e exprimem palavras de ordem de tipo revolucionário (na Bolívia evocam Tupac Amaru, mas também o Che etc.). Entretanto, examine-se de perto quais são as suas reivindicações. Os camponeses e camponesas querem ou terra ou trabalho. Suas reivindicações em si mesmas não são revolucionárias, mas se situam no interior de uma democracia, digamos, com mercado. Nem é válido supor que, em si ou no fundo, elas querem uma revolução comunista, mesmo se a palavra revolução está presente e é mesmo central no seu vocabulário. A ideia de que a vocação última dessas massas é realizar uma revolução comunista, ou de que o seu destino é aceitar as imposições das direções comunistas, é puro preconceito, muito arraigado nas mentes desde que o marxismo se tornou hegemônico no interior das lutas da esquerda; e é mais que isso: pura mitologia histórico

-revolucionária. As massas querem (de imediato) boas condições de vida, e nisso, paradoxalmente, esse livro sinistro, que é o *Que Fazer*, dizia, *malgré lui*, uma verdade crítica perturbadora;

2a. Quanto aos dirigentes: como na leitura revolucionária tradicional, supõe-se que os dirigentes tenham interesses diferentes dos das massas, que eles "puxem" em outra direção. Mas que direção será esta? A posição tradicional, já vimos, põe todo o peso da argumentação na ideia de que os dirigentes freiam o suposto elã revolucionário (e, a longo prazo, comunista das massas). Na interpretação dos democratas, essa possibilidade (fazendo abstração de como se pensa a "vocação" das massas) não é excluída. Porém, além dela, e mais importante do que ela, estão os projetos autoritários dos dirigentes, que tendem a encaminhar o impulso popular no sentido de ditaduras populistas, ou no sentido de regimes pura e simplesmente totalitários. Com isso se tem um verdadeiro "descarrilhamento" do processo revolucionário, e, no limite, uma reversão: um processo que vai na direção do progresso social se inverte em movimento regressivo[17]. O caminho para uma democracia socialista bifurca para trás em totalitarismo. Poderíamos dizer que ocorre aqui uma espécie de caricatura da "teoria" trotskista do transcrescimento da revolução. Ela "transcresse", só que para aquém da sua fase dita democrático-burguesa (a união desses dois termos é, de resto, enganosa). A extrema esquerda é essencialmente cega para esse perigo. Sem dúvida, ela se incomoda com as manobras autoritárias do poder, mesmo porque, como movimento organizado, acaba pagando com isto. Mas ela não vê o alcance histórico do autoritarismo. No interior do discurso marxista, ele só pode ter um lugar menor e não uma real significação histórica regressiva. O resultado é uma formidável indulgência da extrema-esquerda

---

17   [A respeito desse desenvolvimento, Daniel Golovaty observa em intervenção oral: "à luz da experiência do século XX, não seria melhor, de uma perspectiva socialista democrática, criticar o uso político deste perigoso, e em parte, mítico conceito de 'massas'?". Respondo: que em lugar de "massas", diga-se "movimentos populares". Na Bolívia, pelo menos, há certamente uma grande mobilização popular que não é "mítica", e que, além de um componente étnico, visa, antes de mais nada, melhorar as condições de vida da população. Temos de distingui-la, como fenômeno social, da trajetória política de Evo Morales, ainda que as duas coisas no momento se cruzem.]

em relação a todas as barbaridades que podem praticar os poderes em questão. Parte dos trotskistas franceses, por exemplo, não hesitou em defender as execuções, em Cuba, de gente que tentou sair pela força – mas sem matar nem ferir ninguém – de um país dominado por um regime tirânico, coisa que qualquer pessoa com um mínimo de amor pela liberdade pessoal tentaria fazer. Pode-se acrescentar ao que foi dito o problema da corrupção dos dirigentes. Problema, em certo sentido, menos importante do que a deriva totalitária, mas sério, e que a esquerda revolucionária também é incapaz de ver. Assim, a posição dos socialistas democratas não se confunde nem com a dos liberais, nem com a da extrema esquerda revolucionária tradicional. O erro das primeiras é o de não ver – ou de não querer ver – o movimento de massas; o erro das últimas não está na distinção entre massa e dirigentes, mas na maneira pela qual essa diferença se constrói. Uma visão simplisticamente "progressista" e mitologicamente comunista da história, visão em que não há lugar para o fenômeno do totalitarismo (e, em geral, para a compreensão das derivas tanto do poder de Estado como da violência), a impede de enxergar tanto para onde querem ir as massas, como para onde vão os governantes. A inserção de uns e outros na visão marxista da história, e, mais precisamente, numa variante desta, particularmente simplificada (apesar de todas as complicações introduzidas, eventualmente, *a posteriori*), tece um véu mitológico sobre a política da esquerda, latino-americana em particular, cujos efeitos tem sido sempre os piores.

AS ESQUERDAS E A AMÉRICA LATINA*

1.

As vitórias eleitorais que vem obtendo a esquerda na América Latina – e a jogada recente de Evo Morales [refiro-me à nacionalização das reservas de gás e petróleo, decretada por Morales em maio de 2006] – levantam o problema do significado geral desse novo curso, e das perspectivas que, com ele, se abrem. Há algum tempo, um publicista de extrema-esquerda "simplificava" o fenômeno, falando em luta entre o "velho" (o imperialismo e seus agentes) e o "novo", em cuja coluna incluía Lula, Tabaré Vázquez, Kirchner, Chávez e Castro. Esses dois últimos apareciam um pouco como modelos na luta contra o "velho".

A esse tipo de simplismo, nada inocente, conviria opor o que escreve Teodoro Petkoff, ex-guerrilheiro venezuelano e principal representante da esquerda anti-Chávez, num artigo publicado no ano passado, intitulado "As Duas Esquerdas" (no Google). Petkoff escreve que "o conceito de 'esquerda' pode ser mistificador. Encobre muito mais do que revela, e aplicado indiscriminadamente pode conduzir a grandes erros de apreciação". O autor distingue dois grupos, cujas contradições assinala: um que chama de "esquerda bourbônica" (alusão à casa real) ou arcaica. O outro é o que "marcha por um caminho de reformismo avançado", compatibilizando "sensibilidade social, desenvolvimento econômico com equidade e aprofundamento da democracia". Neste segundo grupo inclui Lula, Tabaré Vázquez, Lagos (o texto é anterior à eleição de Bachelet), Kirchner; e, "com um perfil mais baixo, os governos de Leonel Fernandez, na República Dominicana; de Martín Torrijos, no Panamá e de Bharret Jagdeo na Guiana" (este último, membro do Partido Progressista Popular Guianês, fundado por Cheddi e Janet Jagan, partido afastado do poder pelos ingleses, em 1953). No outro grupo estão Castro e Chávez, e a ele poderiam se incorporar – continua Petkoff – movimentos de países

---

* Maio/julho de 2006.

como a Nicarágua, El Salvador e Bolívia (o autor se refere ao MAS de Morales, hoje no poder).

O artigo de Petkoff interessa tanto pela análise das condições, que tornam possíveis as vitórias da esquerda (não tão paradoxalmente, o fim da Guerra Fria é uma delas), como pelo que ele escreve a respeito de Chávez. Petkoff reconhece o prestígio de Chávez, e a validade conceitual de algumas das suas "missões", mas aponta para a corrupção e favoritismo na aplicação delas, e para a formação de uma nova burguesia bolivariana "surgida no calor da corrupção e dos negócios". E embora deixe a última palavra para o futuro, afirma que Chávez, autocrata e militarista, está "condenado ao fracasso".

A leitura do texto levanta duas questões. A primeira se refere ao alcance e às implicações da oposição entre as duas esquerdas. A segunda é mais específica. Admitido o caráter não populista -totalitário do governo Lula, como pensar a relação entre essa característica (positiva) e a prática corrupta desse governo?

Sobre o primeiro ponto, dir-se-ia que, em termos formais, o problema – como se lê no texto – é o de saber qual o estatuto dos "inimigos de nossos inimigos". No período anterior, supunha-se que o inimigo do nosso inimigo seria necessariamente nosso amigo. O progresso consistiu em pôr em dúvida essa exclusão de um terceiro: em vez de uma disputa dual, entre nós e o imperialismo, a luta política na América Latina foi aparecendo como um jogo pelo menos triangular. Em termos de conteúdo, o problema é o de saber qual estatuto atribuir a governos totalitários, ditatoriais ou tendendo a uma ditadura (é o caso de Chávez), que se dispõem a realizar certo número de programas sociais. Essa pergunta, por sua vez, se subdivide. Num plano mais geral e abstrato, trata-se de determinar qual o peso que um socialista democrata deve atribuir à exigência de "liberdade" diante da exigência de "igualdade". Mas aquém dessa questão teórica importante, estão pelo menos duas interrogações concretas: 1. em que medida esses regimes são efetivamente igualitários? e 2. qual o destino deles, que perspectivas podem ter, e, sobretudo, de que maneira eles se relacionam com os projetos de uma esquerda não totalitária nem ditatorial? Se considerarmos o caso cubano, o igualitarismo já ficou para trás (mesmo que a desigualdade no capitalismo ainda seja maior). Já em matéria de liberdade o poder castrista aparece, simplesmente, como regressivo em relação aos princípios de… 1789. Passados cinquenta anos de violências de toda ordem, e dissipada a miragem da igualdade, ele não pode mais ser considerado, como pretendem alguns, como uma ditadura revolucionária deformada: é, na realidade, um regime retrógrado e, à sua maneira, um poder "contra-revolucionário". *Mutatis mutandis*, o regime de Chávez não se sai muito melhor.

2.

Bom exemplo da oposição que separa as duas esquerdas é a experiência trágica do governo Allende. Costuma-se dizer que a queda de Allende tem muito a ver com a Guerra Fria. Isso é verdade, mas – guardadas as proporções – em duplo sentido. Os americanos sustentaram os golpistas. Castro apoiava Allende, mas manipulando em favor de si próprio e do bloco que representava. (Sobre a violência das pequenas nações, ver Adorno). Allende era um democrata, mas cometeu o erro – muito da época, é verdade – de aceitar uma ajuda importante de Castro antes da sua eleição (e, depois, outras coisas), o que abriu a porta para todo tipo de manobras. Castro prolongou a sua visita ao Chile em 1971, o que criou problemas para Allende; em seguida, tentou pressioná-lo a nomear, para um cargo de chefia da polícia chilena, um cubano, membro da segurança castrista, que se casara com uma das filhas do presidente[18]. Num plano mais geral, Fidel Castro sustentou o aventureirismo da extrema-esquerda chilena.

Mas é ilusório pensar que as coisas só se complicam quando uma das esquerdas chega ao poder. A "rota de colisão" existe desde o início. Um exemplo disso, no Brasil, são as ações do MST. Uma parte da esquerda não radical hesita em criticá-las. Condenando-as, não estaríamos fazendo o jogo da direita? Na realidade, apesar das aparências, essas "ações" não preparam um

---

18 Sobre esses pontos, ler, entre outros, *Cuba Nostra*, de Alain Ammar, Juan Vivés e Jacobo Machover, Paris: Plon, 2005.

BRASIL (E AMÉRICA LATINA)

futuro melhor para os camponeses; nem a curto prazo – porque não se trata de legítimos movimentos de pressão, mas de ações violentas que prolongam o ciclo das violências – nem a longo prazo. Os intelectuais que hoje giram em torno das "universidades" do MST deveriam refletir sobre qual foi o destino do campesinato nas revoluções russa e chinesa. Os melhores deles tomam distância em relação aos "estados policiais". Mas os estados policiais – isto é, os socialismos de caserna – não caem do céu. Se esses melhores se preocupassem um pouco em pensar a origem de tais estados, veriam que a sua história começa quando, entre outras coisas, certos intelectuais se põem a arregimentar camponeses para fins ideológicos estranhos aos camponeses. A rigor, as iniciativas do MST não são ações "do movimento camponês". Se os seus executantes são camponeses – o que, aliás, nem sempre é verdade – na grande maioria dos casos, elas não só são dirigidas, mas também planejadas, por equipes ideológicas[19]. A esquerda é vítima, nesse caso, como em casos análogos, de uma "ilusão sociologizante". Contra os preconceitos arqueo-sociológicos vigentes, é preciso dizer que o significado essencial desse tipo de movimento está mais presente na ideologia dos dirigentes – porque esta define os seus objetivos presentes e futuros – do que na condição dos seus participantes diretos. Plínio Arruda Sampaio se engana quando compara os dirigentes do MST a Gandhi ou a Martin Luther King. Gandhi visava a independência da Índia. Luther King o fim da discriminação racial. A direção do MST – à sua maneira ela o diz, quando subscreve o ideário castrista ou leninista – não quer (apenas, isto é, na realidade) libertar os camponeses, mas substituir uma forma de opressão por uma outra.

Quanto ao governo Lula, sem dúvida ele não aderiu ao populismo ou ao totalitarismo, e isto é um mérito. Mas mérito

---

19 [Isso não significa afirmar que não existem autênticas mobilizações camponesas. E o MST é, na realidade, uma entre as muitas organizações que operam no campo. Quanto às próprias ações do MST, evidentemente ele canaliza um descontentamento que é real. Porém, quando essa canalização toma formas tão planejadas e tão desviadas quanto as que aparecem nas ações do MST, é o próprio caráter da mobilização que se altera. A ideologia e o projeto da direção passam a definir mais rigorosamente o significado da mobilização do que a "energia" fornecida pelas bases. Esse raciocínio é estranho ao discurso das esquerdas tradicionais. E é o seu ponto cego na leitura das revoluções do século XX.]

muito insuficiente. Se o PT não atentou contra a democracia, ele enveredou certamente por um (outro) caminho desastroso. Uma parte da direção petista investiu o antigo impulso revolucionário na montagem de uma máquina de corrupção: o resultado foi uma espécie de "bolchevismo mafioso". Quanto aos não corruptos dentro do PT, é visível que lhes falta o conceito de uma política não revolucionária e não corrupta, isto é, o conceito de uma política socialista e democrática. Vejam-se as intervenções de intelectuais ou políticos do PT aparentemente não comprometidos com o que aconteceu. Há por parte deles um esforço – provavelmente sincero – em condenar os "delinquentes" do partido. Mas por falta de uma perspectiva política mais clara e consequente, ou acabam resvalando, em alguma medida, na tese perigosa de que a corrupção é mais ou menos inerente a toda prática política, operando em meio capitalista; ou atenuam responsabilidades através do argumento de que também os outros partidos cometeram pecados e destes não se falou o quanto era preciso, argumento insuficiente (mesmo sendo legítima a imputação), já que, além do tamanho da operação, há, no caso do PT, uma circunstância agravante, a de se tratar de um partido que se apresentava como modelo de virtude cívica.

Corrupto ou desarmado diante da corrupção, o petismo não oferece uma boa alternativa ao revolucionarismo. Só recusando um e outro, a esquerda encontrará o seu caminho.

QUE ME É PERMITIDO ESPERAR?*

1.

Esta é a terceira pergunta formulada por Kant no final de a *Crítica da Razão Pura*, quando sintetiza em forma interrogativa as grandes questões filosóficas a que as três *Críticas* tentam responder. Prefiro essa pergunta à fórmula clássica (que fazer?) [retomada por] um famoso socialista jacobino russo. Que me é permitido esperar? O *eu* que a pergunta pressupõe remete em Kant a cada um dos homens. Aqui, mais modestamente… a cada um dos (outrora) eleitores de Lula que ficaram decepcionados com a política econômica ortodoxa do governo petista, ou com as falcatruas em que o governo e o partido se envolveram. Os integrantes dessa população buscam saídas em opções eleitorais diversas. Já que falei em Kant, examinemos, para cada uma destas, as razões que poderiam justificá-las e as que poderiam invalidá-las.

Há os que, depois de um momento de hesitação, se decidem a votar, apesar de tudo, em Lula. Razões justificantes. Sobrou gente séria no governo e provavelmente também no PT. Há ministérios dirigidos por pessoas honestas e que, aparentemente, não fizeram um mau trabalho (exemplo: educação, em certo sentido, Casa Civil). Também houve progresso em certas instituições oficiais ou semioficiais (como o BNDES, depois que a primeira direção, sem dúvida desastrosa, foi substituída). Em geral, a corrupção caiu muito depois da saída dos *frères ennemis* Dirceu e Palocci. A acrescentar o perigo de uma volta da direita: não só do PSDB, mas também do seu aliado, o PFL. Entretanto, nada nos leva a crer que o PT e também Lula tenham mudado. Lula faz o possível para neutralizar as CPIs, e pôr panos quentes em assuntos de muita gravidade. Os elementos mais corruptos continuam tendo papel importante, direto ou indireto, no partido e no governo. Através de acordos eleitorais, o PT já loteou ministérios em proveito de partidos em que predomina a corrupção. Finalmente, uma mudança na política ortodoxa depende de uma alteração da equipe do Banco Central, e não há sinais seguros de que isto venha a ocorrer.

---

* Agosto/setembro de 2007.

Outros se dispõem a votar em Heloisa Helena. A sua atitude intransigentemente anticorrupção merece simpatia, senão respeito. A maneira pela qual recusa o apoio de políticos escusos é também positiva, se essa atitude se mantiver. Entretanto, o discurso de Heloisa Helena é uma mistura de cristianismo com revolucionarismo, e por isso mesmo não pode assegurar uma renovação da esquerda e do país. Além de ter aspectos reacionários – mas isto não é o mais grave – a fala de Heloisa Helena, e mais ainda a de uma parte do PSOL, é uma espécie de pregação neoleninista, ou, no melhor dos casos, ambígua, fundada (embora não só) na ideia errônea de que o PT fracassou porque foi "reformista" e não revolucionário. As ambiguidades do PSOL aparecem, por exemplo, na atitude que teve diante da invasão, inadmissível, do Congresso pelos "camponeses" do MLST.

Outra porção de ex-eleitores de Lula decidiu votar nos tucanos. Sem dúvida, há gente honesta no PSDB, e o partido tem um setor desenvolvimentista. Só que: primeiro, os mais honestos não são sempre os desenvolvimentistas (a acrescentar que entre esses últimos há inimigos radicais de toda esquerda, inclusive, explicitamente, da esquerda democrática; ver as diatribes da [extinta] revista *Primeira Leitura*). E mais do que isto: apesar do seu nome e das origens socialistas ou social-democratas de alguns de seus membros, o PSDB se transformou num partido aliado do PFL, e que, direta ou indiretamente, está muito vinculado não só ao empresariado industrial, mas também aos bancos. Não se trata de demonizar industriais, e, no limite, nem mesmo os banqueiros; uma virada na política brasileira passa por acordos ou pelo menos acertos com uns e outros. Mas um partido cuja base, direta ou indiretamente, está nessas forças, não pode realizar as grandes transformações radicais democráticas que o país exige.

Há ainda os que se dispõe a votar em Cristovam. O candidato tem a vantagem de ser de esquerda, de não ser corrupto e de não fazer pregação revolucionária. Seu candidato a vice, o senador Jefferson Peres, foi um dos únicos parlamentares de esquerda a protestar contra as execuções em Cuba. Porém, além da sua candidatura não ser muito expressiva, Cristovam não escapa de certo populismo neovarguista e brizolista. Não é bem aquilo de que precisamos.

2.

As razões que poderiam nos levar a votar em qualquer dos candidatos são, em geral, mais fracas do que aquelas que nos impedem de votar neles. Difícil fazer uma escolha entre um populismo *light*, implicado em práticas corruptas e com uma política econômica ortodoxa, um conservantismo pálido e aliado às forças mais reacionárias do país, e um revolucionarismo demagógico de outra época; além de uma candidatura com ressaibos de neovarguismo e de brizolismo. Votar em branco ou nulo? Prefiro não responder. Em vez disso, vão aí algumas reflexões. Uma coisa é preocupante: a falta de lucidez de boa parte das chamadas elites intelectuais. Em artigo que publiquei no caderno Mais! há alguns dias [ver o texto seguinte], procurei mostrar como houve até aqui muito pouco espaço, no Brasil, para um pensamento político de esquerda democrática e não corrupta, e como qualquer manifestação nesse sentido acaba sendo mais ou menos neutralizada pelas forças hegemônicas, que são: a direita (incluindo o centro-direita), a esquerda petista e a extrema-esquerda indulgente para com o totalitarismo.

A *intelligentzia* petista literalmente naufragou diante do problema da corrupção. Ora ela explica que a questão não é "moral" (sic!), mas do sistema, ora afirma que os outros fizeram pior... Que me perdoem o que me resta de bons amigos nesta área, mas era previsível que a *intelligentzia* petista terminasse assim. Com efeito, na prática dos seus melhores representantes houve frequentemente uma distância brutal entre, por um lado, uma seriedade universitária a toda prova, e por outro, um discurso político, generoso, sem dúvida, mas na realidade superficial, com arroubos demagógicos, preocupado demais em inflamar turbas de convertidos. Isto anunciava a catástrofe. Que a reação da imprensa tenha sido muitas vezes excessiva (e, no caso de uma revista [*Veja*] até ignóbil) não apaga o engano – que vem de longe.

Quanto à intelectualidade de extrema-esquerda, com pequenos retoques ela, em geral, retoma velhas fórmulas. Tudo aquilo que o marxismo não vê nem pode ver na política dos séculos XX e XXI (e esse campo de não visão é vasto) essa intelectualidade também não enxerga. Daí os erros grosseiros de gente dotada. Alguns saem do modelo, mas pouco. Recentemente, o sociólogo Chico de Oliveira apontou, em entrevista, um suposto fechamento das possibilidades da política brasileira, dado o peso de determinações nacionais e internacionais. A crítica de Oliveira, pelo fato mesmo de ser hiperbólica, fica a meio caminho. A crítica se concentra na situação objetiva, e a hipérbole (fim da política) escamoteia a crítica. A situação objetiva anda mal. Já a sua candidata, de cujas possibilidades ele é pessimista, e o seu partido (o PSOL), estes são mais ou menos como deveriam ser. O tema dos limites objetivos mascara os limites subjetivos desse discurso e o seu caráter, em parte, acrítico. E agora? Apesar de tudo, há algumas razões para esperar. Uma parte do eleitorado petista continua sendo fiel ao partido por causa do que resta de petistas éticos. Nem todo mundo no PSOL é revolucionário: há democratas radicais que o apoiam, na falta de uma melhor alternativa. E a maioria dos eleitores de Cristovam não deve ser brizolista ou getulista. Quanto ao PSDB, partido que tinha verniz socialdemocrata, textos recentes mostram que há descontentamento numa franja, intelectual, sobretudo dos seus (ex?) eleitores. *Not least,* muita gente não niilista votará nulo ou em branco. Assim, de uma perspectiva otimista, é possível dizer que, apesar de tudo, há algumas forças sãs no interior de vários campos (ou fora); e este é um dado positivo. Na impossibilidade de eleger um bom candidato, o importante é estimular o melhor dessas tendências. Para isso, o decisivo, para a esquerda, em particular, é manter uma postura crítica, um discurso lúcido e sem demagogia: precisamos articular com rigor a crítica à direita e ao centro-direita com a desmistificação, no campo da própria esquerda, das ilusões corrupto-populistas de uns e radical-revolucionárias (totalitárias, no limite) de outros. Sendo de ordem mais teórica do que prática, este projeto pode parecer pouca coisa. Mas, nas circunstâncias atuais, é essencial. Ele é difícil para uma esquerda acostumada com soluções simplistas. Só por aí, entretanto, ela e o país poderão avançar.

BRASIL (E AMÉRICA LATINA)　　93

JOGO DE ESPELHOS*

Um manifesto encabeçado por intelectuais do Primeiro Mundo, entre os quais Chomsky e Ken Loach, e com três centenas de assinaturas de pessoas de atividade e nacionalidade diversas, manifesta apoio à candidatura de Heloisa Helena nas próximas eleições presidenciais no Brasil. O manifesto tem um tom simplista-radical que mostra o quanto a América Latina continua sendo um mito para a extrema-esquerda mundial, em particular a do Primeiro Mundo. Nele se lê: se Lula seguiu "um típico curso social-liberal, desapontando [...] pessoas do mundo inteiro que esperavam do Brasil novo impulso à luta anti-imperialista", Heloísa "levanta as bandeiras históricas do movimento operário brasileiro, dos camponeses, dos pobres e dos oprimidos". Bandeiras que seriam, entre outras, "a reforma agrária radical, a suspensão do pagamento da dívida externa, a rejeição da Alca" (Área de Livre Comércio das Américas) e – o que foi omitido nas notas aos jornais – o "apoio à Aliança Bolivariana das Américas (Venezuela, Bolívia, Cuba)" lançada por Hugo Chávez.

Tomo esse manifesto como ponto de partida para algumas reflexões sobre a situação das esquerdas, e da extrema-esquerda em particular, no Primeiro e no Terceiro Mundo. Volto a ele no final deste artigo.

Uma questão preliminar. Se, ao contrário do que pretendem alguns, a diferença entre esquerda e direita evidentemente subsiste, é mais do que nunca essencial, ao falar de esquerda e de direita, que se precise de que esquerda se trata (também de que direita, mas o nosso problema é o da esquerda). Quando, por exemplo, se discute, como aconteceu recentemente, quem tem a hegemonia da opinião pública no Brasil, importa dizer, quando falamos de esquerda, se se trata da esquerda democrática ou da esquerda indulgente em relação aos totalitarismos. É que, se as diferenças entre direita e esquerda não desapareceram, as diferenças internas na esquerda se revelaram imensas.

A atmosfera no interior das esquerdas (com seus efeitos fora) é totalmente diferente, conforme se considere o Primeiro

---

* Agosto/setembro de 2006.

ou o Terceiro Mundo. Se, por exemplo, a extrema-esquerda deve ter mais ou menos o mesmo número relativo de votos na França e no Brasil, o seu peso sobre o que podemos chamar de opinião pública é totalmente diferente de um país a outro. Na França, só uma minoria de intelectuais, artistas ou políticos de esquerda acredita nas virtudes socialistas dos chefes autoritários de certos países da América Latina. Aqui, apesar de tudo o que se sabe (ou não se sabe) sobre eles, Castro, Chávez e alguns outros continuam tendo prestígio. E esse prestígio parece ter mesmo aumentado nos últimos tempos. Poderíamos nos perguntar, aliás, que futuro terá a esquerda totalitária e populista *heavy* na América Latina (Castro e seus admiradores), depois da debacle do comunismo. A meu ver, a revivescência da esquerda totalitária é um "estrebuchar de vencidos", mas esse estrebuchar, como acontece em geral na história, pode, ainda, durar um bom tempo.

No Terceiro Mundo [latino-americano] é, assim, uma esquerda pelo menos indulgente em relação aos totalitarismos que tem a hegemonia. E não só no interior das esquerdas, mas no plano mais geral da opinião pública; o que é pouco visível. Em princípio, supõe-se que, dados os seus recursos, só a direita domina. Na realidade, no Brasil, a direita divide o que poderíamos chamar de hegemonia com o petismo e com a extrema-esquerda. A primeira dispõe da grande maioria dos instrumentos de informação; o segundo é governo, o que implica direta ou indiretamente em certo poder sobre a opinião; a terceira tem nas mãos algumas revistas, pelo menos uma editora, e alguns outros órgãos de informação. Quanto à esquerda democrática, mesmo quando consegue se fazer ouvir através de colaborações em jornais e revistas, ela não dispõe praticamente – ao contrário do que ocorre na Europa – de nenhum instrumento importante na mídia, nem tem grandes possibilidades de influenciar a opinião pública. Se quisermos ter uma ideia do peso da esquerda pró-totalitária, basta dizer – e isso independe de quem sejam os donos das editoras – que de uma dezena de livros jornalísticos de crítica ao regime cubano, só um ou dois foram traduzidos para o português ou circulam no Brasil. Recentemente, uma editora brasileira publicou um livro sobre a história de Cuba. Tratar-se-ia, por acaso, da história clássica de Hugh Thomas? Não, trata-se de livro de um autor simpático ao regime, que compara a Cuba castrista de hoje com a Inglaterra em 1945... e que, através de um hábil manejo das aspas, chama os dissidentes cubanos de "inimigos do povo" [Cuba de hoje comparável à Inglaterra de 1945? Isto significaria, por exemplo, que fazer um discurso contra o primeiro-ministro, no Marble Arch, em Londres, em 1945, teria mais ou menos as mesmas consequências que subir num caixote e fazer um discurso contra Castro, numa praça de Havana, em 2007... Experimentem para ver. Dir-se-á que se trata da "experiência vivida". Pois esta é uma dimensão essencial]. (Adendo de 2007).

Dois elementos interessantes no fenômeno da hegemonia (interna, e parcialmente externa) da esquerda não democrática. Um é que, até certo ponto, se não toda a direita, sem dúvida parte dela, tem uma grande admiração pelos ícones da esquerda antidemocrática. Um exemplo: há alguns dias, um artigo assinado pelo ex-presidente Sarney tecia loas a Castro, comparando-o com Bolívar. O fenômeno não é recente. Por realismo ou por falta de amor pela democracia, parte da direita tem uma fascinação secreta pela esquerda antidemocrática. Foi assim no tempo de Stálin e de Mao, continua sendo assim hoje, pelo menos no Terceiro Mundo (no Primeiro Mundo temos o fenômeno dos grandes interesses capitalistas ligados ao poder castrista, que desejam, antes de mais nada, garantir a estabilidade dos seus investimentos em Cuba). Inversamente, e de maneira ainda mais nítida, a extrema esquerda antidemocrática, sob muitos aspectos, prefere a direita à esquerda democrática. Aqueles que se permitem criticar um regime como o castrista, de um ponto de vista de esquerda, certamente são tratados com uma violência muito maior do que a que é exercida contra os críticos de direita (na realidade, é muito mais fácil enfrentar estes últimos). Os críticos de esquerda – sei por experiência própria – são, em geral, denunciados como "gusanos" (vermes), ou outros epítetos zoológicos que substituem com vantagem os argumentos racionais e a análise dos fatos.

Um segundo elemento nos devolve ao nosso ponto de partida. A nossa extrema-esquerda se apoia frequentemente numa extrema-esquerda intelectual do Primeiro Mundo. Há aí um curioso jogo de espelhos. Jornais e revistas de extrema-esquerda, editados na Europa, têm boa parte de seus leitores e assinantes na extrema-esquerda do mundo subdesenvolvido. Esta, por sua vez, se legitima no que supõe ser "a imprensa revolucionária do Primeiro Mundo". Na realidade, trata-se de publicações, às vezes muito decadentes, que vivem, precisamente, daquele público radical do Terceiro Mundo. O manifesto pró-Heloisa Helena se insere, um pouco, nesse jogo de espelhos. A candidata tem até os seus méritos (por exemplo, a sua crítica à corrupção petista). Mas ela seria melhor sem o coro radical que, "da Europa, França e Bahia", a acompanha com o seu eco.

ANTES TARDE... *

Membros do PT, incluindo alguns intelectuais, prepararam um documento para o próximo congresso interno, propondo uma "renovação profunda" do partido. Na primeira versão – que foi atenuada – falava-se mesmo numa "crise de corrupção pragmática e ética".

A iniciativa deve ser saudada, mas ela induz certas reflexões. Renovação profunda do PT? Muito bem. Mas por que, depois de tentá-la um momento, alguns dos futuros signatários do documento optaram por um caminho que a tornava impossível? Figuras de proa da intelectualidade petista difundiram a lenda de que tudo, ou quase, era invenção da imprensa. A máquina petista de corrupção só teria existido na cabeça de jornalistas a serviço da direita ou em busca de sensacionalismo. O pior é que essa teoria conspiratória pegou. Ouvi na universidade, e de excelentes colegas, as versões mais diversas, mas todas justificativas: o mensalão não existiu, a prova é que muito poucos congressistas foram indiciados; a corrupção é inevitável no regime atual; é preciso separar política e corrupção, que são duas coisas diferentes; o juridismo e o moralismo de certas pessoas são insuportáveis etc. Essas são algumas das pérolas que mostram o grau em que uma parte da intelectualidade foi intoxicada pela lenda da inocência do PT. O núcleo do arrazoado reúne um argumento errado da esquerda revolucionária tradicional (a corrupção seria apenas epifenômeno do capitalismo), e um oportunismo sem limite que justifica o injustificável. De fato, o argumento tradicional era falso, mas pelo menos não chegava ao ponto de legitimar a corrupção no interior da própria esquerda. O efeito foi devastador: naturalizou-se a corrupção, no pior estilo da ideologia.

O que aconteceu, na realidade, foi o contrário do que foi sugerido. Membros do PT e aliados montaram um imenso esquema de corrupção (aproveitando esquemas anteriores em que entrava gente de outros partidos, inclusive o PSDB), destinado a perpetuar o partido no poder e, pelo que parece, garantir a futura eleição de um ex-ministro bem conhecido,

---

* Final do primeiro semestre de 2007. Inédito.

cujo mandato foi cassado. Considerando que as convicções democráticas desse ex-ministro são, na melhor das hipóteses, ambíguas – ele acaba de manifestar seu apoio a Chávez, no momento em que o turbulento coronel institui o partido único e afirma sua intenção de ocupar o poder indefinidamente – o país correu sério perigo. Fomos salvos por três fatores. Os assaltantes do Estado eram, tecnicamente, ladrões de galinha. Bem ou mal, a polícia federal fez o seu trabalho. A imprensa, por razões boas ou más (houve as duas coisas) pôs a boca no mundo. O PT, incluindo alguns reformadores, se queixou da imprensa. Mas como seriam as coisas se ele tivesse de enfrentar o jornalismo dos *liberals* americanos ou a imprensa europeia de esquerda? A direita não seria poupada, mas o fogo no PT seria ainda mais intenso. Que tal um bom livro jornalístico com revelações sobre o caso Celso Daniel ?

Tenta-se de novo o caminho da refundação ou da reestruturação profunda do PT. O movimento é oportuno. Arlindo Chinaglia, eleito presidente da Câmara com o apoio de parte do PSDB (dos dois pré-candidatos à presidência, principalmente!) nos assegura que corrupção há em todo o mundo, isto é, ela existiria como existem os terremotos, a catapora ou os carrapatos... O ex-ministro cassado prepara uma petição pública que permita encaminhar a sua reabilitação.

A situação não é desfavorável. Um grupo de congressistas se opôs às candidaturas oficiais, e embora não elegendo o seu candidato, obrigou os dois outros a tomar certa distância em relação ao escândalo do aumento exponencial dos próprios salários. O episódio mostra como, mesmo se minoritárias, existem forças sãs na política brasileira, distribuídas, aliás, em diferentes partidos. Mostra também como não é difícil obter certa mobilização popular em torno de boas causas (a propósito, por que não organizar uma grande petição contra a revisão das cassações?). O que está em jogo não é pouca coisa. A corrupção abala o prestígio das instituições democráticas e abre caminho para os populismos pesados, hoje muito em evidência no continente (a democracia plebiscitária já tem a sua ala no PT). Se a luta contra a corrupção, essencial também em termos de projetos econômicos – a honestidade administrativa é um dos segredos do melhor socialismo europeu –, vier junto com um sério programa de desenvolvimento e de redução das desigualdades, o país poderá encontrar o seu caminho, pelo menos a médio prazo.

3. França

ANTES DAS ELEIÇÕES FRANCESAS*

A duas semanas do primeiro turno, as eleições francesas não permitem previsões muito rigorosas. Doze pré-candidatos conseguiram as quinhentas assinaturas de pessoas, ocupando postos eletivos, exigidas para obter a inscrição da candidatura. Destes doze, três ou quatro poderão chegar ao segundo turno, e só três têm possibilidades de se eleger no segundo. Nada menos do que sete são de esquerda (uma socialista, uma comunista, três trotskistas e dois verdes). Os outros são de direita ou, no limite, de centro.

O candidato mais forte é o ministro do interior do governo Chirac, Nicolas Sarkozy, do partido de direita, gaulista, UMP (União por um Movimento Popular). Sua campanha tem acentos populistas, mas ele se situa, claramente, à direita de Chirac. Sarkozy propõe uma redução do limite máximo de impostos diretos que um contribuinte deve pagar (o que praticamente significa eliminar o ISF, imposto sobre as grandes fortunas), e também propõe reduzir o imposto de sucessão. Duas

---

* Março/abril de 2007.

medidas que beneficiariam essencialmente os mais ricos. Em política externa, tenta apagar os traços das declarações que fez, quando de sua viagem aos Estados Unidos, ocasião em que criticou a arrogância do governo francês (do seu próprio partido!) diante da escalada guerreira de Bush no Iraque. Seu discurso é de estilo liberal clássico, mas com roupagens de esquerda. Assim, ele faz demagogia em torno das instituições representativas das minorias religiosas – embora a sua política em relação aos imigrantes seja muito dura –, adota palavras de ordem ambíguas como a da defesa "valor trabalho" (mote que serve, entre outras coisas, para se opor à lei, que limita o tempo de trabalho semanal a 35 horas) e, no seu discurso de investidura, chegou a reivindicar duas figuras históricas da esquerda, Léon Blum e Jean Jaurès. Essencialmente, é um candidato de regressão social. Ele quer realizar o velho sonho da direita, o de um acerto de contas com os sindicatos (seu programa prevê, por exemplo, a obrigação de um voto secreto de todos os trabalhadores de uma firma ou instituição, no final da primeira semana de greve). E do seu projeto econômico só pode resultar um aumento das desigualdades.

François Bayrou, da UDF (União pela Democracia Francesa, partido de centro direita, tradicionalmente aliado da UMP), vem adotando uma linha política independente já desde antes da apresentação da sua candidatura, quando, entre outras coisas, decidiu votar contra o orçamento proposto pelo governo UMP. Bayrou se apresenta como centrista. Defende os pequenos industriais, fala bem dos sindicatos, não faz nenhum aceno à extrema-direita, nem defende as propostas radicais de Sarkozy. Exige o equilíbrio orçamentário, mas no contexto de um capitalismo social anti-thatcheriano. Ataca muito mais o candidato da UMP, do que a candidata do PS. Bayrou afirma que mudou, que seu partido tem de ser refundado, e, se eleito, poderia inclusive nomear um primeiro ministro de esquerda. Há sinceridade nisso? Até onde ele irá? Minha impressão é de que ele é, em parte, sincero, mas que, de qualquer maneira, carrega o peso não só do seu partido, mas do seu próprio passado, enquanto ex-ministro de governos de direita. Bayrou fez um enorme progresso nas sondagens, passando, em dois meses, de 8% a mais ou menos 20%. Valendo-se da sua dupla condição de agricultor e de professor *agregé* (título que sanciona um concurso muito difícil), aproveita com muita eficácia sua virada, real ou suposta, para o centro.

Segolène Royal, a candidata do PS – vencedora da prévia contra Laurent Fabius e Dominique Strauss-Kahn – se apresenta como socialista de ruptura, capaz de quebrar certos tabus da esquerda, como o de um certo angelismo em relação à delinquência. Ela está com mais ou menos 25%. Sarkozy tem em torno de 28%, mas dificilmente estará ausente do segundo turno. Como em princípio é improvável que o candidato da extrema-direita Jean-Marie Le Pen chegue ao segundo turno, como em 2002, (ele está com mais ou menos 13%, fora eventuais eleitores ocultos), o adversário de Sarkozy será ou Royal ou Bayrou. Segundo as sondagens, Sarkozy derrotaria Royal, mas perderia para Bayrou. A hipótese é pensável porque, apesar do número dos seus candidatos, ou por isso mesmo, o total de votos da esquerda não ultrapassa 36%; enquanto Bayrou somaria aos de seus eleitores os votos anti-Sarkozy de uma parte considerável desses 36%.

Assim, a situação não é fácil para a esquerda. Mas se Ségolène chegar ao segundo turno, muita coisa ainda pode acontecer.

REFLEXÕES SOBRE AS ELEIÇÕES FRANCESAS*

As eleições francesas, que terminaram com uma vitória nítida, mas não esmagadora de Nicolas Sarkozy, do partido de direita UMP, são de uma importância considerável para a política europeia e mundial, tanto de um ponto de vista imediatamente político, como num plano mais teórico. Prática e teoricamente, a esquerda, derrotada na pessoa de Ségolène Royal, a candidata do PS, tem muito a refletir sobre a campanha e o seu resultado.

No texto anterior, comentei o significado da candidatura de Nicolas Sarkozy, e também o da campanha de Nicolas Bayrou, eliminado, mas muito honrosamente, com 18%, no primeiro turno, cuja guinada em direção ao centro (ou ao centro-esquerda) levei a sério desde o início (uma boa parte da esquerda denunciava uma manobra eleitoral pura e simples). Voltarei a tratar do candidato vitorioso e do terceiro colocado, mas aqui me interessa principalmente Ségolène Royal, sobre a qual fui muito breve no artigo anterior.

Impondo-se a Dominique Strauss-Kahn e Laurent Fabius, na prévia interna que o PS realizou pela primeira vez, Ségolène Royal se apresentou como uma candidata "livre" em relação ao Partido e às suas figuras tradicionais, preocupada com um contato direto com o eleitorado e empenhada na modernização da forma e do conteúdo da campanha. Ela enfrentou um candidato de direita *sui generis*. Por um lado, um candidato que se apresentava como o representante de uma direita sem complexos, e se declarava sem mais e orgulhosamente de direita (o que, no passado, não era em geral o caso), mas que, ao mesmo tempo, se empenhava em recuperar figuras e palavras de ordem da esquerda, em proveito próprio. A manifestação mais espalhafatosa dessa atitude foi a menção elogiosa, por parte de Nicolas Sarkozy no seu discurso de investidura como candidato, de certas figuras tutelares da história da esquerda francesa.

Como julgar a campanha de Ségolène? Ségolène Royal teve certos méritos, entre os quais uma certa tenacidade, uma atitude correta de abertura (no intervalo entre os dois turnos) às propostas do centro, e um final de campanha descontraído e eficaz;

---

* Maio de 2007.

mas, em conjunto, ela me pareceu decepcionante. Ségolène se preocupou em fazer uma espécie de *aggiornamento* da esquerda, o que em si mesmo é justificável. Só que em geral essa modernização se apresentava de uma forma desequilibrada: assim, se propôs que os menores delinquentes fossem recluídos em institutos especializados, acrescentou, desnecessariamente, que o enquadramento desses estabelecimentos seria (ou poderia ser) militar. Mas isso é, no fundo, um detalhe. O que me parece grave no estilo da campanha de Ségolène Royal foi em geral a sua falta de rigor. A candidata não parecia preocupada em bem fundamentar as medidas que propunha e em bem estabelecer a sua coerência interna. Ela partia de um programa que fora redigido coletivamente, programa interessante, embora não muito elaborado em termos de viabilidade. Mas, a partir daí, ao sabor da campanha, apresentava novas propostas que tinham provavelmente sido submetidas a sondagens para verificação da sua popularidade, sem que a candidata as apresentasse de uma maneira suficientemente detalhada e convincente.

Isso vinha de dificuldades pessoais da candidata ou da essência do seu estilo? Ou vinha do estilo e do projeto do próprio ps? Um pouco de tudo isso talvez. Mas com pesos diferentes. Acho que Ségolène jogou e joga a carta de um certo populismo midiático (a sua preocupação com a "democracia participativa" é corroída por esse populismo), mais preocupado com a aparência e o sucesso do que com o rigor, e, em geral, com a verdade. Poder-se-ia pensar que isso é por um lado inevitável numa campanha política, e, por outro, o que vai no mesmo sentido, é desagradável mas eficaz. O público – supõe-se – não quer outra coisa. A meu ver, há aí um erro, que a candidata e sua equipe de campanha cometeram. O de ter, de certo modo, subestimado as exigências do público da mídia, que constituía ao mesmo tempo o eleitorado. Se é verdade que há um processo profundo de "boçalização" da opinião pública através da mídia, não é menos verdade que isso coexiste, de uma forma a explicar, com uma certa exigência senão de racionalidade no sentido mais rigoroso, pelo menos de explicação e justificativa do conteúdo e da coerência das propostas apresentadas (Cf. o que dizia Walter Benjamin sobre as contradições do público consumidor de arte). A candidata e sua equipe davam a impressão de acreditar muito mais nos lances midiáticos que apelam imediatamente para os sentimentos, do que nos argumentos racionais. Isto se revelou não só pouco formador da opinião de esquerda, mas pior do que isso – o que deve ter surpreendidos os responsáveis –, eleitoralmente ineficaz. É verdade que parte da opinião pública acreditou nas mentiras de Sarkozy. Mas as mentiras de Sarkozy remetem a uma ideologia que tem quase duzentos anos, e que como tal é, a seu modo, "bem articulada", pelo menos enquanto não há alguém capaz de pô-la a nu. Porém o problema ultrapassa a pessoa da candidata e a sua equipe de campanha. Mesmo se no PS há quem não mereça essa crítica, pode-se dizer que o partido perdeu inteiramente o pé em termos de uma fundação mais rigorosa das suas posições. É como se a liquidação do que restava das ilusões revolucionárias, incluindo certas hesitações diante dos totalitarismos – o que representou um progresso tão importante quanto inevitável – tivesse vindo, infelizmente, junto com uma espécie de liquidação de toda tentativa de pensar a situação política e os projetos da esquerda de uma maneira suficientemente profunda e rigorosa. Um bom exemplo disso foi o quiproquó entre a direita e a esquerda a propósito do "valor trabalho". Não sei quem inventou essa bandeira ambígua, mas ela foi incluída no programa da candidata. O adversário não a recusou, mas, pelo contrário, se apropriou dela em proveito próprio, acusando ainda por cima a esquerda de ter traído esse ideal, com medidas do tipo da limitação da jornada semanal de trabalho a 35 horas. Ora, o que se poderia dizer a respeito desse debate, que esteve no centro da campanha, é: 1. que a esquerda não deveria se valer de uma bandeira tão ambígua; mas que: 2. uma vez lançada a palavra de ordem, e uma vez diante do fenômeno da sua apropriação pela direita, impunha-se pôr ordem na argumentação, e dizer algumas coisas fundamentais desmistificando o discurso sarkozista[1]. Ora, não só a candidata e seu comando foram incapazes de desmontar o discurso sarkosista (embora ela tenha dito que era preciso fazê-lo), mas, fato impressionante: a intelectualidade de esquerda, de um país tão avançado em termos de formação

---

1 Ver, a esse respeito, o texto seguinte.

teórica como a França, [também] foi incapaz de fazê-lo, com uma ou duas exceções, talvez, e de maneira incompleta. As insuficiências da intelectualidade de esquerda francesa, diga-se de passagem, são inversamente simétricas às da nossa intelectualidade de esquerda. Dir-se-á que isso importava pouco do ponto de vista prático. Engano, e tanto mais quanto se tratava de ganhar o eleitorado de centro, bayrouista, que oscilava entre a esquerda e a direita, eleitorado que é constituído por gente em geral de boa formação. Terminando esse ponto, eu diria o seguinte. Por incrível que pareça, a disputa eleitoral tomou, às vezes, o rumo de uma discussão de economia política, sem que a esquerda fosse capaz de dar as respostas adequadas. O discurso de Sarkozy, que se apresenta como novo, novíssimo, ajustado ao século XXI, é, nos seus fundamentos (ou ausência de fundamentos) o discurso da chamada "economia vulgar" de meados do século XIX. Os clássicos como Smith estão, se se pode dizer, à esquerda de Sarkozy. Trata-se mais ou menos de dizer o seguinte: "sem dúvida, eu defendo a riqueza; mas como a riqueza vem do trabalho, eu sou o candidato do trabalho". O argumento pega, porque corresponde ao ar do tempo, e também por que parece marxista (a riqueza vem do trabalho). Que haja ao mesmo tempo uma descontinuidade entre riqueza e trabalho, no sentido de que as grandes fortunas têm pouco a ver mesmo com o trabalho do pai ou do avô do capitalista, ou, dito de outro modo, que se a riqueza vem do trabalho, ela em geral não vem do trabalho próprio e sim do trabalho de outrem, isso Sarkozy não poderia dizer, mas disso a esquerda, [por sua vez, também] não foi capaz de lembrar.

E hoje, quais são as perspectivas? Apenas eleito, Sarkozy deu uma "berlusconada", fazendo um cruzeiro no iate de um milionário das suas relações. No momento em que escrevo, está compondo o governo, e tenta atrair para ele algumas personalidades de esquerda (as figuras visadas surpreendem um pouco, mas isto não deve mudar muito as coisas). Ségolène parece disposta a preparar desde já sua investidura como candidata para as eleições de 2012. Entre os que se opõe a ela no PS, há uma ala esquerda, chefiada por Fabius, que representou, não faz muito tempo, a posição mais à direita, no interior do PS. Há uma outra ala que se intitula social-democrata, chefiada por Dominique Strauss-Kahn, que é certamente mais séria, mas com seus pontos frágeis e perspectivas de êxito incertas. Essas alas, mas também o próprio François Hollande, companheiro de Royal, foram acusados de jogar perde-ganha durante a campanha, o que tem certa verdade. Mas a atitude da candidata em relação a eles foi, por sua vez, arrogante. Bayrou, que foi abandonado por três quartos dos deputados do seu antigo partido, refunda esse partido, que muda de nome, e toma uma orientação de centro, senão de centro-esquerda. A extrema-esquerda deve continuar o que sempre foi (apesar de que, nessa última eleição, um dos grupos trotskistas, que sempre se abstinha no segundo turno, se dispôs a votar na candidata do PS).

Há nesse quadro muitas coisas negativas e algumas positivas. Negativo é o que me parece ser hoje uma verdadeira deriva populista-midiática do grupo Ségolène-Hollande no PS[2]; sem que se possa jogar todas as fichas no melhor dos grupos de oposição a Ségolène no interior do PS, o de Strauss-Kahn[3]. O PS está à beira da implosão. A dimensão "populismo midiático" (assim como, nos últimos cinquenta anos, o totalitarismo) é um elemento que não elimina a diferença esquerda/direita, mas a torna mais complexa. Assim, antes de saber se o PS necessita ir mais à direita ou mais ao centro, eu diria que ele precisa de mais "verdade", de um discurso de verdade, de um discurso rigoroso. Essa dimensão é essencial. Em termos de mais à esquerda ou mais ao centro, pode-se dizer que se impõem as duas coisas, só aparentemente contraditórias. Mais à esquerda, no sentido precisamente de que necessita um discurso mais "radical", em sentido próprio, que vá à raíz das coisas, isto é, aos fundamentos de uma política socialista. Mais ao centro porque é evidente, a meu ver, que, com o enfraquecimento irreversível, me parece, da extrema-esquerda, mas também por outras razões, a melhor perspectiva é a de uma frente entre o PS e o novo centro (ou centro-esquerda), que indiscutivelmente se forma com Bayrou (sem excluir – acho que isso é possível – a extrema-esquerda e o antigo centro-esquerda).

---

2 [Após a eleição, houve ruptura, pessoal e política, entre Royal e Hollande.]

3 [Strauss-Kahn foi eleito presidente do FMI, com o apoio do governo francês.]

FRANÇA 109

Vamos ver que rumo toma a evolução de Bayrou, mas é muito difícil que ele volte atrás, pois, mesmo se quisesse, isso já se tornou mais ou menos impossível[4]. O PS precisa de rigor teórico e ao mesmo tempo de flexibilidade tática. Quanto ao programa, o pacto eleitoral não estava num mau caminho, mas seria necessário completá-lo à esquerda, pensando, por exemplo, em medidas de economia solidária. Mas completá-lo também em direção ao centro, criticando o que pode existir de corporativo na posição dos sindicatos (há, a meu ver, esse aspecto, que é menor mas real, e que a direita hiperboliza, como o problema da atualização dos regimes especiais de aposentadoria)[5]. A deriva populista mediática de parte do PS (e o oportunismo ou a impotência das alas de oposição interna), o imobilismo dogmático da extrema-esquerda, o sucesso da aliança do *Loft Story* com o grande capital, o engano ou a perversão dos espíritos (as duas coisas estão por trás da vitória de Sarkozy), não são augúrios muito favoráveis. Em todo caso, muitas forças sãs subsistem, na sociedade civil, e algumas nos partidos de esquerda. Será preciso que elas cresçam qualitativa e quantitativamente, e se organizem, para que a esquerda francesa levante de novo a cabeça.

---

4 [De lá para cá, a posição de Bayrou se tornou bem mais ambígua. Ele continua a se mostrar atraído por uma posição de centro-esquerda, mas ao mesmo tempo faz acordos eleitorais com gente de direita, como aconteceu em Bordeaux. Uma aliança ampla que vá do centro-esquerda à estrema-esquerda – esta última, hoje, reforçada pela crise – embora desejável, só seria pensável para o momento final, diante da eventual ameaça de uma vitória da direita.]

5 [Esta foi uma das razões, mas não a única, da greve não vitoriosa de novembro de 2007.]

SARKOZY SEGUNDO A ORDEM DAS RAZÕES*

O discurso pronunciado por Nicolas Sarkozy no dia 14 de janeiro de 2007, por ocasião da sua investidura como candidato às eleições presidenciais, foi objeto de numerosas alusões, principalmente por parte dos seus adversários, mas, de um modo surpreendente, ele não foi examinado, até aqui, de maneira pelo menos um pouco sistemática. E, entretanto, a candidata socialista Ségolène Royal disse recentemente, a propósito do discurso, que "seria preciso desmontá-lo" (*décortiquer*).

Como se sabe, trata-se de um documento curioso, em que um candidato de direita invoca o nome de alguns ícones da esquerda, como Léon Blum e Jean Jaurès. Como isso foi possível? Quais são as operações que tornaram possível esse sequestro? Em que medida o documento é rigoroso e, à sua maneira pelo menos, consequente? São questões importantes que nos levam bem longe, para além de uma simples avaliação da sinceridade ou da honestidade do candidato.

A que título, e com que justificações, o candidato Sarkozy reivindica figuras tutelares da esquerda? Por que não invoca homens políticos de direita, do século xx ou do xix? Sem dúvida, o texto nos fornece uma justificação. É que "durante muito tempo, a direita ignorou o trabalhador". A esquerda de outrora representaria, assim, uma referência melhor. Mas a esquerda de hoje não seria ela a herdeira natural desse passado? De jeito algum: "a esquerda, que outrora se identificava" com o trabalhador, "acabou traindo", e com isso, perdeu o direito à herança. O principal exemplo dessa traição seria a lei que limita o tempo de trabalho regular semanal a 35 horas.

A esquerda teria traído o trabalhador. Trair é um termo pesado que valeria a pena explicitar. Se tentarmos reconstituir como o texto desenvolve essa tese e a justifica, perceberemos, em primeiro lugar, que ele fala tanto do trabalhador como do trabalho. Ou, mais exatamente, que fala antes do trabalho – é o seu *leitmotiv* – do que do trabalhador: "a esquerda imó-

---

* Maio/junho de 2007. Artigo destinado à imprensa francesa, mas que não foi publicado na França. Saiu no Brasil, na revista *Política Democrática*.

vel não respeita mais o trabalho". "O objetivo da República é o reconhecimento do trabalho como fonte da propriedade, e [o reconhecimento da] propriedade como representação do trabalho". "A república virtual é aquela que proclama que o trabalho é um valor, mas que faz tudo para desencorajá-lo"[6]. "Com a crise do valor trabalho, é a esperança que desaparece"[7]. "Quero propor aos franceses uma política cuja finalidade será a revalorização do trabalho"[8]. Sem dúvida, fala-se também de "trabalhador", mas muito menos: é como se houvesse um deslizamento da significação trabalhador para a significação trabalho. Por isso, para tentar revelar o conteúdo da suposta "traição" por parte da esquerda, [seria] legítimo substituir trabalhador por trabalho, e escrever que, segundo Sarkozy, a esquerda traiu o trabalho; mas há na realidade um jogo entre as duas significações, que seria preciso desmontar, e que constitui o segredo desse discurso.

A dificuldade remete principalmente a duas questões. Por um lado, é preciso se perguntar qual foi a atitude da esquerda no passado e qual é sua atitude hoje, tanto em relação ao trabalho como em relação ao trabalhador. Por outro lado, já que quase ninguém poria em dúvida que o trabalhador é um "valor" – no sentido de ele merecer pelo menos o respeito que merecem todos os humanos – seria necessário se perguntar (o que não é a mesma coisa), em que medida o próprio "trabalho" é um valor.

Tomando as duas questões num mesmo movimento, observar-se-á que se hoje como ontem a esquerda se apresentou como defensora dos trabalhadores, e se essa defesa incluía, de um modo ou de outro, a garantia de emprego (ou de um emprego) ao trabalhador, tal atitude não implicou no passado, nem implica hoje, numa idealização do trabalho. De fato, seria possível afirmar de um modo geral, e sem precisões de ordem quantitativa e qualitativa, que o próprio trabalho é um

6   "O trabalho é a liberdade, é a igualdade de oportunidades, é a promoção social [...]. O trabalho é o respeito, é a dignidade, é a cidadania real".

7   Como indiquei no segundo dos meus artigos para a *Folha* [ver texto anterior], a noção ambígua de "valor trabalho" fora enunciada originalmente pela candidata socialista, e constava do seu programa.

8   "O trabalho é uma emancipação, é o desemprego que é uma alienação" [...]. "É o trabalho que cria o trabalho" etc.

valor? A defesa do trabalhador implicou frequentemente na exigência da redução quantitativa do tempo de trabalho, e a condenação de certas formas de trabalho. A luta histórica da esquerda, que foi, em medida considerável, paralela à luta dos trabalhadores, visava, entre outras coisas, limitar a jornada de trabalho, e, nesse sentido, a esquerda nunca foi "favorável ao trabalho", se isto significar "maximização do tempo de trabalho". Trava-se antes de uma defesa do trabalhador diante do trabalho, atitude que se traduzia, de modo só aparentemente paradoxal, na exigência de menos trabalho. A mesma coisa no plano qualitativo: o trabalho em "cadeia de produção", e outras formas brutais, consideradas normais pelo sistema, foram combatidas pela esquerda. Dir-se-á que se tratava de trabalho excessivo, ou de formas violentas, mas a noção de trabalho excessivo, ou inumano, se desloca continuamente. Primeiro se lutou pela jornada de dez horas, isto na época em que a direita pregava a jornada "normal" de doze horas; depois lutou-se pela jornada de oito horas, que, segundo os ideólogos da época, seria incompatível com o lucro. Depois houve a introdução das quarenta horas semanais (Blum, o inimigo do trabalho!) e, mais recentemente, votou-se a lei das 35 horas semanais. No plano qualitativo, o trabalho em "cadeia de produção", por exemplo, que seria o máximo em matéria de modernidade e de progresso, acabou sendo proscrito, em muitos casos. Claro que se pode discutir – limitando-nos ao problema da quantidade – se as condições atuais permitem ou não que se introduzam, com vantagem, as 35 horas. Todo argumento visando mostrar que, nas condições atuais, não é conveniente introduzir aquela redução, é um argumento que, verdadeiro ou falso é, em si mesmo, honesto. A mesma coisa não pode ser dita, entretanto, desse jogo sofístico entre trabalho e trabalhador, que se fundamenta na lenda de uma traição ao trabalho praticada pela esquerda. Porque, resumindo, "trabalho" se diz em dois sentidos, e a confusão entre eles é o segredo do jogo de linguagem sarkoziano: o termo pode significar "trabalhador" (em geral, em oposição a capital), mas pode significar também tempo de trabalho. Na primeira acepção, a esquerda sempre apoiou o trabalho e, nem ontem nem hoje, o traiu; na segunda, pelo contrário, ela nunca lhe foi favorável, isto é, nunca foi, nem poderia ser, partidária da maximização do tempo de trabalho[9].

*

O texto se refere um certo número de vezes à democracia, várias vezes à república, mas é bastante discreto em relação às denominações que conviriam à organização econômica atual. Entretanto, há uma passagem, à qual voltarei mais adiante, em que ele fala em capitalismo. E há uma temática constante (que, como se verá, poderia ter uma relação com aquela a que acabo de me referir), a da diferença entre "república virtual" e "república real".

A diferença entre república virtual e república real também parece ter alguma coisa a ver com o discurso da esquerda, e lhe ter sido tomada de empréstimo. Mesmo se o marxismo, e, pior ainda, o totalitarismo leninista e depois stalinista, utilizaram mal a distinção entre uma democracia formal e uma real (ou mais exatamente efetiva ou efetivamente real), infletindo-a no sentido de uma desvalorização da democracia – formal se tornou sinônimo de irreal, com as consequências que se sabe –, a oposição entre democracia formal e democracia real guarda uma importância considerável. Vivemos numa sociedade que não podemos caracterizar nem simplesmente como "capitalista", nem simplesmente como "democrática". Trata-se de uma "democracia capitalista", de uma democracia, mas... capitalista. Porém, exatamente porque ela, mesmo nos limites do capitalismo, não é, de forma alguma, uma ilusão, a democracia está sempre em tensão com o capitalismo. Ela afirma valores de igualdade e de liberdade, que são mais ou menos postos em cheque (ou "virtualizadas") pelo capitalismo. O que não significa

9 Trabalho, no segundo sentido, "tempo de trabalho", se opõe a "tempo livre", que este sim constitui a verdadeira riqueza, como dizia um anônimo genial citado por Marx. De fato, se o trabalho é uma exigência social, e se certos trabalhos produzem prazer, na maioria dos casos, na sua forma atual, ele representa uma "pena", o que significa que ele é, em geral, trabalho alienado, razão pela qual não há por que idealizá-lo. Observe-se *en passant*, como sugeri anteriormente, que emprego – cujo oposto é desemprego, um oposto negativo – é uma noção cujo uso com sinal positivo oferece muito menos risco do que a imprudente idealização do trabalho. Mas o documento rejeita explicitamente a defesa do emprego, sob o pretexto [ambíguo] de que quer defender não o emprego mas o trabalhador...

que se possa liquidar o capitalismo por um movimento de varinha mágica revolucionária. Aquilo de que se trata hoje é, antes, de obter controle sobre o capital, neutralizar seus efeitos negativos, pois, ao contrário do que se supunha, revelou-se no fundo menos utópico e, principalmente, muito menos perigoso do que o caminho revolucionário.

A distinção sarkozista entre república virtual e república real remeteria à oposição, utilizada pela esquerda, entre democracia formal e democracia real, e desembocaria, no mesmo sentido, numa exigência de luta pela neutralização dos efeitos negativos do capitalismo? Em primeira aproximação, isto seria pensável, seja por causa da proximidade que existe entre os dois pares de expressões, seja pelo que pode sugerir uma passagem, já indicada, em que se fala do capitalismo e da necessidade de "moralizá-lo": "Eu quero ser o presidente que se esforçará por moralizar o capitalismo, porque não acredito na sobrevivência de um capitalismo sem moral e sem ética". Nicolas Sarkozy parece de novo enveredar na direção de um discurso crítico. Mas assim como a defesa dos trabalhadores se revelou, de fato, uma justificação do "trabalho alienado", o tema da realização efetiva da democracia e da moralização do capitalismo se interverte em elogio da realização "plena" do capitalismo, o que significa recuo da democracia, pelo menos no campo econômico. Para mostrar isto, seria preciso examinar algumas das medidas econômicas e sociais que ele propõe. Há na realidade dois tipos de questões a analisar. Na primeira série, temos uma defesa praticamente aberta do capitalismo na sua forma mais anti-igualitária. Na outra, há um fundo de problemas reais, mas tratados de tal modo (tomando o que é segundo como se fosse primeiro, ou propondo remédios perigosos) que, de novo, é o sistema econômico sob a sua forma mais dura e injusta que sai reforçado.

Moralizar o capitalismo só poderia significar, por um lado, reduzir as desigualdades, as quais, na França, sem atingir dimensões estratosféricas, como em certos países do Terceiro Mundo, são, de qualquer modo, importantes. Ora, qual seria o efeito de medidas como a redução do chamado "escudo fiscal" (o máximo de imposto global que cada contribuinte poderia ser obrigado a pagar) de 60% a 50%, escudo que afeta essencialmente os mais ricos? Qual poderia ser o sentido da quase liquidação dos impostos sobre sucessões e doações, a qual, de novo, beneficiaria essencialmente as grandes fortunas? A acrescentar o custo, para o Estado, dessas medidas. Só a redução do imposto sobre sucessões e doações implicaria numa sangria da ordem de uns cinco bilhões de euros. Para justificar essas medidas, o texto apela para uma tese simplista sobre a relação entre trabalho e propriedade, por trás da qual há uma leitura mistificada da relação entre trabalho e capital. Assim, o esvaziamento dos impostos de sucessão e doação é justificado, através da exigência, feita em nome da justiça, de poder transmitir à sua descendência "os frutos de uma vida de trabalho". Ora, não é verdade que as grandes fortunas sejam produto do trabalho. No melhor dos casos, há um trabalho de organização da produção, mas a riqueza apropriada é incomensurável com o que se pagaria por ele, por muito que se pagasse, se fosse retribuído enquanto tal. E esse é o melhor dos casos. As grandes fortunas não provêm apenas de trabalho de outrem diretamente apropriado pelo capitalista. Elas vêm das operações especulativas, dos "investimentos" nas bolsas etc. Sob esse aspecto, a relação da riqueza com o trabalho é ainda mais remota. A riqueza, "a grande riqueza", tem mais a ver com o jogo do que com o trabalho[10].

Há uma segunda série de questões, nas quais problemas reais são utilizados de forma transfigurada de maneira a servir à ideologia do candidato. Assim, o documento critica os grevistas por causa dos efeitos negativos que teriam as greves sobre o bem-estar dos usuários, os dos meios de transporte, principalmente. O candidato propõe que uma lei imponha um voto secreto por parte de todos os membros de uma empresa, administração ou universidade, aos oito dias da deflagração de uma greve, para decidir da continuação ou não do movimento. Sem dúvida, as greves dos transportes públicos são às vezes muito duras para os usuários, embora a sua frequência não seja a que sugere a direita. De qualquer modo, retomando uma opinião expressa há algum tempo por Daniel Cohn-Bendit, acho que seria desejável que, no momento de deflagrar um movimento, se ouvisse sempre um representante

---

10 [Também se poderia dizer, de forma mais direta. O trabalho vem, de fato, da riqueza. Mas trabalho de quem?]

dos usuários. Quanto ao voto secreto, ele não é em princípio inadmissível, mas se deveria recorrer a ele nas assembleias, onde o problema é discutido. Mas o que é inadmissível no projeto do candidato é que tudo isso seria imposto por uma lei, lei que, além de tudo, fixaria prazos imperativos. O caráter de domesticação do movimento sindical que têm as propostas é evidente, e tanto mais se pensarmos que elas se inserem num programa que não revela nenhum empenho em melhorar a condição dos pequenos e médios assalariados.

O texto critica aqueles que "não querem fazer nada", e diz que só os que ajudam a si mesmos merecem ser ajudados. Que existam aqui e ali abusos no uso das alocações do Estado – único caso em que o texto poderia ter alguma verdade –, gente que recebe indevidamente indenizações desta ou daquela espécie, é inegável. Mas o fenômeno é certamente secundário. O essencial são as enormes dificuldades criadas pelo novo capitalismo, no interior do qual o assalariado está submetido às exigências leoninas dos acionistas, às imposições do capitalismo financeiro propriamente dito e à concorrência internacional. Ora, no documento esses problemas desaparecem, ou passam para o segundo plano, diante do mote culpabilizante do "assistencialismo generalizado", ou do "trabalhador que vê aquele que se beneficia de assistência (*l'assisté*) se sair melhor do que ele, ao acertar as contas no final do mês". Esta última argumentação é propriamente indigna. Ela joga aqueles que têm um emprego contra os que não têm, estigmatizando esses últimos e, naturalmente, absolvendo e idealizando o sistema. Aí aparece a verdadeira figura do documento e do candidato.

Assim, o grande texto de entronização do candidato da UMP se revela, sem exagero, um tecido de "anfibologias". Uma pequena obra-prima ideológica da direita francesa dos nossos dias. O pano de fundo é a velha fábula ideológica, segundo a qual o trabalho seria a "fonte da propriedade" e a propriedade a "representação" do trabalho. Os que ousam duvidar dessa fábula seriam os cultores da "França imóvel". Como outros assinalaram o menor dos paradoxos dessa ideologia não é o de chamar de reforma o que representa uma contrarreforma, ou de falar de movimento a propósito de um movimento de regressão. Sem dúvida, a marcha--a-ré também é um movimento. A acrescentar alguns toques de cinismo puro e simples, como o de se apresentar como defensor do pleno emprego, incongruência gritante, no interior de um discurso cuja preocupação central não é essa, e cujas medidas propostas não vão certamente nessa direção.

O apelo aos nomes de Blum e de Jaurès convida a uma reflexão final. Trata-se de uma demagogia eleitoral sem vergonha. Poderíamos nos perguntar se tal evocação é tão absurda como seria a invocação, por parte da candidata da esquerda, dos nomes de Poincaré, de Tardieu, de Tiers ou de Guizot. Sim e não. Por um lado, teríamos nesse último caso um absurdo análogo, pois se reivindicaria simetricamente figuras tutelares que não encarnaram no passado nem podem encarnar, hoje, os valores (de esquerda), assumidos. Mas subsiste um problema. Se, embora ao preço de chicanas retóricas, o candidato de direita pode se servir, sem escrúpulos, da galeria dos homens políticos de esquerda, é improvável, com muito poucas exceções, que a candidata de esquerda venha a fazer apelo ao Panthéon dos homens políticos de direita. Por quê?

A utilização dos grandes ícones da esquerda pela direita não deve ser considerada propriamente como um motivo de alegria para a esquerda, como alguns assumiram um pouco rapidamente. A confusão não é inocente e, por grosseira que seja, ela representa, diante de certo público, um sério perigo. Mas mostra, certamente, que é a esquerda e não a direita que encarna o progresso social (não falo do totalitarismo de esquerda, que como o de direita é sempre regressivo, mas da esquerda democrática diante da direita republicana). A despeito de tudo – das regressões sempre possíveis, como a que a direita prepara agora – há uma linha de progresso social. E mesmo se em certos casos, por razões de interesse político, a direita se associou à esquerda e mesmo a precedeu (cf. a legislação social de Bismarck, por exemplo), na maioria deles foi a esquerda (continuo me referindo só à esquerda democrática), que encarnou claramente esse movimento. Ora, a direita atual não pode deixar de reivindicar o progresso social no que se refere ao passado, mesmo se ela apresenta um projeto para o futuro que vai na contramão do progresso. As referências de Sarkozy a Blum e a Jaurès são, assim, um pouco a homenagem do vício à virtude. Na realidade, para qualquer homem político do século XXI – menos a extrema-direita – é muito difícil invocar as grandes figuras da direita. Fora algumas exceções, a história da direita, e principalmente a história da direita [europeia] do século XIX e do início do século XX, não é suscetível de plena apropriação, mesmo por parte de seus descendentes naturais. É preciso renegar os seus ancestrais e buscar outros, de extração diferente. O que não quer dizer que não haja afinidade entre a direita dos séculos XIX e XX e a direita de hoje. É como se, no plano pontual das medidas, a direita de hoje fosse obrigada a invocar a esquerda do passado. A direita de hoje concorda com a esquerda de 1936; a direita de 1936 estava de acordo com as principais propostas dos revolucionários de 1848, e assim por diante. Mas, no plano dos princípios, o acordo é profundo. Sobre o que, se faz silêncio. Na realidade, os ideólogos do século XIX idealizavam o "trabalho" e naturalizavam o sistema como fazem os seus herdeiros, só que de um modo que é, sem dúvida, excessivamente brutal e grosseiro para as exigências da direita de hoje. Vejamos, por exemplo, como soava, no ano da graça de 1849, a tese da unidade indissolúvel entre o esforço individual e a constituição de capital, tese cujo corolário é a culpabilização dos vencidos na luta econômica:

> Uns, através da inteligência e da boa conduta, criam um capital e entram na via de uma vida cômoda (*aisance*) e do progresso. Os outros, limitados ou preguiçosos, ou desregrados, permanecem na condição estreita e precária das existências que se baseiam unicamente no salário[11].

Estaríamos tão longe da distinção sarkozista entre "aquele que quer progredir" e "aquele que não quer fazer nada"? Tudo somado, tem-se a impressão de que esses verdadeiros ancestrais da direita francesa de hoje, cuja sombra permanece ausente-presente na fala dos seus herdeiros, nela reconheceriam, apesar de tudo, a sua própria mensagem. Quem não é preguiçoso nem desregrado cria um capital; trabalhe mais se quiser ganhar mais: de Guizot a Sarkozy, a letra variou um pouco, mas a melodia é a mesma. Infelizmente, só uma parte dos milhões de franceses que vivem do seu trabalho se deu conta disto.

---

11 François Guizot, *De la démocratie en France*, Paris: Victor Masson, 1849, p. 76.

4. Cuba

CUBA SIM, DITADURA NÃO*

O processo contra 78 dissidentes em Cuba e o fuzilamento de três pessoas que haviam tentado fugir do país, desviando uma balsa, ocorreram em plena Guerra do Iraque, quando a opinião pública mundial estava absorvida com o que se passava naquele país. Difícil imaginar que se tenha tratado de uma coincidência. Mas a jogada não deu muito certo. A imprensa europeia, inclusive a de esquerda, não só deu ampla cobertura ao evento, mas tomou posição de maneira inequívoca contra essa onda repressiva, inédita pela quantidade dos acusados e pela violência das penas. O prêmio Nobel José Saramago, até então "companheiro de viagem" do governo cubano, declarou que a partir daqui seguirá o seu próprio caminho. Outros escritores, alguns conhecidos como amigos "de Cuba", também se manifestaram.

No Brasil, onde a mitologia em torno da política castrista continua sendo forte, houve e continua havendo, entretanto,

---

* Abril de 2003. Publicado em suplemento pelo *Correio Braziliense*, que continha também um manifesto de intelectuais e profissionais liberais brasileiros, contra as execuções em Cuba. Conservei os subtítulos do jornal.

manifestações em contrário. Entrevistados por um jornal de São Paulo, intelectuais de esquerda – com uma exceção – assumiram, em graus diversos, uma posição crítica. Um manifesto contra a condenação dos dissidentes, iniciativa de três intelectuais de esquerda, circulou em São Paulo. Embora pedisse a assinatura só de quem se considerasse de esquerda e fosse adversário da política do governo americano, o texto obteve, num tempo muito curto, um apoio não desprezível em termos qualitativos – o que não significa necessariamente o de gente com grande projeção midiática – e quantitativos. A iniciativa não se fez sem dificuldade. Sem dúvida, os termos da declaração, que propositadamente só se dirigia a um certo público, e a maneira pela qual foi feita a coleta de assinaturas (os organizadores não quiseram fazer um apelo público, mas preferiram obtê-las uma por uma) implicavam em limitação. Porém não foi só isso. A mitologia do bom tirano subsiste.

Os organizadores não só previam os obstáculos – o sucesso relativo de certo modo os surpreendeu – mas, precisamente, estava entre os seus objetivos pôr esses obstáculos em evidência. Tratava-se de mostrar – contra certa opinião mais ou menos dominante, ainda, nos meios da esquerda e da extrema-esquerda oficiais – que homens e mulheres de esquerda podiam e deviam se manifestar, e de maneira incisiva, contra a repressão em Cuba. Nesse sentido, a adesão de alguns foi tão expressiva como a recusa de outros. Embora, evidentemente, tenha havido quem não assinasse por razões de forma (sem falar em todos aqueles que não foram procurados), sob certos aspectos, uma lista dos que não quiseram assinar diria tanto como a lista dos que assinaram.

Voltemos ao que se passou em Cuba. No final de março deste ano, 78 oposicionistas pacíficos, a maioria dos quais havia participado da coleta de assinaturas em prol do projeto Varela, o qual propunha um *referendum* visando a redemocratização de Cuba, foram presos e acusados de atos de traição a serviço de uma potência estrangeira. Nos termos da lei 88 de proteção da independência nacional e da economia cubana que pune "a subversão e outros meios similares [sic] que atingem a independência, a integridade e a soberania do Estado cubano", lei promulgada há quatro anos, 43 dos acusados foram condenados, após processo sumário, a penas que vão até 27 anos de prisão. Entre eles estão a economista Marta Beatriz Roque, o jornalista Ricardo Gonzáles, o poeta e jornalista Raul Rivero e o economista Oscar Espinosa Chepe, todos condenados a vinte anos; o presidente do partido liberal cubano Osvaldo Alfonso, condenado a dezoito anos; Hector Palácios, um dos organizadores do projeto Varela, condenado a 25 anos.

A repressão aos dissidentes foi muito facilitada pela infiltração da polícia cubana no interior do movimento dissidente. Vários agentes de polícia se revelaram no processo. Robert Martinez Hinojosa e sua mulher Odília Collazo, esta presidente do Partido Pró-Direitos do Homem, eram na realidade os agentes Ernesto e Tânia. Aleida Godinez, colaboradora de Marta Beatriz Roque, era de fato a agente Wilma. Eram agentes também Pedro Luis Veliz Martinez, que se tornara presidente do colégio dos médicos independentes de Cuba, Nestor Baguer, um homem de mais de oitenta anos, que presidia a associação dos jornalistas independentes, além de Manuel David Orrio, licenciado em economia, que parece ter tido um papel particularmente importante. O jornal oficial *Granma* conta a história desses "heróis".

O governo cubano se mostrara particularmente "sensível" depois do sucesso do projeto Varela, iniciado no ano passado por Oswaldo Payá, líder do movimento cristão de libertação, que recebeu posteriormente o prêmio Sakharov do Parlamento Europeu. O projeto, que se baseava num artigo da atual Constituição cubana, que autoriza, teoricamente, uma iniciativa desse tipo, desde que se tenha dez mil assinaturas, obteve mais de onze mil; número extraordinariamente grande, se se pensar nos riscos assumidos pelos signatários e nos obstáculos impostos pelo poder autocrático (sem esses obstáculos, dizem os organizadores, teria sido possível obter um número muito maior de assinaturas). A principal acusação foi a de que os dissidentes haviam tido contato com James Cason, representante dos interesses americanos em Cuba (o "representante de interesses" não é um embaixador: os dois países não têm relações diplomáticas oficiais). Os militantes da Corrente Socialista Democrática Cubana, dirigida por Manuel Cuesta Morua, organização que escapou da repressão, mas que evidentemente a condena, dizem que "as atitudes adotadas por diplomatas americanos [...], longe de ajudar os defensores dos direitos do homem, os prejudicaram". Provavelmente, foi um erro dos dissidentes ter tido contato com um representante do governo Bush, mas isso não justifica nada. A dissidência tem contatos com várias embaixadas, como as do Canadá e do Japão, e ela precisa desses contatos. No seu depoimento, o poeta e jornalista Raul Rivero reconheceu ter assistido a duas reuniões organizadas pelo representante dos interesses americanos, uma quando este tomou posse, e outra no momento da publicação de um livro. O ativismo do representante americano foi aliás muito facilitado pelo trabalho de Manuel David Orrio, o agente Miguel, que conseguiu organizar um ateliê de jornalismo ético, na casa do representante americano.

Poucos dias depois da prisão dos dissidentes, um grupo de dez homens e mulheres tentou se apropriar de uma balsa que liga diversos bairros da baía de Havana. A operação fracassou, o grupo foi preso, sem que houvesse mortos nem feridos. Menos de uma semana depois da condenação dos dissidentes, após processo sumário, o tribunal condenou à morte e fuzilou três dos membros do grupo, Lorenzo Enrique Copeyo, Bárbaro Leodan Sevilla e Jorge Luis Martinez. Quatro outros membros do grupo foram condenados à prisão perpétua, um outro a trinta anos, e três mulheres a penas de prisão entre dois e cinco anos.

Três Lados

Esses os fatos. Diante dos fatos houve, no interior da esquerda – é, sobretudo, no interior da esquerda que eles exigem reflexão –, três posições. De um lado a dos que criticaram de uma forma suficientemente nítida as medidas repressivas. No outro extremo, o daqueles – na realidade minoritários – que as justificaram mais ou menos plenamente. Entre essas duas posições, uma terceira, que consistiu e consiste em criticar, mas com certo tipo de ressalvas.

A posição de Eduardo Galeano se enquadra nesse último grupo. Longe de mim julgar inútil ou negativo o pronunciamento desse escritor e jornalista latino-americano. Ele condena as execuções e as prisões em geral. Mas, desculpe o excelente homem de esquerda que deve ser Galeano, o seu texto é uma "jeremiada". Ele diz que Cuba "dói", que ele se exprime "com dor". A cada momento nos assegura "que a má consciência não (lhe) enreda a língua". Insiste tanto nisso que se é levado a pensar o contrário. Além do tom geral muito defensivo e sentimental, discordo de algumas coisas. Não é verdade que também nos EUA haja partido único "disfarçado em dois". Embora se trate de uma breve referência – mas que define o tom geral do texto – seria bom dizer: qualquer que seja a proximidade entre republicanos e democratas, qualquer que seja também a influência altamente negativa do poder econômico sobre os processos eleitorais nos EUA, é evidente que, sob esse aspecto, os EUA são, apesar de tudo, muito diferentes de Cuba. Em primeiro lugar, mesmo se com uma força muito menor, além dos dois partidos existem outros: nas últimas eleições, o candidato verde obteve alguns milhões de votos, aliás, infelizmente, pois com isso, sem que o quisesse, sem dúvida, garantiu a vitória de Bush. E mais: não é verdade, por exemplo, que nestas eleições o candidato republicano Bush e o candidato democrata Gore tenham representado a mesma coisa. Sem idealizá-lo, é muito provável que se Gore tivesse sido eleito, as coisas teriam sido muito diferentes. Basta ver a sua atitude em relação ao problema palestino. Resumindo, quaisquer que sejam as imperfeições, e perversões do sistema americano, ele não tem nada a ver com os sistemas cuja regra é a do partido único. Na realidade, o que faz Galeano é pôr no mesmo plano um regime totalitário ou despótico, e um regime, digamos, de oligarquia liberal. A liberdade política no último é, sem dúvida, muitas vezes problemática. Mas no primeiro ele é nula. A necessária crítica à política do governo americano deve passar em primeiro lugar pela política internacional. E a crítica que pode e deve ser feita também no plano nacional não pode ser uma caricatura que elimina diferenças fundamentais entre regimes políticos. A posição de Galeano faz pensar nas de Ignacio Ramonet, diretor do *Le Monde Diplomatique*. Por ocasião de uma viagem a Cuba, ele fez uma conferência sobre um de seus livros, na presença de Castro (que, entusiasmado, mandou editar ato contínuo, em tiragem de milhares de exemplares, o livro em questão), na qual, entre outras coisas, comenta a falta de liberdade de imprensa nos EUA. De que o tema possa ser tratado não duvido – pensando no peso das injunções econômicas, pode-se falar também, é claro, dos limites da liberdade de imprensa no Brasil –; mas é absurdo e demagógico falar em termos críticos desse tema e ainda mais na presença do chefe máximo, que naturalmente exultou, num país em que esta liberdade não é problemática, mas simplesmente não existe. Porém, o pior no texto de Galeano é que, depois de descrever as manobras do representante americano, ele acaba recusando à dissidência a sua condição de dissidência:

se a revolução não tivesse feito o favor de reprimi-la, se houvesse em Cuba plena liberdade de imprensa e de opinião, esta *pretensa* dissidência se desqualificaria a si mesma e receberia o castigo que merece; o castigo da solidão por causa da sua notória nostalgia dos tempos coloniais em um país que escolheu o caminho da dignidade nacional (grifo meu).

Muito bem quanto à exigência de liberdade. Mas essa dissidência é "suposta"? Por quê? [E seria verdade que ela, ou toda ela, tem "nostalgia dos tempos coloniais", e por isso merece o "castigo da solidão"?] No grupo sobre o qual se abateu a repressão há gente de esquerda como Hector Palacio, mas há também gente de direita. Só que – o tipo de atividade política que desenvolvem o mostra – trata-se, em geral, da direita democrática ou republicana, não [no estilo] da chamada "máfia de Miami", partidária do embargo e de métodos violentos, da qual falarei mais adiante. Então, nós de esquerda devemos jogar na cara dos dissidentes da direita democrática que eles não representam uma real dissidência? Walesa nunca foi de esquerda. Deveríamos negar-lhe a condição de dissidente? O fato de que em Cuba o poder vem de uma revolução não constitui hoje uma diferença essencial. Houve honestos e corajosos dissidentes nos países do Leste, que nunca foram de esquerda. Poderíamos e deveríamos criticar suas perspectivas. Mas não jogar-lhes na cara a recusa da sua condição de dissidentes. Afinal essa condição não é tão cômoda assim. Em resumo, o que irrita um pouco no discurso de Galeano é que se ele tem um coração grande, disposto a entender e a perdoar, ele é, apesar de tudo, generoso demais para com o poder cubano, que afinal é mais ou menos mitificado, se não nos seus atos recentes, de algum modo na sua "essência". E é generoso de menos com as confusões ou erros daqueles que, apesar de tudo, arriscam a vida no difícil combate contra um poder totalitário. Essa atitude de crítica torturada tem raízes que será preciso discutir, porque a sua explicitação é inseparável da crítica não torturada (mesmo se preocupada) que gostaria de desenvolver. Mas antes de passar a ela, examino o discurso dos que justificam sem mais o processo repressivo.

Nesse capítulo, seria preciso discutir textos recentes do professor e jornalista Emir Sader. Já há alguns dias, inquirido junto com outros intelectuais de esquerda sobre o que pensava da repressão em Cuba, defendeu as posições do governo cubano em nome da ameaça que paira sobre o regime, afirmando, entretanto, que "a execução [sic] [os fuzilamentos] não era obrigatória, não era necessária". Não era obrigatória, nem necessária, era facultativa... Mais recentemente, ele publicou um artigo num site. Esse artigo deveria ser distribuído e lido por toda a esquerda brasileira. Nele vemos como um intelectual de esquerda, que estudou filosofia e se interessou desde cedo pela política, "deriva" no sentido de uma justificação não só de poderes totalitários, mas de assassinatos legais. Em razão da "guerra infinita" movida por Bush contra Cuba, Sader defende sem mais os atos de violência do governo cubano, e em particular as execuções do presente e do passado. O texto é taxativo, no começo, no meio e no fim: "Com as últimas execuções, Fidel Castro assume a contrapartida da guerra infinita de Bush". "Ao agir assim, Fidel Castro está mandando de volta um recado para Washington", eles se previnem "da forma que lhes parece a melhor". Sader afirma que, já em ocasiões anteriores, Castro preferiu esses métodos porque, desse modo, aqueles que querem "desestabilizar o governo cubano" não ficam "nos cárceres como referência para a campanha internacional contra Cuba", nem podem nutrir a ilusão de que "poderiam sair da prisão para protagonizar a política pós-revolucionária". Assim, Castro é, além de tudo, coerente. Seu princípio foi e será: é melhor executar do que aprisionar. Gente presa pode dar origem a campanhas internacionais, em favor deles e, além disso, um dia pode sair da prisão. Enquanto os mortos, até segunda ordem, não falam nem ressuscitam.

O artigo de Sader evoca também o processo e a execução do general Arnaldo Ochoa, que comandara as tropas cubanas em Angola. Essa execução também merece a simpatia do autor. Ora, o que ocorreu no caso de Ochoa? Trata-se de um general que, no tempo de Gorbatchev, pretendeu articular uma espécie de perestroika em Cuba. Tendo contatado os russos, foi traído pelo KGB, que informou Castro sobre os seus planos. Depois de prendê-lo, Fidel Castro lhe propôs que reconhecesse ter tido ligações com o narcotráfico, ligações que os americanos ameaçavam revelar, e as quais, ao que parece, haviam sido estabelecidas pelo próprio governo cubano. Se Ochoa assumisse a responsabilidade por essas ligações, teria a vida salva. Ele aceitou o trato. Na melhor tradição stalinista, Castro o fuzilou assim mesmo, ou por isso mesmo… É essa nobre ação ético-política que merece os encômios de Emir Sader. Aliás, não faz muito tempo, o mesmo autor escreveu um artigo sobre o Brasil para *Le Monde Diplomatique*. A certa altura, de maneira sibilina, se pergunta se Lula poderia realizar os seus planos no quadro institucional existente. Salvo engano, por trás dessas observações, está o sonho com "outros" quadros institucionais. De qualquer modo, se Sader e seus amigos chegarem ao poder, já sabemos o que nos espera (eles dirão que a situação de Cuba é diferente, mas ninguém garante por quanto tempo afirmarão essa diferença). Claro, como ele disse que as execuções não eram obrigatórias, sempre existirá alguma esperança… Mas, pelo sim pelo não, é melhor tomar as suas precauções. Os textos de Sader, que convergem com as declarações de certos nostálgicos do stalinismo, têm a vantagem de revelar sem rodeios o verdadeiro sentido da sua perspectiva política.

Burocracia e Despotismo

Voltemos a Cuba. Que representa o governo cubano? Assumindo o risco de chocar certas sensibilidades, diria que se trata de um governo despótico ou despótico-burocrático, que liquidou todas as liberdades, mesmo se até certa época garantiu um progresso real no plano de certos setores, sobretudo a saúde. Mas, atualmente, mesmo esses progressos são cada vez mais problemáticos. Por que a esquerda tem tanta dificuldade para se contrapor à política do governo cubano e, quando o critica, prefere fazê-lo "com pinças"? Conhece-se a resposta. O poder castrista se origina de uma revolução. E aqui reaparece o problema do destino das revoluções, um dos grandes problemas do século XX. A revolução comandada por Castro foi certamente uma revolução popular, e não houve engano em saudá-la no momento em que ela derrotou Batista. (Entretanto, se Batista foi mesmo um ditador populista terrível, a ideia de que até Castro, Cuba era um país simplesmente miserável é enganosa[12]). Sem dúvida, já na fase final da luta, houve violências inadmissíveis, sobretudo o fuzilamento de uns cem prisioneiros, por iniciativa de Raul Castro. Mas, apesar de tudo, isso poderia ser considerado como excepcional. Chegando ao poder, Castro liquidou todas as oposições, e com a cumplicidade ingênua de alguns homens políticos de centro esquerda, foi postergando um anunciado processo eleitoral. A oposição a Castro é descrita tradicionalmente como "liberal", mas na realidade dela faziam parte pessoas de convicções diferentes, que não aceitaram a guinada "comunista" (e não "socialista") de Castro. Hubert Matos, herói da Serra Maestra, foi condenado a vinte anos de prisão (ao que parece, Raul Castro pedira a pena de morte para ele). [A acrescentar, a morte mais do que suspeita de Camilo Cienfuegos].

Com o episódio desastroso da Baía dos Porcos – invasão montada pela CIA, de que participaram desde antigos policiais de Batista até um ex-capelão do exército de Franco –, estavam dadas as condições para que Castro liquidasse qualquer veleidade de oposição democrática interna. O que vem depois se conhece. Embargo. Aliança com a URSS, apoio à invasão da Tchecoslováquia, envio de tropas a Angola e a outros países da África, além da aventura do Che na Bolívia. Com a queda do império soviético, sobrevieram o isolamento, crise interna, deterioração violenta das condições de vida, prostituição. Ao sabor das possibilidades legais ou ilegais, uma enorme imigração levou

---

12 Ver a respeito o excelente: *Cuba, the Pursuit of Freedom*, de Hugh Thomas, p. 747, 794, 968, 1038.

para fora do país uma porcentagem importante (só em Miami, mais de 10%) da população cubana.

As origens revolucionárias do governo de Castro levaram uma parte da esquerda a lhe conceder circunstâncias atenuantes. Funciona aqui o velho esquema trotskista do "Estado operário deformado" (que era aplicado à URSS) ou do "Estado operário degenerado" (reservado às democracias populares). Ou, em geral, o do "estado socialista deformado", que remete à mesma coisa. Com essas expressões se pretendeu e pretende distinguir a substância do acidente (o que no caso da expressão "degenerado" não deixa de ter graça: um Estado socialista degenerado ainda é um Estado socialista?). Essas fórmulas permitiriam assim atacar as manifestações do objeto, sem atacar a sua essência. Isto é, tornavam possível criticar sem criticar "a fundo"; em última análise, criticar não criticando.

Em que medida essa conceituação se justifica (em geral, e a propósito de Cuba)? E qual é a sua origem? Começando pela segunda pergunta. Esse tipo de conceituação vem da tentativa de entender a história dos séculos XX e XXI a partir do discurso político marxista. No interior da conceituação política marxista – marxista clássica pelo menos, porém, a rigor, marxista em geral – temos, depois do feudalismo, capitalismo e socialismo. Pode haver imbricamentos mais ou menos complexos de uns e outros, recuos históricos, a complexidade que se quiser. Porém, feita abstração do escravismo antigo e do despotismo oriental, que já vão longe, não se sai disso. Se o objeto resistir a essa conceituação, inventam-se fórmulas mais ou menos híbridas que mais escondem do que revelam o objeto. Sem dúvida, os melhores marxistas falaram em burocracia, o que é um elemento importante dos regimes pós-revolucionários "degenerados". Entretanto, além do fato de que não se trata só de burocracia, mas também de despotismo, fez-se da "burocracia" não muito mais do que um acidente na substância socialista. Esse é o lado conceitual. O lado sentimental vai junto, e vimos um bom exemplo dele.

Contudo, é preciso ir mais longe nessa análise. O modelo de revolução de que parte a tradição marxista do século XX é o da chamada "revolução de outubro". Modelo de revolução socialista, ainda que anômala, pois produzida em país moderno-atrasado, ela teria começado a degenerar lá por meados dos anos de 1920, por causa precisamente desse atraso, além do cerco capitalista, consequência das derrotas da revolução em outros países, embora essas já tivessem sido não só causas, mas, também, efeitos da degenerescência. Ora, a primeira dificuldade desse esquema está na própria ideia de que a chamada "revolução de outubro" foi mesmo uma revolução. Ela foi, na melhor das hipóteses, um misto de revolução e de golpe de Estado. Na pior, um golpe de Estado. As forças que a apoiaram, não desprezíveis, eram, entretanto, minoritárias, mesmo dentro do proletariado [Corrijo: se os operários que tiveram participação efetiva na insurreição de outubro eram efetivamente minoritários, no momento da insurreição de outubro, os bolcheviques contavam, certamente, com o apoio da grande maioria do proletariado (embora não dos camponeses). Mas a partir de 1918, começa a ruptura[13]]. Os guardas vermelhos [em geral de origem operária, os quais os bolcheviques vieram a controlar] tiveram um papel essencial. Mas, no momento mesmo do golpe-revolução de outubro, os bolcheviques começaram a liquidar todas as outras correntes socialistas. Dizer que todas as outras haviam "traído" não é verdade. Martov, menchevique internacionalista, adversário da participação na guerra de 14, obteve, no final de 17, o apoio da maioria da direção do partido menchevique. Pois, no momento da insurreição, quando Martov propôs ao soviete uma aliança das esquerdas revolucionárias, Trótski respondeu, remetendo os mencheviques, internacionalistas ou não, à famosa lata de lixo da história... Os bolcheviques farão uma aliança pró-forma com um setor dos socialistas revolucionários, que será rompida alguns meses depois. A Assembleia Constituinte em que os bolcheviques não tinham maioria será dissolvida a toque de baioneta (com [uma ou] duas dezenas de mortos nas manifestações), os sovietes serão progressivamente liquidados e transformados em marionetes nas mãos dos bolcheviques. Tudo isso antes da guerra civil, que só começaria efetivamente no verão europeu de 1918. Isso não significa que não tenha havido revolução na Rússia.

13   [Ver, a respeito, meu texto sobre Kautsky e o bolchevismo, em *A Esquerda Difícil.*]

Houve um grande processo revolucionário que culminou com a derrubada do tzar em fevereiro de 1917, e com a reconstituição dos sovietes – surgidos em 1905 – no mesmo ano de 1917 [e que funcionaram em condições mais ou menos normais] até começos de 1918. [No segundo semestre de 1917 houve, sim, uma mobilização popular importante, visando em geral substituir o Governo Provisório por um governo dos sovietes, contudo, cedo, ela foi sequestrada pelo bolchevismo. A responsabilidade do bolchevismo pela catástrofe não elimina, do outro lado, a responsabilidade das alas direitas do menchevismo e do Partido Socialista-Revolucionário].

Faço essas considerações porque é preciso ir até o modelo primeiro das leituras marxista das revoluções do século xx, e para mostrar como essa leitura é falsa (há uma literatura considerável de reinterpretação não bolchevista do levante de outubro, ignorada pela maioria da intelectualidade de esquerda). Apesar das diferenças, o que aconteceu em Cuba tem alguma coisa em comum com isto. O poder castrista chega na vaga de uma verdadeira revolução – não de um [semi-] golpe de Estado –, um pouco como se os bolcheviques tivessem chegado ao poder em fevereiro. Mas o processo que se segue à tomada do poder é parecido. Liquidação sistemática (política e física) da oposição, burocracia, despotismo. Esse é, na realidade, o destino do socialismo autocrático. Se é verdade que Marx pensava a "ditadura do proletariado" como alguma coisa transitória e exercida de fato pelo proletariado – Engels vai mais longe: chega a dizer no fim da vida que a forma dessa ditadura era a república democrática, em sentido verdadeiro, é claro –, a experiência do século xx mostra bem como esse projeto é, de qualquer modo, perigoso e ilusório. Depois de interpretar e reinterpretar os textos de Marx em sentido democrático, Kautsky dizia com razão, desde 1918, que, apesar de tudo, seria preciso abandonar essa formulação, ambígua e perigosa.

Pedras no Caminho

Voltando a Cuba. [Haveria] justificativa para legitimar, de algum modo, a repressão em Cuba, em razão das origens revolucionárias do seu governo? Castro e seus companheiros chegaram ao poder no final dos anos de 1950. [Supunha-se então que seriam organizadas eleições, e que se estabeleceriam regras democráticas]. Porém, em muito pouco tempo, o poder castrista já se apresentava como claramente autocrático. Na realidade, apesar de uma declaração que fez durante o seu julgamento, após o ataque ao quartel Moncada, Castro parece nunca ter apreciado a democracia. Aliás, mais de um autor sugere que ele admirava também os ditadores de direita.

Restam as chamadas conquistas sociais, a saúde principalmente, já que a educação é de dois gumes. A existência dessas realizações não é suficiente para que se assuma sem mais a defesa desse regime autocrático. Entre outras coisas, como já se lembrou muitas vezes, é bom não esquecer que certas ditaduras de extrema-direita também tiveram "programas sociais", embora de menor alcance. De resto, hoje as realizações subsistem só em parte. Por causa do embargo, por causa da derrocada da URSS? Também, mas a verdade é que o caminho autocrático, buscado pela direção castrista, acabou poluindo tudo.

Deve-se fechar os olhos para a repressão em Cuba, porque o país está ameaçado pelos planos imperiais de Bush e da sua equipe? De que o governo Bush seja capaz de tudo, é difícil duvidar. Ninguém sabe até onde ele irá. Mas uma coisa é certa. Não é reprimindo que Castro irá fortalecer a sua posição. A verdadeira saída é democratizar o país. Com isso, não só se retira a Bush um argumento ideológico importante, como também se dá chances muito maiores ao país […], inclusive no plano propriamente militar. Sem dúvida o exemplo de Stalingrado (que se evocou muito, como possibilidade, no início da guerra do Iraque) mostra que um povo que vive sob uma ditadura totalitária pode ter um sobressalto e se defender mais ou menos unanimemente contra uma invasão externa. Porém isso só vale até certo ponto: o caso iraquiano mostra, aliás, os limites do argumento [apesar do que veio a acontecer depois]. Sempre que, para a defesa do país, é necessário fornecer armas ao povo (e atualmente este seria o único meio de cobrar caro uma agressão americana), as ditaduras se vêm em má postura. Os Estados Unidos pensarão duas vezes antes de atacar um país cujo governo é reconhecido [no interior da nação] como legítimo, reconhecimento que não coincide sempre com a existência de um regime democrático, mas que, em geral, converge com ele. Mesmo num país, como o Irã, em que as autoridades religiosas têm o peso que têm, fala-se agora em democratização (relativa) em nome da segurança contra eventuais ataques externos. Propor a democracia em Cuba é se submeter às exigências americanas? Seria confundir "democracia", e democracia. No primeiro caso, trata-se da democracia como ideologia, e de governo flexível, com verniz mais ou menos democrático; no segundo, de democracia real.

Os movimentos dissidentes são de direita? Os grupos dissidentes cubanos, como os dos ex-países comunistas da Europa do leste, têm perfis diversos. Importa antes de mais nada precisar quais são as forças atuantes em cada um dos dois campos. Há por um lado o ditador que, como dizia um historiador do totalitarismo russo, representa por si mesmo uma instituição. Há, por outro lado, uma burocracia de Estado ou do setor semiprivado. O governo cubano investiu, por exemplo, seis milhões de dólares na empresa de gravação do cantor Sílvio Rodrigues. Tais empresas têm contatos com firmas e bancos estrangeiros, que por isso mesmo estão contentes com o regime. Essa burocracia espera talvez uma saída à russa. Calcula-se em trezentos mil o número de privilegiados do sistema (cinquenta mil sem as famílias), para uma população total de onze milhões. Há, em terceiro lugar, uma oposição de extrema-direita, a que em geral é chamada de "máfia de Miami". (A denominação é ambígua, porque há também outras tendências em Miami. As novas gerações de imigrantes, em geral não extremistas, ganharam nos últimos anos um peso considerável). A chamada máfia de Miami é extremamente reacionária e agressiva, e favorável ao embargo. Não há porque preferi-la a Castro. Há, finalmente, as oposições não extremistas que vão da socialdemocracia aos liberais.

Como Será o Amanhã

Em princípio, creio que os divisores de águas da oposição são a atitude em relação ao embargo e os métodos empregados.

A oposição, que poderíamos chamar de democrática (incluindo o centro e a direita "republicana") é contrária ao embargo, e propõe uma passagem pacífica, acentuando, no caso de algumas delas, a defesa do que resta das antigas conquistas. É evidente que devemos ser favoráveis à legalização de todas as tendências, socializantes ou não, que não pregam a invasão da ilha. Uma tomada de posição inequívoca como esta é não só uma exigência política geral, inclusive tática, para todos os democratas – a ditadura tem certamente os seus dias contados – mas tem também um sentido, digamos, ético[14].

Depois de Fidel Castro, virá talvez Raul Castro, ainda mais autocrático do que o irmão; mas depois dele, num dia talvez não tão distante, a ditadura cairá[15]. E nesse momento, só quem mostrou uma atitude simpática em relação à dissidência poderá ter alguma acolhida por parte do novo governo e da nova sociedade. Os que apoiaram a ditadura, mas talvez também os que se limitaram a lamentar a contragosto as deformações do "poder socialista", não terão nenhuma autoridade. Veja-se o que acontece hoje na Europa do Leste. Infelizmente, os governos dos países da Europa do Leste tiveram, em geral, uma atitude favorável à intervenção americana no Iraque. A Polônia até mandou tropas. Esse apoio foi em muitos casos iniciativa de *apparatchiks*[16], preocupados em encontrar novos protetores. Mas gente séria entre os ex-dissidentes também apoiou os americanos: pelo menos o então presidente da república tcheca, Havel, e o polonês Adam Michnik. Essa atitude pode surpreender, e não há por que justificá-la. Mas creio que ela se explica, em parte pelo menos, pela relativa passividade das esquerdas diante dos antigos poderes burocráticos. Os comunistas eram favoráveis a eles – Cuba inclusive, como já lembrei –, os socialistas eram críticos, mas não sem ambiguidade (lembre-se uma visita à Romênia de dirigentes socialistas, entre os quais Mitterand, durante a qual o futuro presidente saudou "o proletariado romeno, liderado pelo seu partido!").

---

14 Como observou Daniel Golovaty.

15 [É difícil dizer qual será a tendência do poder após a morte de Castro. Ele seguirá, talvez, um caminho próximo ao dos chineses.]

16 Membro do Partido Comunista, que ocupava cargo burocrático no antigo Estado pró-soviético [N. da E.].

É evidente que, nessas condições, depois da queda, os dissidentes do leste viriam a desconfiar das esquerdas, e se mistificar com a política americana. A propósito, Havel, Michnik, como também Walesa, Elena Bonner, viúva de Sakharov, além de Jacek Kuron, todos ex-dissidentes do Leste, têm contatos cordiais com a oposição cubana. É também para evitar esse desencanto que é necessário tomar uma posição clara, desde já. É preciso lutar por uma hegemonia socialista-democrática no seio da dissidência.

A esquerda brasileira está bastante atrasada, se podemos dizer assim, no que se refere a esse tipo de problema. Tive contato direto ou indireto com várias pessoas, jovens em geral, que estiveram em Cuba em viagens organizadas, ou mesmo isoladamente. As opiniões são variadas. Mas fiquei impressionado pela ingenuidade com que alguns repetiam as justificativas do regime. "Não há liberdade fora do Partido. Mas dizem que dentro do Partido a crítica é possível". Esta é uma velha justificativa dos governos totalitários. Todos sabemos que a liberdade externa é a garantia da liberdade interna, e que uma vez perdida a primeira, a segunda ou é um mito ou não dura muito tempo. Ver a história dos primeiros anos do bolchevismo. Um outro jovem, que viajou só, contou os inúmeros problemas que teve com a polícia política. Mas afinal disse que gostou... É difícil imaginar por que. A razão provável (além da confusão entre povo e governo) é que na cabeça dele, como na de muita gente, está a ideia marxista-corrente de que só existe a alternativa entre capitalismo e socialismo, e, [de forma geral], de que, na história, só existe a alternativa entre a conservação do statu quo e o progresso. Assim, se em Cuba não há capitalismo, deve haver socialismo, o que, como lá não se conserva o statu quo, porque não se trata de capitalismo, deve representar progresso. Que o regime possa não ser nem capitalista nem socialista, e, sob muitos aspectos, represente, apesar de alguns [avanços], uma verdadeira regressão histórica, isso não passa pela cabeça dele.

A vitória de Lula introduziu um elemento novo na situação. Antes de mais nada, é preciso dizer que o que se tem no Brasil é um movimento [de esquerda] democrática, totalmente diferente do cubano. Ele não é só diferente do "socialismo" castrista, mas opõe-se a ele nos métodos e também nos objetivos. Isso posto, subsiste o problema. Se uma parte pelo menos dos eleitores de Lula (entre os quais me incluo) gostaria que essa diferença aparecesse e se manifestasse de modo bem claro, uma outra parte continua tendo simpatias, de origem sentimental às vezes, pelo governo de Cuba. A divisão atinge evidentemente o governo e o PT. Até aqui, a meu ver, a política internacional do governo Lula – fora talvez alguma coisa do encaminhamento da questão venezuelana – foi [em geral] bem conduzida. A atitude que tomou o governo na crise iraquiana foi corajosa e eficaz. Para o caso cubano, não diria o mesmo, embora tenha havido algum progresso. O que houve de mais escandaloso foi a declaração do embaixador brasileiro em Cuba a propósito da onda repressiva. Ele afirmou que se trata de assunto interno cubano. Desde quando violações evidentes dos direitos do homem são assuntos internos de um país? O embaixador é o representante em Cuba de 175 milhões de brasileiros, e de um governo que foi eleito com base nas aspirações ao progresso social e democrático da maioria. No que me concerne, diria, e sei que muitos eleitores de Lula estão de acordo comigo: não foi para isso que elegemos Lula.

Duas moções sobre Cuba foram apresentadas à reunião da Comissão dos Direitos do Homem, reunida em Genebra. Uma apresentada pela Costa Rica, e apoiada não só pelos americanos mas também pelo europeus, condenando a vaga repressiva; e outra mais branda, que não faz referência à repressão e se limita a pedir a Cuba que receba no país a representante do Alto Comissário dos Direitos do Homem (a representante é a jurista francesa Christine Chanet, o Alto Comissário é o brasileiro Sérgio Vieira de Mello[que, mais tarde, veio a ser assassinado por terroristas]). A primeira teve 31 votos contra, 15 a favor e 7 abstenções. Rejeitada. A segunda foi aprovada por 24 votos contra 20, e 9 abstenções. Mas é duvidoso que a moção tenha algum efeito. Até aqui, Castro se recusou a receber a representante. Cuba foi apoiada pela Argélia, pela Síria, pelo Vietnã, pelo Zimbabwe e pela China (observo *en passant* que a China, muito admirada por parte da esquerda brasileira, foi a campeã mundial das execuções em 2002, com 1.060 vítimas, na frente do Irã, que teve a medalha de prata com 113, e dos Estados Unidos, que ganhou a de bronze, com 71 execuções…). Diante das duas resoluções, o Brasil se absteve, fazendo uma declaração de voto que alude ao desejo de equilibrar as sanções – referência à necessidade da crítica do embargo – e exprime sua profunda preocupação.

A novidade é a declaração de voto. Porém [essa tomada de posição] é muito insuficiente. Não se trata aqui de dar lições ao Itamaraty, que, como se sabe, é tecnicamente muito competente. Não subestimo as exigências de prudência e de habilidade no plano da política internacional. Nem se trata de propor rupturas de qualquer ordem. Mas é de se desejar uma atitude mais ofensiva por parte do Brasil. Em geral, diria que a abstenção não é a melhor maneira de exprimir o desejo de equilibrar as sanções. Há um modo melhor de se proteger da instrumentalização: sancionar os dois lados. Se o Brasil condenar a repressão em Cuba, mas condenar ao mesmo tempo o tratamento dado aos prisioneiros de Guantánamo, ninguém poderá dizer (menos, talvez, Fidel Castro) que estamos fazendo o jogo dos americanos. Se agirmos assim, estaremos condenando todas as medidas antidemocráticas, e obrigando ao mesmo tempo os americanos a prestar contas à chamada "comunidade internacional". Sei que há no PT e no governo muita gente que tem posições marcadamente críticas diante dos totalitarismos. Outros não são favoráveis, mas estão "perplexos". Os que têm posições críticas poderiam e deveriam se manifestar, pelo menos como simples cidadãos. Parece que dos parlamentares só Gabeira [também o senador Jefferson Peres] teve a coragem e a lucidez de assumir uma posição crítica.

Até onde vai durar essa indefinição? É preciso eliminar esse equívoco. Lutar pelo socialismo democrático não tem nada a ver com dar apoio a governos como os de Cuba ou o da China. Recusar esses modelos equivaleria a cair na tão execrada social-democracia? Na realidade, na social-democracia houve e há o melhor e o pior (enquanto que o bolchevismo, creio eu, apesar da sua inegável energia e das intenções "puras" dos seus líderes, foi globalmente nefasto). Porém não se trata de voltar ao modelo social-democrata. A social-democracia tendeu a uma espécie de "reforma" do sistema, o que não é bem o que se deve pretender. É possível pensar num projeto de mutação radical do sistema, sem passar pelos esquemas violentos e autoritários. É verdade que tudo começa com as reformas. O problema é o de fazer com que progressivamente conduzam a uma grande mutação, no interior da democracia evidentemente. Nesse sentido, seria preciso tomar posição tanto contra o "reformismo" (entenda-se as simples reformas) como contra o "revolucionarismo" (entenda-se, o projeto de transformação violenta e ditatorial da sociedade). Evidentemente, tudo isso precisa ser pensado e repensado. Infelizmente, circula ainda toda uma mitologia em torno da revolução armada, do guevarismo, e de outras coisas desastrosas. Lendo as declarações de alguns, tem-se a impressão de que certas pessoas veem a vitória de Lula como uma espécie de revolução de Fevereiro, à qual deve suceder a "grande revolução de Outubro". Com isso não quero dizer que não haja perigos também pelo outro lado, e que todas as críticas da esquerda do PT (sobretudo quando ela se opõe a um excesso de "realismo político") sejam falsas. De resto, é preciso assegurar a livre manifestação dessa tendência.

Terminando, o Brasil soube enfrentar as pressões e a chantagem do Império. Esperemos que ele continue enfrentando. Mas é preciso que ele saiba enfrentar também as pressões e a chantagem dos totalitarismos pequenos ou grandes, de direita ou de pseudoesquerda. Não se deve ter medo de votar uma resolução "contra Cuba" (na realidade contra Fidel Castro e a favor do povo cubano), o que significa: não se deve temer a acusação ritual de que se está fazendo o jogo da direita (leiam o discurso violento de Castro, chamando de "fascistas" os representantes dos países que votaram contra ele. Não nos assustemos se ele nos chamar de fascistas). Ceder a esse tipo de chantagem custa caro à esquerda. Quanto a supor que se trata de "um pequeno país" diante de um gigante, tema muito explorado, lembro da posição do filósofo Theodor Adorno na época da Guerra do Vietnã. Condenando a intervenção americana, ele não deixava de lembrar a violência de que são capazes as pequenas nações (em particular, ele lembrava que os comunistas vietnamitas "também torturavam"). Não nos deixemos iludir pelo mito do lobo e do cordeiro. O lobo é lobo mesmo. Mas os cordeiros...

A vitória de Lula foi certamente um acontecimento de importância mundial. Mesmo se as dificuldades são grandes, não há razão (por ora, pelo menos) para que percamos as esperanças. Mas, como teria declarado recentemente Cohn-Bendit, seria extraordinário se Lula, com finura e firmeza, estendesse as mãos à dissidência democrática em Cuba, e condenasse de maneira bem clara uma repressão brutal que vai até o assassinato legal. Se isso acontecer, a vitória de Lula representará, sem exagero, uma nova etapa na história das Américas, e na história das lutas por um socialismo democrático.

POLICIAIS BRASILEIROS EM CUBA*

A notícia de que o diretor da Agência Brasileira de Inteligência (ABIN), delegado Mauro Marcelo de Lima e Silva, esteve em Cuba, em visita oficial, para consolidar o programa de aproximação e intercâmbio entre a ABIN e a DGI (Direccion General de Inteligencia), o serviço secreto cubano, é mais uma pérola do lado sombrio da política externa do atual governo brasileiro. O fato escandaliza, como escandalizou, por exemplo, a declaração do então recém-nomeado embaixador brasileiro em Cuba de que as execuções de pessoas que haviam tentado abandonar a ilha (sem ter ferido ninguém) era assunto interno do governo cubano... Escrevo como cidadão brasileiro, preocupado com o futuro do país, mas também como homem de esquerda, e – até segunda ordem – eleitor do PT. As simpatias do governo por tudo o que existe de mais abominável em matéria de despotismos "progressistas" são uma ameaça para o bom nome do país, e um verdadeiro desastre para a esquerda (não sei de quem partiu a ideia do "programa de intercâmbio", mas provavelmente o ministro José Dirceu o vê com muita simpatia, ele cujo encantamento pelo poder castrista já era bem conhecido, mas de modo algum unanimemente compartilhado, pelos brasileiros refugiados em Cuba). Perturbador é constatar como são poucas as vozes de esquerda que protestam contra tais desatinos. Por ocasião das execuções, em Cuba, dos que tentavam a única alternativa racional por não se disporem a resistir de dentro a um totalitarismo: sair do país, – somente Fernando Gabeira, na Câmara dos Deputados, e o senador Jefferson Peres (PDT) tiveram a coragem e a lucidez de se pronunciar. Gabeira se manifestou de novo, agora, e além dele, outros deputados, mas nenhum destes, pelo que se noticiou, é de esquerda; o que não significa que essas intervenções não sejam bem-vindas. O deputado Gabeira estranhou que policiais brasileiros fossem estagiar junto a uma polícia, cuja especialidade é caçar democratas...

De minha parte, gostaria de lembrar alguns fatos, pouco conhecidos, que podem iluminar a questão e, se houver espaço,

---

* Março de 2005.

retomar algumas considerações mais gerais. Carlos Franqui que dirigira a Radio Rebelde na Sierra, e o jornal Revolución, e que depois rompeu com o regime, dá alguns detalhes sobre o que aconteceu por ocasião da visita de Fidel Castro ao Chile, no período inicial do governo socialista de Allende. Castro deveria passar dez dias no Chile, mas passou 25, o que criou problemas para o presidente. Um dos integrantes da segurança de Castro apaixonou-se por uma das filhas de Allende, com quem acabou se casando. Sempre segundo Franqui, o namoro fora encomendado por Castro, e o anúncio do "final do trabalho político" com a mulher, anúncio feito anos mais tarde pelo próprio marido, em Cuba, teria sido a razão do suicídio dela. O que nos interessa mais de perto, aqui: Castro teria pedido a Allende que concedesse a nacionalidade chilena ao noivo, e mais do que isto, que o nomeasse para um cargo de direção na polícia chilena. Allende se recusou a aceitar as sugestões de Fidel Castro, o que provocou uma crise entre os dois (Franqui transcreve o registro da última conversa entre Castro e Allende).

Esta história é canônica, porque ela mostra: 1. com que sede Castro tenta controlar e engolir os governos democráticos de esquerda; e 2. como, nesse trabalho, a penetração nos "serviços de informação" tem, e por razões óbvias, um papel essencial. A propósito, em outra passagem, Franqui escreve que Castro costumava lamentar que Cuba fosse um país pequeno, e que não fosse o Brasil. Com isso, não estou afirmando que haja um perigo imediato e efetivo de dominação castrista no Brasil. Felizmente para o país e para a esquerda, o castrismo está no poente; ele dificilmente sobrevirá à morte do "grande líder". Aliás, creio que é por isso mesmo que os *lobbies* castristas se mostram tão ativos. Mas ele ainda poderá criar muita confusão e fazer bastante mal, principalmente se a opinião de esquerda continuar tão confusa. Como rendem, em termos de propaganda do regime, os pretensos milagres castristas em matéria de saúde e educação!

Retomo, com brevidade, considerações que fiz em outros lugares. Sobre a situação da saúde e da educação em Cuba (mas há que acrescentar também a alimentação, habitação, e *not least*, as liberdades cívicas) é preciso dizer, essencialmente: 1. É falso supor, como assegura a ideologia do regime, que

Castro partiu de uma situação de hiperatraso. País em desenvolvimento, é verdade, com muita disparidade regional, e onde havia muita corrupção e violência (o jovem Castro foi aliás um dos campeões do bangue-bangue político), Cuba, em 1959, estava, entretanto – o que é mal conhecido – entre os países latino-americanos que tinham o maior PIB per capita, e os melhores índices em matéria de saúde (incluindo mortalidade infantil), seguridade social e educação. 2. Sabe-se que os neodespotismos burocráticos comunistas sempre tiveram, em maior ou menor medida, um lado igualitarista e assistencial. Mas o que pode ter havido, em Cuba, de igualitarismo econômico (nunca de igualdade de poder) e de eficiência, no plano da saúde ou, em forma muito ambígua, no plano da educação – o que, bem entendido, de modo algum justifica um regime totalitário – perdeu-se [em boa parte]. E isto não por causa do embargo (condenável), cujos efeitos são pouco relevantes. Em contraposição à grande desigualdade reinante, aos privilégios da nomenclatura, à prostituição, à desnutrição, às péssimas condições de habitação – e à asfixia das liberdades fundamentais – resta pouca coisa mais do que a demagogia dos recordes em tal ou tal índice ou setor, de preferência de ponta, ou nos esportes, para efeito-vitrine (exemplo das consequências perversas e dos impasses a que conduzem os erros e a política demagógica do regime: pede-se às mulheres grávidas que não redistribuam as porções alimentares extras que lhes são concedidas – preocupação efetiva com a saúde dos nascituros ou medo de que essa redistribuição possa ameaçar certos recordes? –; de qualquer forma, é normal que elas redistribuam – se houver o que redistribuir – elevando um pouco [no interior da família ou fora dela] o volume miserável de calorias a que está condenada a imensa maioria da população cubana). 3. Se compararmos os resultados de Cuba, por exemplo, com um país como a Costa Rica (comparação feita por um economista cubano no exílio), ver-se-á que nos anos de 1990 a Costa Rica, país pobre – e onde não se fuzilou, não se fechou portas, nem se atentou contra os direitos do homem –, tinha os índices de alimentação, habitação, saúde e educação, no conjunto, bem superiores aos de Cuba. Porém, o regime costarriquenho, que, aliás, ajudou bastante a revolução cubana (o que não impediu que Castro logo se indispusesse com ele), tinha o defeito de ser mais ou menos social-democrata – em sentido rigoroso – e, nesse sentido, evidentemente não ofereceu nem oferece interesse para a nossa esquerda nem para a nossa diplomacia. Falei, em outra ocasião, a cerca da proibição, em Cuba, do uso internacional da internet, sobre o número de execuções (a acrescentar o número total, enorme, das pessoas que foram presas desde 1959); gostaria de relembrar que mais de dez por cento da população cubana abandonou a ilha. É como se houvesse mais ou menos vinte milhões de brasileiros no exílio. Os exilados cubanos seriam todos burgueses contrarrevolucionários? Que o leitor reflita – para citar um exemplo que é mais do que um exemplo – sobre o destino de Huber Matos, o professsor-comandante da Sierra, hoje fora de Cuba, que cumpriu vinte anos de prisão, porque era contrário à transformação da revolução democrática em contrarrevolução marxista-leninista. Precisamos de um pouco mais de lucidez e de espírito crítico. O capitalismo não será derrotado se não aprendermos a "varrer à nossa porta".

CUBA E A CRÍTICA DE ESQUERDA AO CASTRISMO*

As notícias sobre a doença de Fidel Castro relançaram a discussão, dentro e fora da esquerda, sobre o caráter e o destino do poder castrista. Que tipo de governo ele representa? Merece ele o apoio das forças da esquerda (ou das que se presumem tal)? Qual o destino mais provável desse regime?

Começando pelo final. A interrogação sobre o destino do castrismo se abre para uma alternativa. Ou se afirma que, na medida em que encarna um dos últimos remascentes do império burocrático comunista do século XX, o regime não poderá sobreviver muito tempo; ou, pelo contrário, supõe-se que Castro (ou seus herdeiros) comandam um renascimento do comunismo no Terceiro Mundo, uma nova vaga que virá preencher o vazio deixado pela derrocada da URSS e dos regimes satélites.

Esse problema nos conduz regressivamente ao da natureza do castrismo e, em geral, dos regimes comunistas do século passado, isto é, à questão de saber o que eles realmente representam (ou representaram) em termos sociais e políticos. Nos limites desse texto, não posso me estender muito. A resposta tradicional da esquerda era de que se tratava de regimes socialistas de transição para o comunismo, embora muitas vezes (por parte de determinadas tendências) se admitisse que eles sofriam de deformações ou excrescências de várias ordens. A outra resposta era a de que, mesmo se esses poderes tinham se originado de movimentos que poderiam ser chamados de revolucionários e "progressistas" – caso do país que servira como modelo primeiro para esses regimes, caso também de, pelo menos, mais dois desses governos (mas não da generalidade deles) –, o que se desenvolvera, à sombra de uma pretensa "ditadura do proletariado" ou "dos operários e camponeses", fora na realidade um poder absoluto de tipo novo, a que se atribuiu a denominação "totalitarismo". Se esta última leitura é a correta, os movimentos que prometiam um progresso máximo acabaram oferecendo ao mundo – com suas práticas de violência, tirania, ou genocídio – um quadro de regressão social e política. A meu ver é assim que se deve interpretar a

---

* O texto foi escrito para o *Globo On Line*, no segundo semestre de 2006. Permaneceu inédito até aqui.

história do comunismo, cujo primeiro ciclo, pelo menos, se encerrou com a queda do muro de Berlim em 1989.

E Cuba nesse contexto? Os seus defensores recorrem sistematicamente aos avanços (ou supostos tais) do regime: cobertura de saúde, e extensão do ensino primário e secundário, e apelam, entre outras coisas, para o contraste que ofereceria a Cuba castrista, relativamente ao que teria sido o país no período anterior. Todavia, como já escrevi muitas vezes (mas o que fazer, se o mito continua vivo?), aí existe muita mitologia e falsificação. Apesar das relações de dependência para com os Estados-Unidos, que de resto se afrouxavam progressivamente, Cuba tinha, antes de Castro, um PIB per capita dos mais altos do continente, e os seus serviços de saúde funcionavam relativamente bem (fora os períodos de crise), pelo menos se os comparássemos com os que existiam em outros países da América. Além do que, não basta considerar a saúde (quanto à educação, lembremos que ela é superpolitizada e coexiste com o expurgo das bibliotecas e a liquidação de qualquer imprensa oposicionista). De certo modo, poder-se-ia dizer: Castro criou um bom serviço de saúde para o povo cubano; só que, ao mesmo tempo, acabou com o povo cubano... Como diria a Alice de Lewis Carroll, tem-se o sorriso do povo, só que o povo não existe mais... De fato, que sentido tem falar maravilhas de serviços médicos (de resto – além dos seus aspectos demagógicos – seria preciso saber como ele funciona hoje) de um país do qual mais ou menos a metade da população ou se exilou, ou deseja sair mesmo ao preço de grandes sacrifícios?[17] Que diríamos do Brasil, por exemplo, se mais ou menos trinta ou trinta e cinco milhões de brasileiros tivessem decidido viver no exterior, e mais uns sessenta milhões passassem o tempo estudando as possibilidades de partida, por um meio ou por outro? A acrescentar que Cuba é dirigida por um poder ditatorial, que se permite, entre outras coisas, fuzilar alguns dos candidatos (mal sucedidos) à fuga, amordaçar a imprensa, liquidar a vida intelectual – que vale promover a educação se os cubanos não podem nem mesmo utilizar a Internet? –, recusar o acesso à universidade aos filhos de oposicionistas etc. etc.

---

17 Sobre a opinião interna, utilizo os dados, poucos sem dúvida, mas sérios, obtidos pelas sondagens realizadas pelas dissidências.

Acrescente-se, ainda, que a população de Cuba vive na pobreza (embora não passe fome), com exceção de uma elite de algumas centenas de milhares de indivíduos, que têm acesso aos produtos de luxo e a condições excepcionais de moradia e de alimentação. É esse o retrato verdadeiro da Cuba castrista, hoje corroída pela corrupção e pela prostituição. Quanto à política externa, lembremos que Castro apoiou tanto a invasão russa da antiga Tchecoslováquia, como a fracassada tentativa de golpe anti-Gorbatchev, organizada pelos remanescentes da velha guarda stalinista.

Os defensores do regime impugnam a legitimidade das críticas. Bem entendido, há as de direita e as de esquerda. As de esquerda insistem, entre outras coisas, em que a revolução cubana era uma revolução democrática para 95% pelo menos dos que dela participaram. Sem a alteração do seu curso, operada pelos irmãos Castro com a colaboração de Guevara, muita coisa poderia ter sido feita, inclusive no campo da educação e da saúde, sem que se liquidassem as instituições democráticas, e sem que se instituísse um regime tirânico.

Há, por outro lado, os críticos de direita. Em que medida suas razões seriam legítimas? Por exemplo, os defensores mais conservadores do capitalismo no Brasil, teriam eles autoridade para criticar o poder castrista? Pergunta interessante para esclarecer, *a contrario*, o alcance e o significado da crítica de esquerda ao castrismo.

O que se tem na maioria dos países do mundo ocidental é um regime capitalista-democrático (alguns dirão "oligarquia liberal"). O regime é politicamente democrático, e social e economicamente capitalista. Esse capitalismo pode variar, desde a forma selvagem, em que reina uma hiperdesigualdade e uma proteção social muito insuficiente, às formas em que a desigualdade é muito menor, e a proteção mais ou menos eficiente. O caso limite no sentido positivo é o dos países nórdicos, onde o capitalismo subsiste, mas é controlado, em medida considerável, pelo Estado – menos por meio de nacionalizações do que via imposto de renda e outros dispositivos –, assegurando por aí garantias relativamente substanciais, para o conjunto da população. No caso brasileiro, temos democracia com capitalismo brutalmente desigual.

Na medida em que os críticos reivindicam a democracia, a crítica tem, de forma geral, legitimidade. Um regime totalitário e que ainda por cima não assegura boas condições de vida à população é indefensável. Mas na medida em que os críticos de direita fazem a defesa do capitalismo, ou antes, de um certo capitalismo, a legitimidade fica problemática (no caso de Bush e dos neoconservadores – promotores do *gulag* americano em Guantánamo – ela é nula). E isto não por causa de pretensas conquistas do regime cubano – houve, sim, certos avanços, porém avanços incertos e duvidosos, já que inseridos num mar de recuos – mas porque o capitalismo, na sua forma selvagem, é inimigo da democracia.

Inimigo em dois sentidos: primeiro enquanto ele se opõe à igualdade e à liberdade que a democracia institui. O capitalismo não liquida de forma absoluta nem a liberdade, nem a igualdade política, mas limita uma e outra. (Note-se que essas observações não têm nada a ver com o argumento clássico, falso, no meu entender, de que a democracia é a forma de manifestação do capitalismo e serve a este último). Em segundo lugar, o capitalismo selvagem, como em geral os regimes em que reina grande desigualdade e exploração econômica, são os melhores caldos de cultura dos projetos totalitários de direita ou de esquerda. Há uma espécie de unidade interna entre, de um lado, os regimes em que há grande exploração econômica e desigualdade, e de outro, os totalitarismos. Nesse sentido, os defensores do capitalismo "abandonado a si mesmo" têm pouca legitimidade quando condenam o totalitarismo (mesmo se a tem na medida e nos limites em que defendem a democracia): o regime que eles sustentam tem como destino ou o poder totalitário ou uma forma dura de populismo. Ver o que ocorre na América Latina. Poder-se-ia mesmo dizer o seguinte: há uma espécie de circularidade entre capitalismo selvagem e totalitarismo. Se o primeiro é o caldo de cultura do segundo, este – terminado o seu ciclo, isto é, quando chega o momento do seu colapso mais ou menos inevitável – nos reconduz ao capitalismo, e a um capitalismo selvagem ou mafioso (ver os exemplos russo e chinês).

Voltando ao caso cubano. A doença de Castro anuncia, sem dúvida, o início do fim do regime. Início do fim, o que não quer dizer que este cairá de uma hora para outra (isso pode ocorrer, mas não é o mais provável). Os regimes totalitários, de direita como de esquerda (se se pode utilizar nesses casos o termo "esquerda"), normalmente se modificam bastante com a morte do déspota. E a partir daí, pelo menos a julgar pelo destino do império "comunista" russo, entram num processo de morte lenta. É verdade que o regime chinês até aqui não desabou, mas ele se transformou numa espécie atípica de capitalismo autoritário. No caso cubano, por mais que os acólitos queiram sugerir o contrário, as imagens do déspota doente e enfraquecido apareceram, imediatamente, como imagens da doença e de uma morte possível do regime.

O déspota é o regime. A doença de Castro parece ser a garantia de que o castrismo e os seus seguidores não inaugurarão um ciclo comunista burocrático fora da Europa e da Ásia, que ocuparia o lugar abandonado pela Rússia, a China e os satélites. (É possível que o populismo "pesado" de Chávez termine em totalitarismo, porém com menos carisma, e em condições internacionais em geral mais difíceis do que teve o seu ídolo; Chávez é mais frágil do que faz supor sua autoglorificação bolivariana). Embora o processo possa ser relativamente longo, aquilo a que assistimos é aparentemente o fim do ciclo do "comunismo", entenda-se, do ciclo dos poderes despótico-burocráticos de tipo igualitarista. Com relação a Cuba, muito embora não se saiba que tipo de governo substituirá um dia o governo comunista (há, na oposição, o melhor e o pior), o fim do castrismo, mesmo na pior hipótese, é, a longo prazo, um fato auspicioso para as esquerdas democráticas (o totalitarismo de esquerda sempre foi o melhor argumento de que se valeu a direita). E para que isto seja plenamente verdade é preciso, no entanto, que a esquerda se desincompatibilize radicalmente com a mitologia em torno de Cuba; tarefa da qual a esquerda europeia já deu conta em ampla medida, mas não a do Terceiro Mundo. O fim do ciclo dos poderes despótico-burocráticos representará a liquidação de uma hipoteca incômoda, que durante um século levou água para o moinho da direita.

Quando o regime entrar em decomposição – no intervalo, pode haver uma fase "chinesa", ou outras configurações de transição difíceis de prever –, saberemos de muita coisa, a exemplo do que aconteceu no caso russo e, mais ainda, no dos antigos países satélites. Muitos episódios suspeitos e não ainda plenamente esclarecidos, provavelmente serão revelados (em primeiro lugar, o da morte de Camilo Cienfuegos, porque é mais ou menos certo que o governo castrista não disse tudo o que sabe a respeito, e há fortes suspeitas de que Camilo tinha sido liquidado pelo próprio regime)[18]. No que se refere ao Brasil, saberemos então – é provável – como funcionavam as relações entre o governo castrista e seus partidários no Brasil. Conheceremos em detalhe, talvez, quais foram as andanças e como funcionavam os circuitos financeiros, de certas equipes que frequentam tanto a corte de Castro em Cuba, como os cofres do Estado brasileiro...

Para a esquerda democrática do Brasil, a primeira coisa que se impõe desde já é neutralizar o peso hegemônico de certa extrema-esquerda burocrática, peso que explica por que um certo número de obras importantes sobre o castrismo nunca circulou no Brasil. Há uma dezena de livros de jornalistas europeus, que o público brasileiro desconhece[19], e também algumas obras fundamentais, como a extraordinária autobiografia do quarto homem cubano da Revolução, Huber Matos, que passou vinte anos, em condições terríveis, nas prisões de Castro[20].

No início do governo Lula, e por ocasião da visita do presidente à ilha, alguns tinham a esperança de que ele diria duas palavras em favor dos dissidentes cubanos. Hoje é difícil alimentar muitas ilusões, embora, durante a campanha eleitoral, Lula tenha se manifestado em prol de uma abertura em Cuba. Em compensação, no Congresso (inclusive por parte de representantes de esquerda ou de centro-esquerda: Jefferson Peres e Gabeira) e na sociedade civil, houve manifestações de repúdio quando o poder castrista fuzilou gente inocente, que tentava fugir da ilha. Essas reações representam um bom começo de tomada de consciência, e elas tiveram certa eficácia, pelo menos a julgar pela reação furiosa dos devotos.

18 Ver indicações sobre os indícios impressionantes, por exemplo, no livro de Sérgio Raffy, *Castro l'Infidèle*, Paris: Fayard, 2003.

19 Além do título citado, ver, por exemplo, Alain Ammar; Juan Vivés; Jacobo Machover, *Cuba Nostra*, Paris: Plon, 2005.

20 O livro se chama *Como Llegó la Noche*, Barcelona: Fábula Tusquets editores, 2002. Saiu recentemente uma versão francesa.

5. Ética e Universidade

EM DEFESA DO "MORALISMO"*

Esse texto se refere em parte aos acontecimentos recentes em torno de um caso de corrupção envolvendo um assessor de um ministro, mas, de um modo mais geral, ele concerne ao estatuto atual da ética e, de modo um pouco menos genérico, ao papel que a esquerda deve conceder à ética no interior da política. Há uma estranha unanimidade – não só na esquerda –, em torno da condenação do "moralismo". Digamos desde já: se moralismo significa a recusa de toda e qualquer aliança em política, a crítica do moralismo se justifica plenamente. O imobilismo total em nome da pureza política absoluta é a pior das coisas. E sabe-se que o discurso moralista vazio ou extremo pode servir como ideologia e se interverter no seu contrário. Todavia, não se trata disto. Tentarei mostrar que por trás da crítica do "moralismo" existe outra coisa: uma carga de preconceitos antiéticos que é preciso desmistificar.

---

* Abril de 2004. Por ocasião da sua publicação pela imprensa, um lapso dos redatores fez com que desaparecessem as aspas do título, o que evidentemente mudou tudo.

150   OUTRO DIA

A crítica da moral (nesse texto, uso moral e ética como sinônimos) é um *leitmotiv* do pensamento contemporâneo. Ela está em Nietzsche, em Marx, e [há uma vertente de Freud, não a melhor a meu ver, que, também poderia conduzir a ela, digo, não à crítica do "moralismo", mas à crítica da própria ética]. Assim, a crítica à ética põe no mesmo campo filosofias opostas. Entre nós, há um fenômeno semelhante. Um filósofo conhecido desenvolveu, há algum tempo, o tema de uma pretensa "zona de amoralidade" que seria inerente à política[1]. Eu poderia mostrar que, em outros registros, a tendência a pôr a ética entre parênteses aparece, também, em outros filósofos e cientistas sociais do país.

Minha posição – começo pelo problema da ética na política e, em particular o das alianças –, posição que já exprimi em outro lugar, é a de que se um partido como o PT é obrigado a fazer alianças, estas devem ter limites de dois tipos: políticos e éticos. No interior de cada um desses limites, seria preciso distinguir os casos extremos (o das personalidades ou partidos claramente reacionários ou notoriamente corruptos) para os quais as alianças são vedadas em termos mais ou menos absolutos; e os outros casos em que depende em geral das circunstâncias. Mas admitir limites éticos não seria cair no moralismo? Situo-me no interior da perspectiva de uma esquerda democrática que não visa instituir, mesmo a longo prazo, nenhuma sociedade comunista, e que também rejeita, como caminho fundamental, uma revolução violenta. Se a perspectiva fosse revolucionária e comunista, já aí – é preciso observar – a ética, e em alguma medida a luta contra a corrupção, não estariam totalmente ausentes; mas esta última, sobretudo, teria um papel subordinado. Porém, na nossa perspectiva, a luta contra a corrupção passa a ser, de algum modo, um objetivo estratégico. E, sendo assim, a transigência em relação

---

1   Contrariamente ao que esse filósofo afirma, o termo amoral (e amoralidade) designam certamente o que é contrário à ética, já que imoral passou a ser sobretudo a conotação daquilo que fere o puritanismo em matéria sexual ou de "bons costumes" (o que – fora os casos da violência, pedofilia inclusive – nada tem a ver com a ética). A tal zona de amoralidade seria inerente a toda competição, o que significa, ela habitaria a grande política, a universidade, a vida pessoal etc. No plano da política brasileira, o filósofo termina não por pedir mais exigência moral ao PT, mas por pedir menos... O PT deveria ser "menos juiz e mais empreendedor". Isto é, o PT deveria tolerar mais do que tolera (dentro e fora dele, sem dúvida), desde que "faça".

aos corruptos, enquanto meio – para realizar um fim que tem como elemento importante, precisamente, a redução radical da corrupção –, produz uma "má" contradição que leva a um impasse. O meio, que aliás tende a uma multiplicação "infinita", bloqueia a realização do fim.

A perspectiva que defendo é pós-dialética: a experiência do século XX nos obriga a pôr o que o marxismo apenas pressupunha. O que não significa fundamentar, sem mais, a política na ética. Mas "introduzir", de algum modo, a ética na política. Quanto às posições que critico, elas são pré-dialéticas.

Mas se nem todos os meios são válidos, quais são os limites para a ação? E qual a diferença entre os limites da ação no plano da política, ou da grande política, e no plano da vida dita pessoal (ou também na micropolítica)? Os limites no interior da política – refiro-me aos limites éticos da política, [pois] há limites especificamente políticos já indicados – são, em grandes linhas, jurídicos. Mas, atenção, os jurídicos não são, como se pretendeu, os de saber se Fulano foi ou não condenado pela justiça. Os políticos desonestos têm meios de escapar da justiça, sendo o mais simples deles a compra dos juízes. A *fortiori*, o limite não pode ser o de não ser descoberto… O limite ético, no interior do plano da grande política, é, em grandes linhas, o de saber se, objetivamente [independentemente de eventual sentença], houve ou não houve transgressão da lei. Já no plano da vida dita pessoal, e também no plano do microssocial, o critério jurídico, mesmo no sentido preciso em que o tomei, é insuficiente. É possível fazer coisas totalmente condenáveis, sem violar a lei. Manipular uma banca em concurso, ser desleal para com um amigo. Aqui o direito não basta, e intervém a ética. Dir-se-á, fazendo eco a uma frase clássica, que a ética é "impotente". Mas ela seria muito menos impotente – e a política não é onipotente – se todos não se apressassem em dizer que ela é impotente…

Voltando à macropolítica e ao caso particular do PT, para concluir. A experiência petista só terá êxito se o PT for, ao mesmo tempo, um partido igual aos outros, no sentido de que ele respeita plenamente as regras democráticas, e um partido diferente dos outros, no sentido de que as suas exigências políticas e éticas são de tipo original. Não há política de esquerda pensável – nem viável – sem referência a valores.

OUTRO DIA

SOBRE OS *LOBBIES* NA UNIVERSIDADE*

Esse texto é uma contribuição ao debate sobre a universidade, e não pretende representar mais do que um complemento a uma discussão que se anuncia importante. Um dos maiores obstáculos a enfrentar quando se tenta mudar as coisas no mundo universitário, obstáculo sobre o qual se falou muito pouco até aqui, são os *lobbies* que existem na universidade (refiro-me em primeiro lugar ao meu setor que é a filosofia, mas o fenômeno é mais geral). Mesmo se esses *lobbies* têm ramificações que atingem a grande política, é inútil tentar entendê-los essencialmente a partir de categorias macropolíticas, como se faz usualmente. Apesar das ligações que cada *lobby* tem com o macrouniverso, o que une os seus membros, aliás, de convicções macropolíticas diversas, não é simpatizar com tal ou qual (macro) partido, mas fazer parte do *lobby*.

A meu ver, existem duas formas principais de *lobbies* na universidade (e em particular no meio que considero). Um que mereceria o nome de populista (quase populista) ou "progressista", e um outro que eu chamaria de *lobby* do "pseudo alto nível". Os dois fazem mal à universidade. Minha impressão é de que se houve épocas em que o primeiro era mais pernicioso, nos últimos anos é, a meu ver, o segundo que representa o perigo maior. O primeiro (não abandonando, sem dúvida, as exigências teóricas, por isso falo em quase-populismo), pretende lutar pelo desenvolvimento das ideias e projetos progressistas na universidade, e frequentemente se apoia no radicalismo da massa estudantil. Porém o universo macropolítico e teórico com o qual ele se articula dá apenas a ideologia por trás da qual estão também os interesses micropolíticos do *lobby*. O *lobby* do pseudo alto nível tem igualmente relações com a macropolítica, em geral com partidos do centro (centro-esquerda, centro-direita ou as duas coisas). Mas também nesse caso isso não representa o essencial. Só que, ao contrário do que ocorre com o outro, a sua ideologia – isto é, o seu discurso de ¨cobertura¨ – não vem da política mas tem, diferentemente, uma textura *aufklärer* (iluminista): os membros desse *lobby* se

---

* Janeiro/ fevereiro de 2004.

apresentam como defensores da "excelência", do rigor científico, de interesses "desinteressados" – se posso dizer assim – do
saber.

Os dois têm certas coisas em comum. Por exemplo, ambos,
explicita ou implicitamente, gostam de ter candidatos únicos
nos concursos. Ouvi mesmo da boca de um lobista (da turma do
pseudo alto nível) a seguinte pérola: que, antes dos concursos,
o departamento – entenda-se, eles mesmos – deve decidir qual
o melhor candidato, e convidar ou pressionar os outros a desis-
tir. Observe-se o estilo autocrático, fascizante mesmo, diria, desse
tipo de intervenção. Ela é típica dos que se pretendem donos da
universidade e guardiães do seu destino. Como observei, importa
pouco, aqui, a posição no macrossocial. Quem profere enormi-
dades dessa ordem pode ser centrista, socialista-democrata, ou
o que for no plano da macropolítica. Isso não faz diferença; no
plano micropolítico, que é o decisivo no caso, não hesitaria em
dizer que ele é na realidade um autocrata de extrema-direita.
Quanto a pensar que o *lobby* defende de fato a excelência: candidatos de muito bom nível são vistos com maus olhos, simplesmente por serem estranhos ao *lobby*; conheço gente que, na
juventude, quase foi destruída, não por razões de "nível", mas
simplesmente porque tinha alergia ao grupo. Este planeja,
aliás, as suas jogadas, até a médio e longo prazo. – O outro lado,
que no combate aos pseudo excelentes acaba muitas vezes por
espelhar o estilo destes, não é muito melhor. Nos dois casos, os
objetivos legítimos da universidade são postos a serviço de obscuros interesses de poder.

O que fazer para mudar as coisas? Algumas ideias:

1. É preciso introduzir uma rotatividade efetiva dos membros das comissões julgadoras dos institutos de auxílio à pesquisa. Qualquer que sejam os resultados, é inadmissível que
uma mesma pessoa exerça durante anos e anos uma mesma
função. 2. Precisamos de uma vez por todas instituir concursos que, não só de direito, mas também de fato, se abram para
uma pluralidade de candidatos. 3. As bancas desses concursos
devem ser imparciais, isto é, devem ser bancas das quais amigos e inimigos notórios dos candidatos têm de ser excluídos
(ao contrário do que se supõe, isso não é nenhuma "utopia
ética"; o projeto é suficientemente realizável, mesmo se não,

talvez, a 100 por cento). 4. É preciso fazer com que se reconheçam como normais os elementos aleatórios num concurso. No caso, o aleatório vai junto com a democracia. Quaisquer que sejam os efeitos das circunstâncias (sorteio de pontos etc.), aceitar o seu livre jogo, que não é puramente arbitrário, é, de longe, preferível ao hegemonismo dos ícones do progresso social ou dos pretensos guardiães do nível e da produtividade (muitos deles, diga-se de passagem, pouco criativos e de nível nada excepcional), os quais se arrogam (uns e outros) o direito de decidir *a priori* quem serve e quem não serve – ou quem serve mais, quem serve menos – à universidade.

COMPLEMENTO A "SOBRE OS *LOBBIES* NA UNIVERSIDADE"

NOTA: O responsável pela coluna universitária de uma revista de extrema-esquerda me escreveu a respeito do artigo anterior, sobre os *lobbies* na universidade. Respondi enviando o texto seguinte. O jornalista me escreveu de novo, dizendo que pretendia publicá-lo, mas que tendo consultado o diretor da revista, este lhe disse que seria melhor guardá-lo para publicá-lo com maior destaque em outro número. O texto nunca foi publicado....

Você pergunta o que é *lobby* na universidade e o que representam as duas formas que considero "prejudiciais". E acrescenta [ainda no quadro da primeira pergunta, a interrogação], que Você mesmo considera "ingênua": se haveria uma forma não prejudicial. Talvez fosse o caso de engrenar desde já a segunda pergunta. Você quer que eu explicite a ideia de que é inutil entender os *lobbies* a partir de categorias macropolíticas: "o essencial [para os *lobbies* e os *lobbistas*] não é fazer parte de tal ou qual partido, mas pertencer ao *lobby*". A razões da resposta à terceira questão (se é preciso muita reflexão, e vontade política e acadêmica para assegurar rotatividade dos postos), resposta que, pelo menos no que concerne às "vontades" só pode ser positiva, ficarão implícitas no que será dito a propósito das duas primeiras.

Tentarei me explicar, embora o espaço seja muito reduzido.

Acho que a crítica da opressão, da exploração ou da violência, deve ser feita em vários planos, e não apenas no plano macrossocial ou macropolítico. Desde já, deixo claro que não subestimo esse último plano, e acho mesmo que, sob muitos aspectos, ele é o mais importante. Mas há também os outros planos. Digamos o plano microssocial ao qual se deveria acrescentar ainda o ético-individual. A propósito, o que penso a respeito é bem diferente da temática do microssocial no pós-modernismo europeu. Aqui faria a segunda observação: a de que a relação entre esses vários planos nem é de continuidade simples, nem é de ruptura absoluta. É, de certo modo, de descontinuidade. Há um fio que os liga, mas cada um deles tem uma feição própria, e por isso não podem ser deduzidos uns dos outros. Por exemplo, um indivíduo pode ser bastante razoável no plano macropolítico, e ser péssimo no plano microssocial ou em termos éticos. E vice-versa. Importam todos esses níveis. E cada um importa conforme o objeto considerado, a relação ou o problema que temos em vista. Observo que pouca gente tem consciência dessa verdade elementar. Assim, diante de barbaridades perpetradas na vida universitária, ou mesmo na vida individual, ouve-se quem diga: bom, mas Fulano é de esquerda (ou de extrema-esquerda) milita no partido x etc. etc.

A universidade pode ser objeto de um recorte microssocial. Falei de *lobbies*. Que quero dizer com isso? Os *lobbies* não seriam inevitáveis? E seriam sempre nocivos?

Ao tratar da vida universitária, mas também da vida macropolítica, opta-se frequentemente por um destes dois modelos: ou se constrói uma utopia irrealizável, e cujos efeitos, por isso mesmo, são catastróficos; ou então se admite que o mundo é assim mesmo, que é impossível mudá-lo etc. O que, de outro jeito, implica também em desastre. Digamos que frequentemente (nos meios estudantis, por exemplo) opta-se pelo modelo utópico para o macrossocial. E se adota a atitude oposta – ressalvada a intervenção macrossocial –, quando se considera o plano da universidade. Isto é, acredita-se no egoísmo fundamental e irredutível dos indivíduos na universidade, o que significa que ela só mudará se houver uma revolução no plano macro. Por isso, um discurso sobre *lobbies* parece utópico, e, como se costuma dizer, moralizante. Diria *en passant*: sejamos cautelosos com a crítica do moralismo, muito em moda entre nós; por trás dessa crítica, há frequentemente coisas muito sinistras. Não posso explicar em detalhe, aqui, a minha posição. [Ver texto a respeito acima]. Mas, resumindo, observaria o seguinte: dentro ou fora da universidade, não há vontade santa. Não há pureza absoluta. E, entretanto, estou convencido de que os indivíduos são muito diferentes do ponto de vista ético. A universidade é, entre outras coisas, um campo em que se concorre. E isso é mais ou menos inevitável, e não é um mal em si mesmo. Não é um mal, desde que a competição se faça dentro de certas regras, o que não representa um projeto utópico. Há bastante gente nela (reconheço: não creio que sejam majoritários), que é honesta,

ÉTICA E UNIVERSIDADE

competente, e que, embora concorra, como todo mundo, não impõe candidato único ou regras inadmissíveis em concurso, não eterniza compadres em certos postos etc. etc. Ora, essa gente não se constitui propriamente em *lobbies*. Tem amigos, as vezes um grupo. Mas *lobby* é outra coisa. É grupo cristalizado, com objetivos muito definidos, e que joga pesado. É claro que pode haver casos limítrofes, mas isso não elimina a distinção. Eu poderia ter utilizado um termo muito mais violento, mas evitei fazê-lo, por razões óbvias. Nesse sentido, excluo a ideia de "*lobbies* bons". Falei de *lobbies* de dois tipos (o que chamei de "*lobby* quase-populista", e o que chamei de "*lobby* do pseudo alto nível"). Não são os únicos, mas os mais comuns, pelo menos no meio que frequento. Observei que os dois têm uma "ideologia", isto é, um discurso "enganoso". Só que a ideologia de um tem um teor macropolítico (o que não quer dizer que isto seja o essencial, trata-se precisamente de ideologia). A ideologia do outro não é imediatamente macropolítica, nem política (o que não significa que ele não tenha também um fio que o liga à macropolítica). A ideologia deste tem um teor *aufklärer*, isto é, iluminista (eles lutariam pela ciência, pelo saber etc.). Mas isso é tão ideologia (microideologia) como a ideologia do grupo oposto. E, de certo modo, é mais perigosa, exatamente porque se apresenta como não macro nem micropolítica. O essencial desses grupos, para além das suas ideologias, e mesmo dos fios que os ligam à macropolítica – essas duas coisas não coincidem sempre entre elas, e as duas nunca coincidem com a essência da prática do grupo –, é lutar pelo poder do próprio grupo. Isto parece estranho, porque a tradição dominante no pensamento da esquerda exagera a necessidade de traduzir o poder em outro tipo de interesse, e exagera também o peso do macrossocial.

Acho que é preciso lutar contra esses *lobbies*, que fazem mal à universidade. Aqui, não posso dar exemplos, nem contar histórias. Mas já o fiz em parte, e o farei muito mais no futuro. Porém, como disse no início, tudo isto se refere ao microssocial. Há uma grande discussão macrossocial e macropolítica, e evidentemente ela tem efeitos sobre a universidade. Como não há muito espaço, nem vocês querem que nesse quadro eu discuta muito as questões gerais, direi apenas, retomando, num outro plano, um tema em que toquei acima. A política brasileira tende a polarizar-se entre os defensores de um radicalismo, que a meu ver só poderá levar a novos desastres, e os cultores de um cinismo que irá conduzir a esse desastre lento que é a conservação do *statu quo*. Para além do fanatismo e do antifanatismo "cínico", ficam os ideais e os projetos de uma esquerda democrática. Eles não são nem utópicos, nem moralizantes, nem "reformistas" (também não são "revolucionistas"). Usando as tuas expressões, é preciso investir neles muita reflexão e muita vontade política.

ÉTICA E UNIVERSIDADE

UNIVERSIDADE, DEMOCRACIA, SOCIEDADE JUSTA*

Senhor Diretor
Colegas membros da Congregação
Senhoras e Senhores
Amigos

Nos meus 45 de universidade, encontrei, como professor ou como aluno, três tipos de universidades ou de departamentos. O hierárquico tradicional, o populista e o democrático. Hoje tem-se um quarto modo, o da universidade voltada para o mercado e dominada pela corrida produtivista. De fato, as hierarquias fundadas na tradição e em privilégios de casta foram progressivamente substituídas pela dominação dos que produzem "mais", e recebem de volta mais dinheiro e poder. E o antigo combate contra as instituições "carcomidas", como se dizia outrora, deu lugar a uma luta contra a subordinação da universidade ao mercado.

Diante da forma antiga da dominação, como hoje diante da forma moderna, os defensores do que chamei de universidade democrática tiveram e têm de travar uma luta em duas frentes: de um lado, contra os privilégios arcaicos ou contra a oligarquia dos "produtivos", de outro contra as ilusões populistas.

Não posso comentar em detalhe a situação na universidade brasileira, porque estou ausente há muitos anos, embora venha regularmente ao Brasil; mas no que se refere à Europa pelo menos – não creio, de resto, que a situação aqui seja muito diferente – sentimo-nos entre dois fogos. De um extremo, somos ameaçados pelos que se aferram aos modelos fundados no *status* ou na produtividade, de outro pelos que pregam um igualitarismo abstrato, este também capaz de gerar formas perversas de violência e hierarquia. Os últimos manifestam o mesmo desprezo pelo pensamento que professam os que ocupam, na aparência, um campo oposto. Universidade tradicional ou "operacional" de um lado (a passagem de uma [sub] forma à outra se fez, parece, sem muita dor), universidade

---

* Discurso pronunciado por ocasião da outorga do título de professor emérito da FFLCH da USP, agosto de 1998.

populista de outro, eis a alternativa trágica em que se debate a universidade de pelo menos alguns países da Europa. Como no esquema bem conhecido da dialética transcendental – retomado mais tarde pelos críticos do sistema para mostrar o movimento infinito entre as ideologias de *ancien régime* e o discurso dos ideólogos do capitalismo –, o que cada um diz do outro é verdade, mas nenhum diz a verdade quando fala de si mesmo. Uns denunciam o espírito anti-igualitário, o ranço de casta, ou o produtivismo delirante e o privilégio da quantidade; os outros apontam o igualitarismo grosseiro, a politização brutal e sem princípios, a subrrepção de todo projeto científico em nome de interesses heterônomos. Minha atividade de professor universitário na Europa foi assombrada nesses últimos dez anos por esses dois demônios. Mas trabalhando num centro marcado por uma herança *soixante-huitarde*, foi mais o demônio populista que, junto com alguns colegas, tive de enfrentar.

A esse propósito, não poderia deixar de falar do meu departamento de origem, onde tenho a felicidade de ensinar de novo como professor visitante, durante este inverno austral. Porque, sem fazer concessões a fórmulas retóricas comuns em ocasiões como esta, não poderia deixar de dizer que, por seu estilo de trabalho, o departamento de Filosofia da Faculdade de Filosofia, Letras e Ciências Humanas de nossa universidade se aproxima muito do modelo democrático. Não quero dizer que ele não tenha falhas. Mas, em grandes linhas, o funcionamento desse departamento, cujo nível corresponde, digo sem ufanismo, ao dos melhores do Primeiro Mundo, pode exemplificar o modelo democrático. Democrático e não populista, porque o departamento soube aliar um pensamento em grandes linhas radical, a uma grande exigência de imparcialidade científica. Tem-se aí uma instituição cujos membros não hesitam em cooptar gente "de outro grupo" qualquer que seja ele (como em qualquer espaço democrático, aí coexistem grupos e tendências) quando o candidato "de lá" se revela melhor do ponto de vista científico. Não posso garantir que sempre se vote assim dentro dele, mas asseguro ter exemplos disso, o que, para quem conhece os meios universitários "de França e de Navarra" como dizem os franceses, ja é extraordinário[2]. Uma estudante, parcimoniosa no elogio, dizia que no departemento de filosofia "pelo menos [sic], os professores dão a impressão de gostar do que fazem". O elogio, modesto, é enorme para quem sabe como vão as coisas pelo mundo.

O departamento sobreviveu à ditadura militar, mesmo se amputado de alguns de seus membros. Antes disso, envolveu-se a fundo no movimento de 1968, mas, fato raro, passou incólume pelas sereias do populismo [refiro-me ao que aconteceu até 69, ano em que tive de deixar o país]. O departamento paritário de 68 que exerceu o poder, creio eu durante alguns meses, não contratou ninguém por razões outras que não a da competência profissional, e, explicitamente, fez questão de resguardar os direitos e garantir a atividade docente daqueles colegas que viam com maus olhos o movimento. Na época, alguns radicais ridicularizavam nossas sutilezas democrático-formais. Assim, no departamento paritário, era preciso o voto de dois terços dos membros para contratar um novo professor. Sábia medida democrática, que evitou a deriva populista, e provavelmente garantiu a nossa sobrevivência. Não quero dizer com isso que não tivemos ilusões nem fizemos tolices em 68, mas, de novo sem ufanismo, se compararmos o nosso processo com o do famoso movimento parisiense, sem subestimar a importância do último e do que nele houve também de positivo, não hesito em dizer que fomos mais lúcidos porque soubemos evitar certas tentações. A originalidade do nosso movimento explica em parte a superioridade da nossa instituição diante de instituições análogas, que trazem as marcas de "lutas originárias" muito mais ambíguas. Acrescento que se não nos perdemos, ou se não nos perdemos muito, creio eu, foi porque comungávamos com os nossos mestres franceses na religião dos textos e da interpretação rigorosa. A "filologia filosófica" – refiro-me à metodologia da leitura estrutural – hoje tão insultada, pela direita como pela esquerda, talvez nos tenha salvo do pior. Através da chatice dos métodos dos nossos mestres

---

2 Esse juízo é sem dúvida excessivamente otimista, e, como me foi assinalado, representa mais um projeto ou um ideal do que uma situação de fato. Mas é verdade que havia e há bastante gente de boa vontade nesse departamento, e que o nível dele continua sendo bastante bom. Obs. de 2005.

franceses, destilávamos, talvez sem querer, sob o riso dos radicais extremos, alguma coisa das melhores exigências democráticas. Bendita filologia universitária europeia, tão apolítica e insossa, sacralizada por nós, aprendizes-filósofos do Terceiro Mundo. Essa ideologia que hoje nos esforçamos em liquidar (há que matar o pai…), talvez nos tenha dado lições políticas de democracia que os *soixante-huitards* franceses e alemães, gente do Primeiro Mundo empenhada em destruir velhas estruturas, não puderam receber. Parece que nossa miopia de subdesenvolvidos, importando artigos de qualidade mas já fora de série, nos salvou de forma imprevisível de novas formas de barbárie.

Democracia na universidade é problema complicado. Porque se trata de democracia entre desiguais, a quadratura do círculo. Professores e alunos são, de direito, iguais enquanto cidadãos e seres humanos, mas supondo idênticos os demais fatores, são diferentes na ciência. Como instituir uma democracia entre esses diferentes? Aliás, não há só diferença qualitativa, há diferença de grau, de qualidade quantitativizada, embora se trate somente de graus do saber. Como lembrava, em intervenção recente, minha amiga Marilena Chauí (cuja saudação agradeço), Merleau-Ponty falava em "assimetria" a propósito da relação entre professores e alunos. [De fato], como nos rituais de passagem pensados por Lévi-Strauss, tem-se aí um processo que conduz de uma assimetria a uma simetria. Da relação professor/aluno deve resultar a relação professor/professor, pois o devir do aluno é o ser professor. Hegel dizia [aproximadamente] que os filhos são a morte dos pais. Na medida em que, na relação instituída no final do processo, não há mais alunos (aqueles alunos) e, não havendo alunos, não há mais professores (aqueles professores), eu diria à maneira de Hegel que os alunos – os bons – são a morte dos professores. A anfibolia populista consiste em mascarar a assimetria e a desigualdade, supondo a presença, já no ponto de partida, de uma pretensa igualdade. Mas como, de fato, é da desigualdade que se parte, a igualdade abstrata em que se a quer transfigurar, a eterniza. Bloqueando a passagem, esta igualdade se interverte em desigualdade.

No modelo tradicional, se reconhece a desigualdade no ponto de partida, mas em sentido absoluto, de onde paradoxalmente o mesmo resultado: os desiguais mantêm-se desiguais. Não há por que escolher entre a interversão, que se opera no argumento e na prática populistas, e a tautologia da prática conservadora. A democracia universitária só pode se exercer na base de regras formais e explícitas e através de um esquema complexo de equilíbrio que supõe a responsabilidade, noção muito caluniada em certos meios. Nos dois modelos, trabalha -se mal com a forma: em um deles, no tipo conservador ou produtivista, a forma, o formalismo, mata o conteúdo. O professor catedrático merece respeito porque é catedrático, e não pelo que escreveu ou pelas aulas que deu; na universidade produtivista, o professor x pesa, porque publicou n artigos em n+5 revistas nacionais e estrangeiras, não pela qualidade do que escreveu: aqui a forma também liquida o conteúdo, mas se trata do "formalismo" moderno do valor de troca (o professor x = 100 artigos ou o professor x vale 100 artigos). No polo populista é, pelo contrário, a ausência de forma que destrói o conteúdo. A inexistência de regras formais faz surgir de resto um formalismo *sui generis*, o formalismo – e o despotismo – da igualdade abstrata, que tudo devora. Só a democracia universitária, que assume a dissimetria inicial e a necessidade da forma, é capaz de dominar esta última e de subordiná-la ao conteúdo.

A questão da democracia universitária ultrapassa é claro o âmbito da discussão específica em torno do modo de funcionamento da universidade. De um lado – se quiserem, aquém da universidade – ela remete a questões de ordem ética; de outro – digamos, para além dela – remete a problemas de natureza política.

O que foi dito anteriormente já tem implicações éticas evidentes, mas convém explicitar. No século que termina, a ética não foi em geral bem vista nem pela direita, nem pela esquerda. Se hoje se esboça uma tendência em seu favor, ela continua carregando a fama – conforme a expressão de um clássico – de ser "a impotência posta em ação". De minha parte não vejo como fugir dos problemas éticos, e não creio que a crítica do sistema possa sobreviver muito tempo, se ela não der um lugar a preocupações de ordem ética (não tenho pronta a solução de saber qual será exatamente este lugar). Mas, em geral, e também para a universidade, é preciso recusar dois argumentos falsos que se interconectam. O primeiro é de que os indivíduos são todos iguais no egoísmo, e o segundo – consequência deste – o de que não há nada a fazer. Na realidade, se o egoísmo é, creio eu, um componente – histórico ou não – irreversível, dentro de certos limites, da individualidade moderna, há egoístas e egoístas: os indivíduos são muito diferentes no respeito do outro e na capacidade de limitar os seus próprios impulsos. No plano da universidade, o egoísmo abandonado a si mesmo é a maldição bem conhecida da competição desenfreada. Sem dúvida, esta se desenvolve mais quando o mercado fornece a ideologia à universidade. Mas a forma conservadora antiga também não era capaz de dar uma saída ao problema, antes o bloqueava com soluções burocráticas, como o faz de resto à sua maneira a universidade populista. Porém a dificuldade não concerne apenas às formas universitárias, ela passa em geral pelo indivíduo. Formar indivíduos capazes de praticar a emulação e mesmo a competição, mas conscientes de que há regras a obedecer e limites a não ultrapassar é uma tarefa educativa maior dentro e fora da universidade. Não se diga que é inútil falar desse tema. O amoralismo prático que domina muitos meios universitários é certamente reforçado pela ideologia de que o "mundo" é assim mesmo e de que os indivíduos, no mal ou para o mal, são todos iguais. Apontar e denunciar as deslealdades, recusar concessões quando se trata do respeito pelo trabalho alheio, sobretudo pelo trabalho dos que começam (a apropriação dos resultados dos assistentes parece ser um fenômeno endêmico em certos meios) é uma exigência que se impõe, por sobre a muito suspeita crítica do "moralismo".

Os problemas da universidade são impensáveis, também, se não fizermos referência ao contexto político global. Traço, aqui, apenas o quadro subjetivo do processo. O colapso do "socialismo" despótico-burocrático teve como contrapartida a mitologia de um capitalismo vitorioso. As dificuldades do Welfare State relançaram o projeto de um liberalismo em estado mais ou menos puro, que garantiria ao sistema um futuro glorioso. Assim, sob os destroços do "socialismo" burocrático, erigiu-se o chamado [neoliberalismo] que domina instituições governamentais, institutos de pesquisa e universidades. Nesse contexto os riscos de uma subordinação da universidade ao mercado são mais do que riscos.

Se é difícil entrar nos detalhes da discussão econômica – complicada para um não economista que ainda por cima não mora no Brasil –, é evidente de um ponto de vista histórico, ético e político – e o essencial talvez esteja aí – o que tem de ilusório o discurso e o projeto, digamos, neoglobalizador. Pedem-se sacrifícios às gerações presentes, em nome de um progresso que nos levaria, caso cheguemos lá, à situação de países "ricos", mas em que as desigualdades são impressionantes e a criminalidade enorme. Se em tais países a taxa de desemprego diminuiu (menos, aliás, do que se pensa), a desigualdade aumenta, o número dos subempregados permanece muito grande, a miséria não regride (pelo contrário, cresce), a população carcerária chega a níveis impressionantes. É esse o futuro que se promete ao Brasil, e em nome do qual se pede o sacrifício de uma parte da população? E há mais. Se é verdade que as alternativas não são ilimitadas – mas elas existem, sem implicar numa volta a velhos esquemas –, importa também considerar a forma pela qual é conduzida essa política. Não se deu nenhum grande passo no sentido de libertar o sistema político brasileiro das antigas práticas das alianças conservadoras. Por isso, o projeto dominante, que levará talvez a algumas reformas, não poderá desembocar em nada de muito sólido. Uma grande "virada" no estilo político se impõe, e esta, o pensamento [neoliberal], ofuscado pela *Realpolitik*, não pode oferecer.

Mas do lado da esquerda – e os problemas desta última têm muito a ver com o projeto de uma universidade democrática – as coisas não andam bem. O neoliberalismo se alimenta, de resto, dessa debilidade "estrutural". Não posso fazer aqui um balanço suficientemente completo dos problemas da esquerda; ele não estaria fora de lugar, creio eu, numa ocasião como esta, dado o peso que ela sempre teve em nossa Faculdade. Diria que a esquerda do século XX está marcada por dois estigmas que lhe advieram nos primeiros vinte e poucos anos do século. O primeiro foi o fenômeno da absorção de uma parte do movimento socialista pelas forças do sistema. Penso principalmente no que aconteceu com uma parte do socialismo alemão em 1914 (e já antes). Mas houve, a meu ver, um segundo estigma, e este veio com o projeto vanguardista de um partido único com organização quase militar, que se arvorou em representante dos explorados dando a si mesmo carta branca para a realização a qualquer preço das chamadas "tarefas históricas". Não me refiro somente ao stalinismo, regime despótico genocida que só a cegueira total de duas gerações pôde considerar como uma expressão – ou a melhor expressão! – dos ideais socialistas. Refiro-me também ao leninismo, sobre o qual ainda subsistem muitas ilusões.

Retraçar os efeitos do primeiro estigma, a absorção dos projetos de reforma pelo sistema dominante, não nos leva a fazer só a história da esquerda, mas, também, a da direita, porque se trata de um fenômeno recorrente de fortalecimento desta última pela captação de antigos ideólogos, homens políticos e instituições da esquerda. O fenômeno brasileiro da recomposição da aliança conservadora "reciclando" antigos "quadros" da esquerda remete a esse modelo. Apesar das diferenças, acho que há alguma analogia entre a debacle de uma parte do socialismo alemão, no início do século, e a "virada à direita" de alguns dos nossos (ex-)grandes ideólogos.

O segundo estigma interessa diretamente à esquerda. Apesar da decomposição parcial do sistema burocrático, ele continua presente e manifestando os seus efeitos. A crítica do stalinismo foi importante, mas curiosamente criou novos mitos. Através dela, por neomanipulação de datas e de fatos históricos, senão pela ignorância pura e simples, o leninismo foi absolvido e glorificado. Questão histórica? De nenhum modo, é o destino das forças de contestação do sistema que está em jogo. A esquerda, a brasileira em particular – com as exceções honrosas de alguns universitários e homens políticos –, foi até aqui incapaz de pensar a fundo esses problemas, e de levar a cabo não uma "autocrítica" (que, esta, para além de correções táticas, reconduz ao ponto de partida), mas uma autorreflexão que lhe permita definir com rigor seus objetivos, meios e fundamentos. Se se quiser resumir as ilusões da esquerda, ou de uma certa esquerda, diria que são três: ela continua pensando, mais ou menos, em termos de uma lógica dual; continua acreditando, em maior ou menor medida, numa teleologia da história; continua supondo que pode deixar indeterminado o conteúdo da ideia de socialismo, como se fazia em parte no século XIX.

Não há pecado maior da política de uma parte da esquerda deste século que o de ter suposto uma história dualista, segundo a qual os inimigos dos nossos inimigos só podem ser nossos amigos. Quando, hoje, ouço elogios circunstanciados aos governos "socialistas", burocráticos remanescentes, tenho a impressão de que não há nada de novo sob o sol. Quem se bate contra a globalização selvagem teria de ser simpatizante desses governos, sob pena de parecer quixotesco ou niilista, senão de fazer o jogo da direita. Assim, nos anos de 1960 e 70, os que, como eu, combatiam tanto a Guerra do Vietnã como o intervencionismo burocrático russo eram considerados, na melhor das hipóteses, personagens exóticos, e, na pior, cavalos de Troia da reação. Dir-se-á que com o fim do stalinismo, essa posição não se justifica mais. Ora, o que ocorreu de verdade é que a nossa crítica, justa, não era suficientemente ampla; não víamos, por exemplo, os horrores das práticas dos governos "socialistas" do Terceiro Mundo, na América e na Ásia (Theodoro Adorno na Alemanha, Castoriadis e Lefort na França, entre outros, tiveram o mérito de registrar bem cedo esses horrores). Não víamos que o fenômeno da burocratização era histórico, geográfico e politicamente muito mais vasto.

A segunda insuficiência da esquerda, que tem conexão com a primeira, está em supor que a história nos levará necessariamente a um resultado feliz, mesmo se por caminhos tortuosos. O culto da deusa história é um culto perigoso

Em terceiro lugar, e no mesmo contexto, joga-se com a ideia de socialismo, sem precisar o conteúdo da sociedade a construir. Fica-se no nível da crítica, como se a crítica sem alternativas precisas servisse hoje, se é que serviu alguma vez. Como resultado, tem-se um pensamento que vai até a importante denúncia dos sofismas do adversário, mas que é incapaz de formular um projeto teórico e prático coerente.

Para terminar, algumas questões micrológicas, e – peço licença – algumas considerações sobre a minha própria história.

Comparando o que é hoje o departamento de filosofia e, em geral, a filosofia no Brasil, com a situação de há quarenta anos, não há como negar o progresso. O salto é imenso. Há quarenta anos havia em nosso país muito poucos filósofos [universitários, *a fortiori* não universitários] competentes; hoje eles [os filósofos, em sentido universitário] devem ser algumas centenas. O nosso departamento se diversificou muito e – fato auspicioso – renova-se escolhendo os melhores. O famoso "departamento francês de ultramar" tornou-se um departamento diferenciado, em que, além dos "franceses", há quem tenha passado por universidades americanas, inglesas ou alemãs; e há também, fato novo, os que nunca viajaram porque se formaram aqui. A minha impressão, de ausente, é de que a consciência do nível a que chegou a filosofia no Brasil vai se impondo, mas com dificuldade, aos seus agentes. Parece haver uma oscilação entre uma atitude que superestima as conquistas – do que resulta um certo fechamento sobre a nossa própria experiência – e uma outra, em que persiste a antiga mitificação do que se faz fora.

Um problema. Há, sem dúvida, entre os nossos alunos, os que serão filósofos-filósofos, ou historiadores da filosofia. Há muitos outros, porém, cujos interesses se situam na fronteira da filosofia com ciências, artes ou literatura. Para estes, mas também para os futuros filósofos-filósofos e historiadores da filosofia, seria preciso pensar, estou convencido, numa formação bidisciplinar. Creio que ainda estamos presos demais ao modelo francês em essência unidisciplinar, modelo que não é o mais fecundo. Ao que parece, fazem-se tentativas de introduzir uma dupla graduação, prolongando de mais dois anos o período de formação. Sem subestimar os seus riscos – a dispersão dos estudos – deveríamos incentivar esforços desse tipo, que nos aproximariam, com vantagens, do modelo pluridisciplinar vigente na Alemanha. Vejo mal uma multidão de jovens brasileiros *agregés* de filosofia. (A mesma ideia está em texto recente do colega Oswaldo Porchat). Vejo-os melhor articulando filosofia com história, com sociologia, com física, com biologia, com literatura, o que pode ser tentado também sem formação especializada, mas com maiores riscos. É positivo que hoje se combinem cursos de história da filosofia de fatura clássica, com cursos de temática variada, e nem sempre de caráter estritamente filosófico, sobretudo em nível de pós-graduação.

Resta saber se o departamento, a faculdade e a universidade disporão dos recursos necessários à realização desses projetos. Hoje, até a sobrevivência da universidade em suas condições atuais está ameaçada.

Termino pedindo licença para dizer duas palavras sobre a minha própria história. Desde os meus anos de estudante, e por interesses que eram ao mesmo tempo teóricos e políticos, dispus-me a estudar a obra clássica do fundador da crítica da economia política. Ao fazê-lo, segui o meu próprio caminho, embora objetivamente fizesse parte dessa grande galaxia brasileira dos estudiosos do pensamento marxiano e pós-marxiano, que, além dos filósofos, congrega sociólogos, historiadores, cientistas políticos, economistas, críticos literários etc. Orgulho-me de ter posto a minha pedrinha na catedral que se está construindo. Durante anos trabalhei problemas de lógica dialética, e de teoria social no âmbito da dialética, do que resultaram alguns livros, publicados na França ou no Brasil. De uns vinte anos para cá meu trabalho tomou um caráter muito crítico, e, no período mais recente, ocupo-me de uma espécie de balanço histórico e teórico dos chamados "socialismos" do século xx.

Da minha vida na universidade e fora dela, algumas palavras finais. A competição universitária quase me liquidou em certa época; e se sobrevivi, foi só, talvez, graças às viagens que fiz. Tenho o hábito de dizer o que penso em matéria de ciência, de ética e de política, e costumo seguir a norma proposta por Aristóteles na *Ética a Nicômaco*, lá onde ele fala de seus dois amigos, dos quais o melhor não era Platão. Este mau hábito de privilegiar a amiga Verdade trouxe-me e traz-me ainda não poucas dificuldades; mas é tarde demais para mudar. Tenho horror dos modismos, dos tiques de grupos, dos unanimismos de direita ou de esquerda, principalmente os de esquerda, porque ela me concerne. Sinto-me solidário dos que lutam pela terra e dos que se batem na cidade em prol de uma vida decente que o capitalismo não pode dar. Mas também me solidarizo com os dissidentes que enfrentam a polícia política nos países da Ásia e da América Latina onde ainda subsiste o regime burocrático.

Terminando, agradeço, muito sinceramente, essa homenagem generosa. Minha obra não existe enquanto tal, como obra constituída; só existe em devir. Nos próximos anos, devo completar o essencial. Obrigado pela confiança. Espero não decepcioná-los.

Parte II

Entrevistas*

---

* Não incluo aqui a totalidade das entrevistas que dei a jornais e revistas. Também ficou de fora a entrevista concedida a Marcos Nobre e José Márcio Rego, no dia 25 de setembro de 1999, incluída no livro de Nobre e Rego (org.), *Conversas com Filósofos Brasileiros*, São Paulo: Ed. 34, 2000.

DIALÉTICA, INDIVÍDUO, TEORIA CRÍTICA*

O seu trabalho [Marx – Lógica e Política, *v. 1*] *propõe uma crítica do marxismo, mas ao mesmo tempo contém vários textos escritos do ponto de vista marxista clássico. Qual, enfim, a sua posição?*

Como indico na introdução, o livro é o primeiro de uma série que se propõe tanto uma análise interna, e feita do ponto de vista clássico, dos problemas filosóficos do marxismo, como a crítica deste. A razão desta dupla perspectiva não está apenas no fato de que alguns dos ensaios foram escritos em meados dos anos de 1970. Houve, sem dúvida, mudança, embora não essencialmente em relação à dialética. Como explico, a dualidade é imposta pela própria situação. Por um lado, a análise clássica marxista, mesmo a mais rigorosa, é hoje insuficiente. Por outro, pelo menos no nível filosófico, há muitos problemas que mesmo do – ou no interior do – ponto de vista clássico, não podemos considerar como resolvidos. Ora, é muito difícil fazer a crítica,

---

* Publicada na *Folha de S. Paulo*, em abril de 1983, sob o título "Os Limites do Marxismo". Os subtítulos, que achei útil conservar, são da Redação.

que é sem dúvida, urgente, sem ao mesmo tempo resolver as dificuldades no interior do universo clássico. É preciso mostrar os verdadeiros limites desse universo (que distam enormemente dos do marxismo vulgar) – e limite quer dizer até onde ele vai e até onde ele não vai – sem o que a crítica corre o risco de ser regressiva, de ficar aquém do objeto criticado.

É por isso que tento explicar a dialética de Marx através da análise de algumas das melhores críticas que o entendimento (isto é a "razão" não dialética) fez a ele. A crítica dessas críticas não visa salvar o marxismo, mas tornar possível uma verdadeira superação dele: evitar que se abandonem grandes textos sem crítica pertinente. Por isso, ela não deve ser pensada senão como um dos momentos de um trabalho que tem duas vertentes. Essa postura contraditória não deixa de ter inconvenientes e já imagino os mal-entendidos, mas é a única possível. Sem dúvida, a necessidade de voltar às análises clássicas é na França – e isto pode parecer surpreendente – uma necessidade maior: apesar de tudo o que se escreveu sobre o assunto, poder-se-ia dizer parafraseando Adorno (a propósito de Freud e da Alemanha) que hoje na França se está saindo de um espaço teórico (a dialética) em que nunca se entrou. No Brasil, embora se trate só de uns poucos livros – refiro-me à problemática filosófica – foi-se de qualquer modo mais longe. Mas, como indiquei em outro lugar, não creio que se tenha explorado suficientemente a dialética de Marx, sobretudo naquilo que ela tem de mais crítico.

Dar Outros Nomes aos Bois

Isso posto, hesitei muito se punha ou não punha aspas em "contraditório", quando escrevi na introdução que, com exceção do primeiro apêndice, o conjunto dos textos pode ser considerado como um corpus teórico único, embora "contraditório". As aspas se justificam, porque os movimentos dialéticos que reconstituo continuam valendo como discurso crítico, embora seja necessário, mesmo no plano filosófico, sobrepor-lhes, digamos, uma outra camada. Mas as aspas não valem, se se tomar os ensaios como respostas últimas, e, em particular, caso se queira considerar certos desenvolvimentos, sem dúvida limitados e "anotados", em que a política aparece mais. Para tomar um exemplo, a coletivização forçada dos anos de 1930 na URSS não foi somente, ou propriamente, "violência abstrata". Violência abstrata quer dizer, no texto, violência que só visa à violência, e não visa ao seu contrário – e é nessa linha que o texto, com razão, a critica. Mas hoje sabemos que a coletivização dos anos 30 foi a rigor um genocídio. Aqui é preciso dar outros nomes aos bois.

Este é o seu primeiro livro, já que até aqui o senhor só publicou artigos. Por que começou a publicar livros tão tarde?

Houve algumas razões de ordem pessoal (maturação lenta, que se insere ela mesma em certas condições; dificuldades de saúde; mais tarde, nos primeiros anos na França, a necessidade de dar muitas aulas para sobreviver), mas houve também razões propriamente objetivas. Quaisquer que tenham sido as dificuldades pessoais, tudo teria sido muito mais fácil, não fossse – devo tocar nesse ponto muito delicado, mas muito importante – a atmostera "difícil" de certos meios universitários. Refiro-me à mentalidade brutalmente competitiva que reinava ou reina em certas áreas. Ao mesmo tempo em que me exigiam uma tese, criavam as condições para que ela não fosse escrita. Desde fins dos anos de 1950, participei ativamente, de uma forma direta ou indireta, de aigumas das mais importantes discussões que se fizeram no Brasil em torno do marxismo. Depois fiz quatro publicações em revistas europeias, textos bem conhecidos por aqueles que se ocupam desses problemas, não só na França como também no Brasil. Publiquei artigos no Brasil. Pelo menos um deles, um longo ensaio incluído no livro, não é, na opinião dos meus amigos, um texto sem importância. Ora, apesar de reconhecimentos de dívidas em conversas pessoais, e mesmo da promessa do registro delas por escrito, fez-se um silêncio quase absoluto sobre o que [eu] fazia e faço. Hoje isto não tem nenhuma importância: é até melhor. Mas na época, e nos anos de 1960 e 70, isso era vital. Creio que só não fui esmagado, por um lado, porque saí do Brasil, por outro, porque fui ajudado por alguns amigos, brasileiros e franceses.

Mas nem todos têm essa chance. Também por isso quero insistir nesses problemas. Assim como o Marx jovem dizia, numa carta, que se poderia partir da crítica do Estado, ou da sociedade civil, ou da filosofia etc., hoje se pode dizer que, sem esquecer o Estado e a sociedade civil, pode-se partir da crítica de qualquer um dos microuniversos sociais. A universidade, que conheço melhor, entra aqui como um desses universos e, de certo modo, como paradigma deles. Acho que é urgente pensar criticamente a vida universitária. Para usar um conceito já utilizado [não me refiro a Bourdieu], seria preciso fazer a crítica dos "costumes" universitários, pensar criticamente o "homo universitarius". É como se hoje os universitários, e os intelectuais em geral, pensassem tudo, menos eles próprios (digo pensar criticamente, não apenas fazer esta ou aquela pesquisa). Há hoje uma espécie de acordo tático para não tocar em tais problemas: fala-se, mas quem fala paga.

Ressentimento, Neurose e Desenvolvimento

Há uma espécie de convergência das tendências dominantes para reprimir e desqualificar qualquer expressão crítica. Os marxistas (refiro-me a um certo marxismo, como em seguida a um certo freudismo etc.) dirão que essas questões são pessoais e não têm importância; importa a luta de classes, ou, pior ainda, acusarão aquele que se queixa da concorrência selvagem de defender a propriedade privada de ideias. Os nietzschianos, por sua vez, têm uma palavra mágica: ressentimento! Os freudianos, e psicologistas em geral, dirão que é preciso saber esquecer, ou então pagar um psicanalista: neurose ou loucura! Os professores de filosofia em geral não se interessam por questões que não entram nos textos (eles não gostam de "má polêmica"), e quanto às ideias, como se sabe, o essencial é o "desenvolvimento" [que se dá a elas]. Não posso discutir em detalhe todos esses pontos que compõem algo, assim como uma ideologia, que sustenta certas violências na universidade.

Muito brevemente: não se trata de defesa da "propriedade privada" de ideias, mas, bem examinadas as coisas, do contrário disto. Quanto à neurose e à loucura, é interessante observar como leitores dos textos mais sofisticados pensam neurose ou loucura da forma mais banal e psicologista quando se trata de examinar o seu [próprio] meio. E, mesmo nos casos em que se trata efetivamente de neurose etc., seria interessante examinar em que medida um meio hiper-repressivo contribuiu para que certas vítimas se tornassem algozes. Quanto à chantagem [em torno] do "desenvolvimento" [das ideias] todo mundo sabe que o desenvolvimento é essencial. Mas quem já trabalhou seriamente um tema, pelo menos uma vez na vida, sabe o que valem conceitos, ideias, esboços, quando originais e criativos. De resto, certa produção universitária – não me refiro a toda [ela], nem mesmo à maior parte dela – é desenvolvimento de ideias, só que... sem ideias; ou desenvolvimento (discutível) de ideias que outros pensaram (o que é válido), mas sem dizer de onde vêm (o que não é válido). O tema do ressentimento mereceria um capítulo à parte. A crítica nietzscheana do ressentimento, ela própria, sob certo aspecto, repressiva, deve ter feito tanto estrago no caráter individual do intelectual e do universitário, como o pior "marxismo" burocrático no seu caráter político. Nos anos de 1960, eu ouvia: "o importante é não ser ressentido". E não: "ser leal, justo etc." Mas como já afirmava aproximadamente Horkheimer, num livro escrito no final dos anos de 1920, o proletário – entenda-se, aquele que, em geral, sofre violência – tem de ser ressentido. Se a crítica do ressentimento serviu para dar consciência tranquila aos que fazem violência, ela serviu de um modo correlato para dar consciência pesada aos que a sofrem. Sofre-se violência e é preciso ficar calado: quem fala é ressentido. Claro que pode haver mau ressentimento, mas a regra geral não é essa, num mundo de violência. E na forma nietzscheana clássica (claro que há também outras coisas em Nietzsche), forma que os intelectuais adotam no plano da vida individual com a mesma facilidade com que admitiam ou admitem que a história vai em certa direção, ou que existe este ou aquele paraíso socialista (e se o paralelo parece estranho é porque só os mitos marxistas caíram), a crítica a-crítica ao ressentimento é propriamente catastrófica.

Acho que foram os gregos – disse um colega: eles chamaram de vergonha o sentimento que os obriga a fazer ou não fazer alguma coisa, mesmo quando estamos certos de que não somos vistos ou ouvidos. Se a definição é boa, seríamos obrigados a dizer que o que falta em certos meios é vergonha. A coisa mais difícil de controlar é o respeito pela contribuição intelectual de cada um. Mas a dificuldade não é motivo para supor que o problema seja inexistente, como supõem alguns, ou que ele seja insolúvel. E quando, em nome da recusa do "moralismo" – na realidade em nome de uma sinistra real-moral (não uma moral realista, mas uma moral de violência) – perde-se o respeito por certas regras elementares, o trabalho se torna impossível. Os que têm mais escrúpulos, se tiverem também bastante imaginação teórica, terão todas as desvantagens; inclusive aparecerão como menos generosos.

A Importância da Crítica do Indivíduo

De resto, curiosa ilusão a de que há uma correlação positiva entre qualidade científica e falta de generosidade. Alguns pensam assim. De onde vem isso? Da economia clássica? Do fato, muitas vezes lembrado pelos pensadores de Frankfurt, de que a ciência moderna – a biologia – se desenvolveu através da tortura do animal? Se as relações entre nível científico e generosidade são de fato complexas, é preciso entretanto observar: hoje é difícil ser realmente um pensador – não digo um cientista especializado –, sem uma grande dose de generosidade (Poderíamos também inverter os valores da expressão: aquele que não vai muito longe como pensador precisa não ser generoso.). Se no tempo de Ricardo, o "cinismo" político era condição de boa ciência, já não era assim no tempo de Marx. Mas hoje não basta – digo, também para a teoria – a generosidade política. A generosidade se define como: respeito diante das fragilidades.

Mas em que sentido o senhor acha que esse problema tem relação com os problemas gerais do pensamento contemporâneo, como os do marxismo e os do pós-marxismo em particular?

Começo pelo marxismo e pelo pós-marxismo, retomando as considerações iniciais sobre o meu livro. Nele tentei, por um lado, retomar a dialética clássica marxista, naquilo em que, a meu ver, ela tem de mais importante – ponto que, não por acaso, faltava estudar: o tema da interversão, da passagem de uma determinação no seu contrário, [em particular] tal como se encontra no início da seção 7 do livro primeiro de *O Capital*; [é a passagem que] trata da reprodução [do capital]. Se me interesso tanto por esse aspecto, que do ponto de vista lógico é de uma riqueza extraordinária, é também, como explico um pouco num artigo publicado na *Discurso* n. 13, porque esse movimento de interversão recoloca, de certo modo, o nível da experiência vivida. Por outro lado – e as duas coisas convergem –, o interesse da interversão está em que ela representa um movimento crítico que pode ser "exportado" para terrenos diferentes daqueles em que se exerce em geral a crítica em *O Capital*. Digo que as duas coisas convergem porque a dialética posterior a Marx, dialética que não se ocupa apenas da sociedade civil e do Estado, tem na interversão um dos seus movimentos principais.

Penso em Adorno e em Horkheimer (por exemplo, os ensaios de Adorno, e a *Dialética do Iluminismo*, escrita com Horkheimer) e também em Marcuse: a dessublimação repressiva é, por exemplo, interversão da liberação em seu contrário. Ora, tudo isso é de uma importância maior, porque a crítica do marxismo não pode se limitar, digamos, ao campo que foi o da dialética clássica. Explico: não basta mostrar a "negação" do valor no capitalismo contemporâneo ou as mudanças no papel do Estado (coisa muito importante, sem dúvida, e que cada um de nós, filósofo, sociólogo ou economista, vai tentanto fazer com a linguagem que lhe é própria e os recursos de que dispõe), nem basta criticar os "socialismos" reais, coisa também fundamental, sobretudo na América Latina, onde subsistem não poucas ilusões. Mas é preciso ir mais longe. Hoje não se pode mais – se é que alguma vez se pôde – colocar entre parênteses a crítica do indivíduo, o que, *grosso modo*, acontecia no pensamento dialético-clássico de Hegel e de Marx. E ela se revela fundamental, em parte porque as respostas clássicas aparecem progressivamente como insuficientes mesmo para os objetos clássicos (ou a delimitação clássica do objeto é insuficiente), mas também porque há novos objetos.

Psicológico ou Ontológico

Se o capitalismo contemporâneo reforça a determinação do indivíduo, já que os macroprocessos atingem provavelmente níveis mais profundos do que na situação clássica, por isso mesmo o tema da crítica do indivíduo ganha uma importância maior: as sociedades capitalistas (enquanto macroprocessos) não dependem, mais do que antes, dos indivíduos, mas *passam mais por eles* [se podemos dizer assim]. Isto basta para que a crítica do indivíduo ganhe peso.

Por motivos diferentes, as sociedades burocráticas nos obrigam a repensar o indivíduo. Lá não é a liberação repressiva, mas a repressão e a violência que colocam o problema. Mas mesmo fazendo abstração dessas mudanças, é evidente que é impossível limitar-se à crítica do Estado e da sociedade civil. Para dizer a coisa em duas palavras. O problema se coloca mais ou menos da seguinte maneira (e é aqui que retomo os temas da pergunta anterior). Um indivíduo, teórico ou homem de ação, se apresenta como antiautoritário, inimigo da competição capitalista etc., mas no plano microssocial (universidade, ou trabalho em geral, família, círculo de amigos etc.) se mostra como o contrário do que *parece* afirmar ou ser (porque, aprofundando as coisas, o seu pensamento ou ação política revela também [muitas vezes] o que de início esta[va] oculto). Uma tal distância era considerada como um problema menor do ponto de vista clássico que era o nosso (digo, o de quase todos nós no Brasil, la pelo começo dos anos de 1960 e mesmo depois); coisa de traço psicológico e não mais. Ora, raciocinar assim é, pode-se dizer, estar atrasado mais de cem anos em filosofia. Porque é daí (ou de ainda mais longe caso se considere o que foi publicado, não o que foi reconhecido) que data a re-descoberta de que esse psicológico é na realidade muito mais do que isto – se se quiser, é ontológico.

A crítica das macroviolência é de fato muito pouca coisa, sem a crítica das microviolências. E assim como se pôde falar em hipocrisia moral (propor uma moral que oculta uma política que é o seu contrário), hoje se pode falar em hipocrisia política (propõe-se uma política ocultando uma "moral" que é o seu contrário). Com efeito, que sentido tem fazer a crítica da fetichização das relações no plano macrossocial, se ao mesmo tempo – e o que digo pode ser mostrado rigorosamente – se fetichizam no plano microssocial essas mesmas relações? Porque é esta a significação do modelo dominante em certos meios. E ele não denota apenas o que se costuma chamar de mediocridade moral, mas indica, também, limitação intelectual. Critica-se o autoritarismo, a competição etc., enquanto se trata do Estado ou da sociedade civil, mas se admite sem crítica – ingenuamente, caso se pudesse dizer – como um dado natural! – não apenas que há e sempre haverá certa emulação entre os indivíduos (o que, apesar das aparências, é outra coisa: uma certa emulação ou mesmo competição e a forma da competição atual são coisas diferentes, e, no limite, opostas), mas que é preciso competir, e competir sem maiores "escrúpulos de consciência", em nome da eficácia (argumento positivo) e da crítica do moralismo (argumento negativo).

A Teoria Crítica e Schopenhauer

Voltarei em outro lugar sobre o mito de que o modelo supercompetitivo é eficaz: ele é tão ruim e improdutivo – também poderia mostrar – quanto o seu oposto abstrato, a moleza, o "vai levando". A eficácia do modelo competitivo é ideologia que serve para ocultar certos interesses de poder, quando não oculta simplesmente certas satisfações que devemos chamar de perversas. Com isto não pretendo fazer o elogio de um retorno romântico ou existencial ao vivido, nem de uma simples volta à "moral". Importa recomeçar a crítica do indivíduo, sem abandonar a herança do racionalismo dialético clássico (Hegel e Marx). Talvez pudéssemos mesmo dizer, embora simplificando um pouco, que, na medida em que há aqui "emigração de motivos críticos" é muito mais do marxismo e do hegelianismo que se toma distância, do que da dialética. Nesse sentido, são os pensadores de Frankfurt que apontam para a melhor direção. Adorno deve talvez tanto à herança clássica como à de seus críticos. O problema é que, quando se fala em crítica da dialética clássica, se pensa em Feuerbach, em Kierkegaard ou em Nietzsche. O pensamento de Adorno pode provavelmente ser considerado como a unidade da tradição dialética clássica e de vários críticos do hegelianismo, incluindo Schopenhauer[1].

Como escreve [Horkheimer], [o pensamento de] Schopenhauer – se me permito falar de um pensador que comecei a ler tão tarde – é hoje um daqueles de que a época mais precisa. Nele encontramos um pessimismo (para usar um termo muito ambíguo) em relação ao indivíduo, a partir da evidência que ele herda do século XVIII, de que o egoísmo e a luta de todos contra todos é a relação dominante. Mas ao mesmo tempo – e aí reside provavelmente a sua superioridade em relação à tese clássica do "homem lobo para o homem" –, há a afirmação da necessidade de uma crítica não "política" (ele a apresenta como moral), cuja possibilidade é indicada pela presença de uma minoria de justos no meio da turba dos injustos. Isto pode parecer banal, mas não é. O pensamento dominante – refiro-me sempre ao domínio nos microuniversos sociais dos intelectuais – é, pelo contrário, radicalmente cínico (luta de todos contra todos) ou, então, ingenua ou hipocritamente (há as duas coisas) humanista ("são todos gente excelente, talvez com este ou aquele defeito de humor ou de caráter").

A tese de Schopenhauer – que ele deve a Kant, mas com a vantagem de se desembaraçar dos tribunais da moral etc., como ele diz e, simplificando, do rigorismo kantiano – evita assim, convergindo com a tradição dialética, seja pensar o meio como "história" (isto é, como um mundo humano: todos são sujeitos), seja pensá-lo, pura e simplesmente como "pré-história" (isto é, como um mundo pura e simplesmente desumano: todos são lobos à procura de uma presa). Mas, se em certos meios universitários, se costuma distinguir com minúcia, às vezes de forma ilusória, as diferenças intelectuais entre os indivíduos, há uma cegueira quase absoluta em relação ao que vale individualmente cada um. Perdeu-se inteiramente – e os filósofos mais do que quaisquer outros – o olho filosófico que distingue, coisa nem sempre fácil, mas possível, por trás de comportamentos aparentemente idênticos

---

1 [Corrigi a formulação original que dava, sem dúvida, um peso excessivo a Schopenhauer na formação do pensamento de Adorno. Foi Horkheimer quem sofreu a maior influência de Schopenhauer.]

ENTREVISTAS 183

(todos buscam o seu "interesse"), diferenças fundamentais de valor individual.

Preferiria não falar de "moral", porque o termo tem ressonâncias pré-hegelianas, e a crítica hegeliana da moral serve, é evidente, dentro de certos limites: mas hoje os que acreditam na moral valem certamente muito mais do que os que não acreditam nela.

Para resumir, diria, valendo-me, não de uma tese, mas de uma expressão de Platão, que o mais importante é ter "alma democrática". E isso é verdade inclusive, é claro, no plano propriamente político. As coisas evoluíram de tal maneira, já disse, que é impensável se orientar politicamente sem fazer a crítica do indivíduo. Isto vale também, e talvez, sobretudo, num país em que a maioria sobrevive dificilmente ou não sobrevive: silenciar sobre as microviolências em nome da urgência de uma solução para as macro não se justifica – por um lado, umas não excluem as outras, por outro, o silêncio em relação às primeiras não ajuda a derrubar, pelo contrário, reforça as últimas. Com isto também não pretendo fazer o elogio de um purismo político qualquer, que é justamente a-crítico e frequentemente tem um impulso autoritário.

O realismo político é mais do que nunca necessário (diga-se de passagem, a propósito do purismo, que a leitura gauchista que se faz de Walter Benjamin, em parte talvez por causa do próprio Benjamin, apesar do tamanho da sua obra, é um equívoco): mas realismo político e ampliação do âmbito da crítica não são em absoluto excludentes. Só assim teremos alguma chance – difícil mostrar em detalhe por quê – de escapar da alternativa capitalismo ou "socialismo" burocrático. Diria, para terminar esse ponto, o que de certo modo já está implícito, que se a esquerda tem muito a repensar, não creio que os liberais tenham muitas lições a dar. Sem dúvida, eles denunciaram o "socialismo" autoritário, mas ao mesmo tempo fizeram e fazem concessões à sociedade que aí está. Isto é muito insatisfatório. Se 2.500 anos de filosofia [ocidental] terminam com acenos aos poderes vigentes, é realmente o parto da montanha. De resto, não é porque certas contraviolências se revelaram violências, que violência e contraviolência se equivalem (tese que é tendencial no pensamento liberal).

Divergências com Castoriadis

Entre os seus ensaios há uma crítica a Castoriadis. Como o senhor se situa em relação a Castoriadis?

Tenho medo de que se interprete esse texto de uma forma que não é hoje a minha, e que no essencial já não era, quando o escrevi há uns cinco anos. A convergência com o pensamento político de Castoriadis, que teve o grande mérito de dizer, desde antes dos anos de 1950, o que se diz hoje, é muito grande. Só que, teoricamente, digamos, ele vai muito rápido. A sua crítica da dialética clássica, da de Marx em particular, como em geral o que se poderia chamar a sua filosofia, não satisfaz.

O meu texto "Abstração Real e Contradição", em *Marx: Lógica e Política*, v. 1, procura mostrar como, embora Castoriadis vá mais longe do que a maior parte dos marxistas, no sentido de revelar as contradições [de tipo rigorosamente dialético] de *O Capital* (o que os marxistas não fazem), ele não vai o suficientemente longe, de maneira a pôr a contradição como a irracionalidade de um discurso que descreve uma realidade [ela mesma] irracional – portanto, como um discurso que, pelo caminho da desrazão, "salva" a racionalidade. Isso parece ser a repetição de uma banalidade antiga… Mas caso a gente se ponha a estudar seriamente *O Capital*, descobrirá que, por trás da linguagem de papagaio dos velhos manuais de marxismo, há às vezes, apesar deles sem dúvida, certas verdades, que só um longo trabalho de análise dos textos e de reflexão pode revelar.

Por outro lado, Castoriadis tem uma visão do social que acentua de uma forma unilateral a luta ou, em geral, a ação, em detrimento da inércia. Aliás, a propósito disso, peço licença para lembrar a discussão que tivemos (éramos seis professores da USP) com Castoriadis, na *Folha*, em setembro do ano passado [1982]. O *copydesk* devorou uma boa parte dela. Disse a Castoriadis que ele pensa o social só como luta, ou como ação, convergindo nisso com um certo marxismo gramsciano. Que pelo contrário, a primeira coisa a ter presente é que o social é antes de mais nada inércia. E que, nesse sentido, a fórmula do *Manifesto Comunista*, segundo a qual

ENTREVISTAS

a história foi até aqui a história da luta de classes está errada. E não só porque "classes" é, nesse contexto, um termo muito estreito, isso é o menos grave, mas porque, sendo a história também luta, ela é antes disto inércia: resultado que é do próprio Marx (o Marx de *O Capital*). Não posso retomar aqui o desenvolvimento que dei à objeção, nem a resposta de Castoriadis, que foi interessante[2]. Fora o que sugere a referência acima à exigência de realismo em política, também não dá para pensar a relação entre esse tema e as questões anteriores. Fica o problema.

O seu livro é o primeiro de uma série. Como se articula o conjunto?

Como explico no início, o projeto global se articula em torno de quatro eixos: marxismo e humanismo; marxismo e historicismo; lógica da crítica da economia política e história e pré-história do marxismo. Tudo isso atravessado por duas perspectivas: a da análise interna e a da crítica do marxismo. Esse primeiro livro trata do marxismo e humanismo e desenvolve, de uma forma polêmica, problemas da lógica da crítica da economia política. Para os outros, tenho materiais bastante vastos, em parte textos já elaborados, escritos nos anos de 1970 e 80, em conexão com os meus cursos na Universidade de Paris e na Universidade de São Paulo[3]. Mas preciso ainda retrabalhá-los, o lado crítico principalmente.

---

2 [Infelizmente, não me lembro mais do teor dessa resposta, e acho que ela faz parte do material omitido no *copydesk*.]

3 [Trata-se de parte dos textos (ou dos materiais para os textos) que comporiam o v. 2 de *Marx: Lógica e Política*, sobre Estado, classe, história etc. E também de pelo menos um texto que seria retomado no v. 3.]

FILOSOFIA FRANCESA, ESQUERDAS NO BRASIL E NA EUROPA, UNIVERSIDADE BRASILEIRA*

Por que motivo você decidiu ficar na França?

Em parte por causa das vantagens que o Primeiro Mundo oferece: melhores bibliotecas, jornais mais completos, inflação muito pequena, pouca violência urbana, poluição reduzida, vida cultural mais rica. Mas houve também um outro motivo. Quando a volta ao Brasil se tornou possível, lá pelo final da década de 1970 (eu saíra no início de 1969, alguns meses depois do ato institucional de dezembro do ano anterior), não tive vontade voltar à USP [...]. Se a grande maioria dos colegas do Departamento de Filosofia eram meus amigos, e se em geral a atmosfera do departamento era boa, havia [entretanto] bolsões de violência e de [competição] sem regras. Também por isso é que resolvi não voltar.

Você poderia comparar um pouco a atividade filosófica na França com a atividade filosófica no Brasil?

O nível atual da filosofia universitária no Brasil – refiro-me às melhores Faculdades – não é nada inferior ao das universidades francesas. A diferença é hoje, de certo modo, quantitativa: há sem dúvida muito mais gente qualificada na França do que no Brasil. Mas a melhor filosofia universitária brasileira não é inferior à francesa. Um departamento de filosofia como o da USP não é [apenas], como se dizia, do nível de um departamento francês médio. Ele é do nível de um bom departamento francês. Claro que a comparação é um pouco complicada, porque na França, além das universidades, há também as Grandes Escolas (para a filosofia, as Escolas Normais Superiores). Nestas, porque há um muito difícil concurso de ingresso, o nível dos *alunos* é certamente superior. É curioso como nos meios universitários franceses, não há muita gente que tenha consciência dessa situação [a da filosofia no Brasil]. Há alguns anos, é verdade,

---

* Concedida a Luiz Felipe Pondé. Publicada em *O Estado S. Paulo*, em março de 1995, sob o título "Ruy Fausto Manifesta seu Pensar Inatual". O texto correspondente é datado de 9 de fevereiro do mesmo ano.

me perguntaram se no Brasil "havia outros que nem eu". Isto é, queriam saber se havia outros selvagens [relativamente cultivados]. De lá para cá, no retorno da caravela, desembarcou muito selvagem versado em Rousseau, na *Ética* de Espinosa ou na *Doutrina da Ciência* de Fichte. Mas acho que eles ainda não perceberam que, se não é a tribo inteira que se […] cultivou, não se trata mais de *espécimens* isolados.

O que você acha da filosofia francesa?

Vou considerar só alguns casos, mesmo porque só conheço uma parte da filosofia francesa contemporânea. O que vou dizer não vale como apreciação global. Mas compare-se, por exemplo, Foucault e Adorno. Resumo muito, mas talvez aí esteja o essencial. Foucault é um crítico da Aufklärung (Iluminismo), Adorno é tanto um crítico da Aufklärung como da anti-Aufklärung, ele critica ao mesmo tempo o Iluminismo e os seus adversários, as filosofias do progresso e as do antiprogresso. A diferença pode parecer pequena, mas ela separa uma filosofia dialética de uma filosofia não dialética. A primeira "suprime" os dois extremos e não um só. E essa unilateralidade de Foucault ajuda a explicar, sem dúvida, algumas das suas tomadas de posição desastradas (elogio dos aiatolás). Na mesma linha de raciocínio: tanto em Foucault como em Adorno encontra-se uma crítica dos micropoderes (para o último, ver a *Mínima Moralia*). A diferença é que, em Adorno, a crítica microssocial vem articulada com uma crítica muito lúcida do macrossocial, o que não se pode dizer de Foucault. Neste o microssocial devora de certo modo o macrossocial. De um modo geral, acho que o nietzschianismo (a menos que se trate de uma leitura de Nietzsche) – sem falar no heideggerianismo – de boa parte da moderna filosofia francesa leva a toda sorte de impasses. Trabalho num departamento (o Departamento de Filosofia da Universidade de Paris 8, de meados dos anos de 1990) muito marcado pela influência dos *désirants* (Deleuze, Lyotard), mais do que isto, fundado por eles. Não sei se é um bom método, mas gosto de refletir sobre a filosofia dos *désirants* a partir do investimento que fizeram na universidade. Não se trata de pôr em dúvida as qualidades deles como filósofos, e menos ainda, as suas qualidades humanas.

Pelo contrário, esses dois fatores limitaram muito os estragos. Além do que, nem tudo foi negativo (e no final eles tentaram retificar o tiro). Mas é incontestável o efeito perverso que teve sobre a universidade a ideia do caráter intrinsecamente negativo de toda instituição e de todo poder; [a] crítica da ideia de responsabilidade como conceito intrinsecamente repressivo; a dissolução de todo critério de verdade – pois foi sob essa forma que a filosofia dos *désirants* tomou corpo na universidade. Quando se critica todo poder (e não todo poder ilegítimo), é evidente que não se critica nenhum. Quando se critica em todas as situações a meritocracia, mesmo se a motivação primeira é o horror à *cracia* (poder), acaba ficando a *cracia* e caindo o mérito. O discurso da irresponsabilidade teve os efeitos que se poderia imaginar. Quanto à versão pós-moderna do ceticismo, apesar dos esforços em contrário dos filósofos, ela abriu muitas vezes a porta à ignorância e à incompetência. O que há de curioso no fenômeno e tem de ser estudado, é como gente tão marcada por Nietzsche foi parar no seu oposto: o igualitarismo abstrato. No Brasil, diga-se de passagem, escapamos em 68 dessa dissolução desastrosa da ideia de competência. Essa interversão deve estar no próprio Nietzsche. A crítica nietzschiana da democracia, que é um "momento" importante (ver o seu lugar no pensamento de Frankfurt), se reverte no seu contrário se ela for acolhida sem crítica.

Passando para um outro assunto. Como você vê o cenário político brasileiro?

Tento acompanhar a política brasileira. Recebo regularmente uma sinopse dos jornais brasileiros, mas não tenho recebido textos de análise. Estive no Brasil entre julho e setembro do ano passado [1994], e estarei por lá de novo em agosto deste ano. É pouco. Em todo caso, arrisco algumas considerações. Como deve ser o caso de muita gente, minhas impressões são meio contraditórias. De um lado, é evidente que houve avanço. A derrocada de Collor desencadeou um processo muito importante, ainda em curso, que levou ao governo, embora apoiado pela direita, um intelectual-político de outro quilate. Se se considerar o que existe por aí afora, o eleitorado brasileiro não pode se queixar da alternativa que se lhe ofereceu. Lula ou Cardoso é muito melhor do que... Isso posto, há problemas. No PSDB há muita gente honesta, competente e que quer fazer o possível para mudar as coisas. Ao mesmo tempo [...] tenho a impressão de que há um lado desagradável nesse partido e em gente que apoiou Cardoso. Dir-se-á que são impressões de ordem pessoal, mas acho que elas são um pouco mais universais do que parecem. Há em muita gente do PSDB, ou que apoiou Cardoso, um lado de empáfia, de falso alto nível, de autoritarismo, que não engana ninguém. No plano econômico, a atração de alguns por um modelo neoliberal mais ou menos radical é evidente. E o famoso realismo dos tucanos e dos seus aliados, realismo que, em si mesmo, em política, é qualidade, acaba às vezes desembocando em *Realpolitik*, como se pode ver em episódios recentes [...] como o da ocultação dos dados sobre o déficit. Dir-se-á que tudo isto é vago demais para constituir um argumento crítico. Tentarei reforçar e precisar o argumento, depois de analisar um pouco o outro lado, o PT. Votei em Lula, mas sem ilusões. A esquerda brasileira, como provavelmente a esquerda latino-americana em geral (mas não a esquerda europeia, esta tem outros defeitos), ainda não se libertou completamente de uma antiga mitologia. Assusta-me o quanto certa gente do PT ainda acredita mais ou menos no chamado – a expressão já é por si mesma enganosa – "socialismo real". Quando tal dirigente petista faz uma referência elogiosa a Chu En-Lai; quando artistas, simpatizantes do PT, se dispõem, ainda, a fazer peregrinações a Cuba (um país em que se fuzila gente inocente por razões de Estado); quando tal intelectual petista fala(va) em aliança com Cuba caso Lula fosse vitorioso; que, enfim, um grande partido independendente de esquerda tenha tido gente fazendo estágio político na falecida Alemanha Oriental (ou me engano?), por ocasião da queda do Muro – tudo isso dá frio na espinha. É preciso que a esquerda brasileira, e o PT em particular, se libertem de uma vez por todas de certas ilusões com as sociedades burocráticas. A sociedade burocrática é uma forma social particular, que contém um tipo de Estado e de "sociedade civil". Essa forma não tem nada a ver com a ideia democrática do socialismo. Ela está certamente mais longe da ideia democrática do socialismo do que a forma capitalista, pelo menos se considerarmos esta última nas suas variantes mais democráticas. Enquanto a esquerda não se livrar dessa fantasmagoria, não há progresso possível. É preciso fazer uma das duas coisas: ou redefinir a noção de esquerda, de tal modo que um déspota sanguinário como Stálin não possa ser considerado como de esquerda, ou então admitir que os stálins e cia. também são de esquerda, mas nesse caso é preciso dizer que não basta ser de esquerda, porque entre os de esquerda há também alguns monstros. Nesse último caso, à exigência de ser de esquerda se tem que acrescentar a exigência de ser democrata. E admitir que o fato de ser de esquerda não significa nada. Mas voltemos à política brasileira, uma vez tentada essa clarificação. Se definirmos a esquerda de modo a incluir a democracia (e desse ponto de vista, Olaf Palme, por exemplo, o líder social-democrata sueco assassinado há alguns anos, estava certamente à esquerda de Stalin) como distinguir a esquerda do centro-esquerda? No caso do Brasil, como distinguir – sempre em termos gerais – o sentido do projeto daqueles que apoiaram Lula, do sentido do projeto dos que apoiaram Cardoso (faço abstração dos casos [existiam?] em que o objetivo era o mesmo, e havia divergência apenas quanto ao caminho escolhido). A diferença não é a que separa a revolução da reforma, pelo menos se se entender pela primeira uma revolução violenta. Quem hoje propõe – mas no caso do Brasil há quem proponha – uma revolução violenta? A diferença é de reforma, a menos que se queira redefinir o termo revolução. A aliança entre Cardoso e a direita – ou parte dela – se fundamentava na ideia de que há muita coisa a fazer no Brasil, ou seja, de que grande parte das classes dominantes tem também interesse pelas reformas. O argumento não deixa de ter peso. No plano microssocial, os privilegiados estão cansados de pôr guardas na porta das suas casas, não aguentam mais os assaltos nas ruas e os sequestros, não querem que seus filhos corram riscos com as periódicas epidemias de meningite. No plano macrossocial, eles temem uma hiper-hiper-inflação que destrua o sistema; têm medo de que a situação leve a movimentos de revolta irracionais etc. etc., mas as reformas que eles podem desejar não vão além dos seus interesses egoístas. Nada de grave no egoísmo (é preciso reabilitar também um lado do egoísmo), mas um projeto de reforma fundado nele tem pouco alcance, se é que tem muita coerência. Se o que eles querem é dar um pouco mais de comida ao povo, de maneira a reduzir a violência, e reduzir um pouco a corrupção para que o sistema funcione melhor, nós queremos… O que queremos nós? Nós não queremos (eu pelo menos não quero) a chamada revolução. Nós queremos uma sociedade em que, sem dúvida, haverá desigualdade (a igualdade absoluta não é nem possível nem desejável), mas em que as diferenças de salários sejam pequenas. Sociedade em que haverá gente mais ou menos bem sucedida, mas em que os mal sucedidos não sofrerão materialmente (e pouco, moralmente) com a situação. Sociedade em que os filhos dos mais ricos ou mais cultos terão certamente vantagens iniciais, mas na qual essas vantagens poderão ser facilmente neutralizadas pelos filhos dos mais pobres ou menos cultos, sempre que as suas qualidades e o seu esforço pessoal o permitirem. Uma sociedade enfim em que haverá um máximo de democracia. Utopia, ou pior, conversa fiada e banalidade diante dos problemas concretos da dívida, da derrocada da economia mexicana ou da reforma da Constituição? Não creio – hoje é através de distinções aparentemente menores que se manifestam diferenças radicais –, e de qualquer modo é por onde posso contribuir para o debate. Já foi a época em que não tinha importância definir objetivos finais. Essa indefinição fez tanto a força como a fraqueza do marxismo. Hoje faz a sua fraqueza. Essas considerações não excluem, pelo contrário implicam, a ideia de que é preciso apostar numa aliança, entre, digamos, a esquerda e o centro-esquerda. Não sou tão otimista a ponto de achar que uma aliança como essa acabará chegando ao poder, mas creio sim que as circunstâncias pressionarão como já pressionaram no sentido da sua constituição.

Um problema. A propósito da "carga mitológica" da esquerda, você ataca Stálin, Castro e os chineses. Você inclui nisso também Lênin, Trótski e o bolchevismo?

Esta é uma questão importante, claro, no plano das definições gerais. Não basta fazer a crítica do stalinismo. A responsabilidade do bolchevismo pelos horrores do século está bem estabelecida, e a abertura dos arquivos russos vai confirmando e ampliando o que já se sabia sobre o período pré-stalinista (1918-1924). Mesmo se no plano das intenções – aquelas boas intenções que pavimentam o caminho do inferno –, e na do valor intelectual, Lênin e Trótski não se confundem com Stálin, a responsabilidade do bolchevismo é evidente, como é evidente, nesse sentido, a continuidade entre bolchevismo e stalinismo. O bolchevismo é uma das desgraças do século. O único livro de Trótski que eu assinaria é *Nossas Tarefas Políticas*, livro de crítica do leninismo, escrito na juventude. Naturalmente, fala-se pouco desse livro.

[…]

A seu ver, quais são hoje as tarefas da crítica?

Pode parecer banal, mas eu acho que o importante é criticar todas as formas de exploração e opressão. A crítica que atinge só uma ou só algumas dessas formas se transforma facilmente em ideologia, quando já não o é imediatamente. Quais são essas formas? O capitalismo democrático (ou democrático, entre aspas) por um lado, por outro as sociedades burocráticas (entendendo por isto o modelo das burocracias ditas de esquerda), sociedades hoje em decomposição, mas que subsistem em alguns lugares sob formas diferenciadas, aos quais é preciso acrescentar os autoritarismos nacionalistas de que o nazismo foi a forma extrema. Seria importante fazer as teorias paralelas dessas três formas. Cada uma tem as suas leis próprias, um estilo particular de ideologia, uma relação particular para com os conteúdos e as formas. Já se escreveu muito sobre essas formas, mas há hoje uma tendência a confudir algumas delas, tendência que é negativa. Nesse sentido, o conceito de totalitarismo hoje não faz avançar muito as coisas, embora em certo momento tenha tido um papel crítico importante. Mas esse trabalho deve ser feito em paralelo também com a análise das microestruturas. Porque nelas reencontramos as grandes formas. E o que há de interessante é que nem sempre a figura da microforma corresponde à macroforma em que está inserida. Por exemplo, é possível encontrar no interior de uma sociedade capitalista democrática, microformas cuja estrutura é a das sociedades burocráticas ditas de esquerda. Por outro lado, importa também prolongar esses dois momentos num registro psicossociológico. A esse respeito, acho que os gregos é que tinham razão: a teoria das formas políticas (macro e micro políticas) deve incluir a das "almas" que lhes correspondem.

Mudando de assunto. Que acha do livro de Paulo Arantes: Um Departamento Francês de Ultramar?

Não vou me alongar sobre as qualidades do livro: primeiro com a qualidade literária realmente excepcional, depois o rigor [em certo sentido] mais a quantidade de conhecimento que está "embutido" nele. Acrescentaria a intenção louvável de fazer justiça a todo mundo, o que é muito complicado. Mas ao terminar a leitura do livro, a gente sente ao mesmo tempo um mal-estar. Por quê? Tentarei ser objetivo, coisa nada fácil, pois Paulo nos transformou todos em seus personagens, e quando os personagens falam do autor, já se conhece o imbróglio (Sempre insisti na dimensão muitas vezes universal do que se supõe "pessoal", mas conheço também o reverso da moeda.).

Em primeiro lugar, a visão que Paulo Eduardo tem da história do Departamento de Filosofia [da USP] é uma visão que se poderia chamar de *aufklärer* (iluminista). Ele faz uma história dos progressos do departamento. Nessa história, aparecem sem dúvida obstáculos e até retrocessos, mas as tensões, o lado dramático dessa história está ausente. Porque ela não é apenas a "dos brasileiros que queriam ter filosofia" (e a fórmula me parece mesmo superficial), ela é também a história de micropoderes, de falsas obras-primas de gente esmagada ou quase, e até de mitologia conceitual. Exagero? Não digo que ela tenha sido só isso, nem digo que ela tenha sido principalmente isso, mas digo que ela foi também isso, e que esse aspecto não aparece, fora uma breve alusão, no livro de Paulo Arantes. Parafraseando uma frase célebre, diria que Paulo dilui os "maus sentimentos" nas águas tépidas do espírito absoluto. Mas esse aspecto tem importancia? Pode-se discutir se uma história do Departamento de Filosofia da USP tem importância; mas se tem, esse outro aspecto também deve entrar. Ele existe por todo lado? Mas muitas coisas existem por todo lado (o capitalismo, por exemplo), e nem por isso se deixa de estudar a forma particular que a coisa toma aqui ou lá. [...] Esse lado aparentemente menor e extrínseco é, na realidade, interno e teve consequências importantes. [É] a face "noruega" do departamento [...] o lado brilhante Paulo desenvolveu.

Muito cedo o chamado "Seminário Grande do *Capital*" (de cujas primeiras sessões participei, me afastando em seguida) se transformou num mito. Por boas ou más razões, a moda era transmitir à gente que participava do Seminário tudo o que se fazia fora. Não havia observação, resultado, exposição, texto ou argumento que não chegasse lá. Tudo bem, isso é em princípio positivo, mas a realidade era um pouco mais complicada. No início dos anos de 1960, portanto alguns anos depois do nascimento do primeiro, inventou-se um segundo seminário de que participei, o que daria origem, [em meados] dos 60 à revista *Teoria e Prática*. A experiência que tive nesse momento [era] a de que o peso midiático (micromidiático é claro, mas midiático e não só teórico [diria que o midiático ultrapassava de longe o teórico]) do primeiro era de tal ordem, que era muito difícil desenvolver um pensamento independente [...]. Se a análise das tensões, e com ela a crítica das individualidades, é em alguma medida escamoteada, há no livro, parece, uma outra dificuldade, que no fundo vai no mesmo sentido. Acho que eu fui o primeiro a dizer (a propósito dos escritos uspianos de Arantes e antes da publicação do livro) que, não obstante as suas qualidades, havia, na maneira pela qual Paulo Eduardo, trata do seu objeto, uma certa falta de medida. O livro engrandece demais o seu objeto. E quando se percebe isto, o livro aparece [como sendo] melhor do que o seu objeto.

Paulo quer descrever um processo de formação, do qual resultaria um objeto mais ou menos desenvolvido. A primeira impressão é a de que esse objeto é mais visível no próprio livro do que nas figuras objetivas e subjetivas que ele descreve. É claro que Arantes é, ao mesmo tempo, forma e fundo do processo. Mas a partir daí surge uma dialética, se não for uma sucessão de paradoxos. O livro aparece como melhor do que o objeto, mas o livro não dá conta dessa superioridade. Precisamente porque ele aumenta o objeto até a desmesura. Mas então os defeitos do livro afloram, que esse é o defeito do livro; mas agora, de certo modo e paradoxalmente, é o objeto com as suas imperfeições que surge como melhor do que o livro. Há uma espécie de *chassé-croisé* (alternância de situação [e círculo vicioso]) entre a obra e aquilo de que ela trata. De um certo modo, o problema nos remete a um "lugar" conhecido. Contemplando uma paisagem bonita – acho que isso está na Estética de Adorno – alguém observa: "que paisagem bonita!" Mas uma vez dito isto, a paisagem já não parece bonita. Nos dois casos, o dizer destrói o objeto. A diferença é que o circunstante destrói o objeto ou o seu valor estético pelo dizer banal, e Paulo corre o risco de destruir o seu pelo dizer hiperbólico. Finalmente […] é como se ele *pusesse* o que deveria ficar *pressuposto*. Posta, fixada, essa muito frágil história (objetiva) do Departamento de Filosofia da USP – "arabesco no ar" dirá o pessoal da torcida uniformizada do Parnaso – se inverte no seu contrário. Embora não seja fácil, um outro tratamento, mais crítico, seria possível.

Há no fundo duas coisas importantes na história desse departamento: a primeira é o fato de que se introduziram exigências de rigor inéditas no panorama filosófico nacional, progresso que, ao mesmo tempo, levantou o problema da relação entre rigor e fecundidade. Paulo Eduardo descreve bem a tensão entre as exigências "estruturalizantes" dos que fizeram a aprendizagem da leitura de texto, e a necessidade de romper ou pelo menos de ultrapassar esse modelo que se tornou opressivo. A segunda é a discussão em torno de Marx. Não sei se enquanto discussão houve coisa tão rica em outro país. Tenho a impressão de que não. Mas, por um lado, essa discussão não foi até o fim, ela se interrompeu num certo momento, em parte em função de mazelas […] – o ambiente ultracompetitivo que de certo modo dissolveu o grupo – em parte por outras razões, externas, os golpes e atos institucionais, acima de tudo. O resultado é que há um descompasso, em filosofia pelo menos, e, até aqui, porque é bom não esquecer, também no calendário da história da filosofia no Brasil ainda não chegamos ao fim dos tempos – há um descompasso, entre o nível da discussão e o que se produziu em termos de obras. Esse descompasso o livro não registra. E essa dificuldade está ligada com todo o resto.

Por que Paulo Eduardo tropeçou nesses obstáculos (se esses obstáculos não são miragens subjetivas)? Uma primeira resposta, evidente, é a de que as dificuldades viriam do fato de que ele tentou tranpor o modelo da história "de formação" para um objeto presente. O que se perdeu teria sido o preço de uma história *à chaud*, o desperdício inevitável de matéria que ocorre quando se põe o modelo no forno do presente. Talvez com a agravante de se tratar de história da filosofia, portanto de história de atividades e discursos que, como diz o outro, visam antes de mais nada a verdade. Mas acho que é preciso ir mais longe. Para usar o jargão do próprio Paulo, na armação dele confluem dois elementos que têm suas vantagens, mas que talvez expliquem, em parte, as dificuldades. Por um lado a sua história é muito marcada pelo hegelianismo e pelo marxismo, os quais não excluem evidentemente o tipo de problema que levantei anteriormente, mas também não o favorecem. Por outro lado, talvez as dificuldades do livro venham do próprio modelo das histórias "de formação", marxistas ou não marxistas. Há em primeiro lugar nesse modelo um privilégio da oposição nós/outros, que talvez limite um pouco o alcance das rupturas ou de certas rupturas no interior do "nós".

Mas, para além dos problemas indicados até aqui, me pergunto [...] se não há, apesar de tudo, nas histórias de formação, e mesmo quando no seu quadro se faz leitura "interna" – a menos que a dificuldade seja específica ao livro de Paulo Eduardo – um viés historicista. Claro que Paulo se preocupa com a verdade dos "discursos" de que ele trata. Contudo, o problema da verdade não fica às vezes um pouco para trás, diante da questão da originalidade deles, explico, da sua capacidade maior ou menor de instaurar rupturas no interior do tempo histórico? No tempo da história nacional, em que se inscreve, sem dúvida, uma "história vinda de fora", só que tempo histórico, apesar de tudo. Poderia dar exemplos, mas não aqui. Pulando para o vivido mais selvagem, confesso que depois da leitura desse belo livro tenho vontade de voltar às minhas elocubrações mais técnicas e menos históricas [...] de lógica dialética. É como se houvesse uma certa incompatibilidade entre de um lado a busca da verdade que é finalmente, não esqueçamos, o objetivo de quem faz filosofia, e de outro (com o perdão do autor) toda essa fantasmagoria de rua Maria Antônia, bonde Vila Buarque e quejandos. Mas isso talvez já faça parte dos meus fantasmas, ou antifantasmas. [Porém] se há historicismo, ele por um lado deve servir à "desmesura" indicada, apesar das aparências em contrário, porque escamoteando a urgência da questão da verdade, ele encobre a "medida" real de certos discursos. Entretanto, para além disso, se é levado aqui a perguntar "de onde escreve [Arantes]?" De que lugar ele escreve? Em primeira instância, o seu lugar é o tempo e nenhum outro. Mas para além do tempo, já disse, o seu lugar é o marxismo, e se o que se ganha com isto não precisa ser dito, o que se perde, além do que já foi observado, aparece pelo menos num texto.

Comentando uma tese de filosofia política que um colega mais jovem apresentara como mestrado (tese que seria publicada em livro muitos anos mais tarde), Arantes escreve, a propósito do que seria o destino da consciência da esquerda, e dado esse destino, das potencialidades críticas prospectivas que esse trabalho (que não discuto aqui) encerra[ria]: "Foi quando a má consciência da esquerda, num momento de hegemonia liberal, redescobriu a Democracia, e com ela, a suposta dimensão original do assim chamado 'político'. Bastava um passo para dotá-lo de ontologia própria, ressuscitando com a dita ontologia a Filosofia Política, que deixava de ser mero capítulo historiográfico para ser elevada à condição de fonte original de noções com que avaliar [...] a marcha da sociedade capitalista contemporânea. Tivesse prosperado a perspectiva de nosso Autor e tamanho disparate teria pelo menos algumas pedras no seu caminho" (p. 253). Disparate? Onde está o disparate? Na redescoberta da democracia? Feliz disparate que apareceu mesmo como uma descoberta e que serve sem dúvida de ponto de partida para repensar de um modo crítico a apresentação marxista da história. Na ideia de que a democracia permite avaliar o capitalismo? Permite mesmo, mostrando o que ele tem de pior e o que ele tem de melhor. Mas a democracia permite principalmente avaliar as sociedades burocráticas, ponto cego da análise marxista tradicional ou marxista simplesmente (resta a ontologia, mas não é aí que está o problema). Esse texto mostra os limites da perspectiva crítica do meu amigo Arantes, e talvez para além do livro que aqui se examina.

Fazendo o balanço. Que Paulo Eduardo, tão generoso com os meus magros escritos dos anos de 1960, perdoe o mau jeito. É que quando vejo certos grupos de especialistas empenhados em desenvolver os temas deles a partir da ontologia (?) de tal ou tal membro da velha guarda uspiana, me pergunto se o seu livro, apesar de todas as qualidades, não corre o risco, dado o seu tom, de reforçar esse tipo de coisa que tem um estranho sabor dos tempos pré-uspianos. "*Quoiqu'il en soit*" ("apesar de tudo", expressão proscrita como pouco rigorosa pelos nossos mestres estruturalistas) o autor de *Um Departamento Francês de Ultramar*, como diriam os franceses, ganhou a aposta. Ganhou a parada, como, ao que parece, se diz no Brasil. E isto, não só pelas qualidades já indicadas do livro. Contra ventos e marés (eu também soprei o meu ventinho, não renego), o autor conseguiu estabelecer, sem dúvida, definitivamente, que com medida ou sem medida, o que ele tinha a contar (uma história que de tão conhecida, ninguém contava) tinha interesse.

E o seu trabalho, a quantas anda?

Estou devendo já há algum tempo o terceiro volume de *Marx: Lógica e Política, Investigações para uma Reconstituição do Sentido da Dialética* (faço questão do subtítulo que diz mais que o título). Ocorre que comecei ao mesmo tempo uma segunda série [de trabalhos] de tipo mais sistemático. Terminei a primeira e a última partes dessa nova série, que ao todo deve dar uma seiscentas páginas, a publicar em três volumes. Quanto à antiga série, do seu terceiro volume, farão parte dois estudos [...] que apresentei em 1988 na USP como tese de docência e dos quais já publiquei estratos. Um deles é coisa antiga, precisa de uma explicação prévia, mas deve entrar porque faz parte do conjunto. Completam o volume um texto teórico que está saindo aqui na França em forma de opúsculo e parte de um texto histórico em que trabalho atualmente[4]. Esse terceiro volume virá com um índice sistemático, indicando a conexão global dos estudos. Em princípio, deve vir ainda um quarto e último volume. – A partir daí, se houver tempo, isto é, vida, pretendo trabalhar em várias direções: lógica dialética, estudos críticos sobre as formas sociais no século XX, e uma reflexão em torno da ética e da política. E também publicar um livro de poemas. Tudo isto? É que em parte, essa segunda camada, como diria não sei quem, (menos o livro de poemas) já

---

4 [O volume, *Marx: Lógica e Política*, v. III, saiu só em 2002. Ele contém três do quatro textos indicados, mais um outro.]

ENTREVISTAS

desponta no final das duas séries que compõem a primeira [...].
Como, entre outras coisas, me ocupo ainda de Marx, tenho fama
de ser mais marxista do que alguns dos meus amigos. É o inverso
que é verdade. Como me irritam certos textos unilaterais e por
isso errados sobre o jovem Marx, tenho fama de ser adepto do
Marx de 1844. Também não é verdade. Trabalhei praticamente
sem interrupção durante mais de trinta anos, *O Capital* (e em geral o corpus da crítica marxista da economia política) junto com
a *Lógica* de Hegel: se se tratar de Marx, é aí e não nos escritos de
juventude que está o essencial[5].

*Para terminar. Que pensa da esquerda francesa, e das perspec-
tivas da esquerda em geral?*

A situação da esquerda francesa é muito difícil, e a confusão
teórica que reina aqui deve ter alguma coisa a ver com isso. A
intelectualidade francesa, ou parte dela (inclusive os ex-novos
filósofos), tiveram a meu ver um papel importante no caso da
ex-Iugoslávia. É impossível tolerar uma política externa – a da
esquerda é igual a da direita [nesse ponto] – que acaba acei-
tando como mais ou menos normal a liquidação física de po-
pulações, o estupro planificado como arma de guerra, enfim o
desrespeito pelas normas éticas mais elementares (mesmo as da
guerra). E isto quando se rememora Auschwitz.

A derrocada dos regimes burocráticos é uma boa coisa para
a esquerda, não é nenhuma "derrota do socialismo" como ainda dizem alguns. Mas o mundo pós-burocrático se anuncia
sombrio: guinada à direita de Iéltsin, que é um lider naciona-
lista imprevisível e perigoso, ofensiva da direita nos Estados
Unidos com a mobilização dos setores mais reacionários, in-
tegrismo e nacionalismo pondo fogo no mundo. A primeira
coisa de que a esquerda precisa é tentar deixar claro o que quer.
Perguntaram a Habermas, numa entrevista que ele deu junto
com o polonês Michnik, o que era hoje, para ele, o socialismo.
A resposta foi – e Michnik concordou – uma democracia radical. Subscrevo com as duas mãos a definição. [...]

5 [Diria, hoje, que os dois momentos são essenciais; claro que o segundo é muito superior, e muito mais elaborado, cientificamente, mas, do ponto de vista
crítico, não creio que o primeiro valha menos do que ele.]

SEMINÁRIOS SOBRE *O CAPITAL*, POLÍTICA BRASILEIRA, ESQUERDA E UNIVERSIDADE*

A Brasiliense está publicando um novo livro seu: Dialética Marxista, Dialética Hegeliana: a Produção Capitalista como Circulação Simples. *Qual a relação entre esse livro e os anteriores, que faziam parte da série* Marx: Lógica e Política?

Na realidade, incluindo as publicações em francês, estou publicando três livros: aquele a que você se refere, editado pela Brasiliense; um livrinho sobre lógica dialética que saiu em Paris em abril deste ano (*Sur le concept de capital: Idée d'une logique dialectique*, editora L'Harmattan), e um outro: *Dialectique marxiste, dialectique hégélienne: Le Capital et la logique de Hegel* (mesma editora), cujas provas corrijo atualmente. O "miolo" desse último livro já saiu no Brasil em forma de artigos (na *Discurso*, São Paulo, n. 20, e na *Kriterion*, Belo Horizonte, n. 90).

Quanto à conexão disso tudo, o esquema é o seguinte. Com exceção do livrinho de lógica, que será incluído no terceiro volume de *Marx: Lógica e Política*, trata-se de volumes de uma nova série que inicio, e cujo título geral é *Dialética Marxista, Dialética Hegeliana*. O livro da Brasiliense é o primeiro da série, o francês é o terceiro. Fico devendo o segundo. Ao todo, considerando as duas séries, serão sete volumes independentes. Levando-se em conta a minha tese de livre docência de 1989 que também fará parte de *Marx: Lógica e Política*, v. 3, terei dado a público, até o final deste ano, praticamente cinco dos sete volumes previstos.

Se se quiser resumir o sentido global do projeto, o melhor é recorrer ao subtítulo da primeira série: *Investigações para uma Reconstituição do Sentido da Dialética*

Recentemente, a Folha *publicou um texto de Roberto Schwarz sobre o Primeiro Seminário sobre* O Capital. *Que pensa desse texto, e em geral do Seminário?*

Não gosto muito do artigo do meu velho amigo Roberto Schwarz. Também não gosto muito do texto crítico que meu ex-aluno

---

* Concedida a Fernando de Barros e Silva. Publicada na *Folha de S. Paulo*, em outubro de 1996, sob o título "A Esquerda Passada a Limpo".

[...] Emir Sader escreveu a respeito para *O Estado*, mesmo que se deva reconhecer-lhe o mérito de ter lançado a discussão. Um fala mais das obras do que das práticas, o outro o contrário. De minha parte, falarei mais das práticas, porque é nesse nível que se situam as dificuldades dos dois textos.

Acho que o texto de Schwarz (que tem muitas coisas boas, como tudo o que ele escreve) idealiza e simplifica o fenômeno Primeiro Seminário. Diria que o texto é reducionista e em sentidos diversos. Temos lá a história de um grupo universitário, e sem dúvida, como pano de fundo, a história, digamos, "estrutural" do Brasil. O que falta? Primeiro – Emir Sader tocou nesse ponto, mas de um outro jeito –, acho que Schwarz não distingue suficientemente a história das ideologias da esquerda que depende da história dos grupos e partidos de esquerda, e, o outro lado, a história do pensamento universitário. A primeira é mais ou menos diluída na última. Em segundo lugar, creio que ele não distingue suficientemente a história do pensamento universitário brasileiro em geral, e a história do Seminário. De novo me parece que a primeira história é diluída na última. Em sentido inverso, tenho a impressão de que Schwarz tende a reduzir a realidade microssocial do Seminário à sua realidade macrossocial. Em resumo, salvo erro, o texto opera certas reduções, tanto em detrimento dos registros mais amplos, como dos registros menos amplos. Tudo é ordenado em função da história intelectual do Seminário, e o resultado não me parece muito satisfatório.

[...]

Quanto à questão da história ideológica. Roberto não diz nada sobre o fato de que fora dos partidos comunistas, no Brasil como no mundo, havia grupos militantes, em que se desenvolvia um pensamento de crítica tanto à URSS como à política dos PCs e à sua visão do desenvolvimento capitalista (havia também socialistas democráticos). Que o pensamento de tais grupos era esquemático, claro que sim. Mas ele existia. Ora, Roberto descreve o Seminário como um centro em que se desenvolvia um pensamento alternativo em relação às teorias e à política do PCB, mas não diz nenhuma palavra sobre o que já existia de paralelo, na mesma época, num plano que se poderia chamar de ideológico. No mesmo sentido, ao levantar hipóteses sobre as origens do famoso Seminário, ele nos diz que, segundo uma das versões, um dos intelectuais do futuro grupo, após ter frequentado na França o grupo Socialismo ou Barbárie de que faziam parte Lefort e Castoriadis, quis discutir com os colegas as teses dessa organização. Não importa se esta é realmente a origem do Seminário. Nem digo que os dados sejam falsos. Mas importaria lembrar que o intelectual em questão nada tinha a ver com os círculos militantes, que desde há muitos discutiam esse problema. Não sei se me faço entender: quero dizer que no texto de Schwarz há um curto-circuito da história ideológica enquanto história dos grupos militantes. Em vez de pensar as articulações complicadas, porque as havia, e logo falarei um pouco delas, entre essa história e a história universitária, Roberto dissolve a primeira na segunda, ou simplesmente omite a primeira. O resultado de todas essas reduções é uma espécie de história num plano só, que não me convence.

Quanto ao clima que reinava no Seminário, que Roberto descreve em termos mais ou menos idílicos, que me seja permitido contar a minha própria experiência, embora ela se refira mais ao clima "externo", se posso dizer assim, do Seminário. Quando começou o Seminário, eu já estudava Marx e pensava escrever sobre ele. Participei – acho que – de duas sessões do Seminário, depois resolvi me retirar. Era muito difícil participar daquele grupo, fazendo filosofia e ainda por cima trabalhando Marx. Logo me dei conta de que se continuasse a participar não teria muitas condições de desenvolver um trabalho independente, ou de desenvolver um trabalho simplesmente. Um filósofo meu amigo, que não trabalhava nem trabalha Marx, e que participou do grupo, se queixou depois da maneira pela qual alguns incorporavam a sua contribuição (as referências prometidas eram eternamente adiadas). Anedota sintomática: alguns anos depois do início do Seminário, encontrei em Paris, um dos personagens mais importantes que me disse em tom de sermão: "Você abandonou o Seminário. Com isto, você nunca mais saberá *O Capital*!" A transcrição é literal. Como se vê, a megalomania, a empáfia, o autoritarismo desses senhores, já era evidente. Nada a ver com a visão idílica do meu amigo Schwarz.

Sem dúvida, eu era um menino um pouco sectário (sectarismo do militante [mesmo se] anti-stalinista, [como] eu era na época). Mas a decisão de cair fora do Seminário foi essencialmente correta (Vá alguém dizer que também eu, por causa da bibliografia, por estudar Marx etc., pertenci objetivamente ao primeiro Seminário! Desse jeito não vai faltar ningúem.); Schwarz não vê o que havia lá de empreendimento de poder (claro que o Seminário não era só isso, de resto me refiro sempre a algumas figuras, não, é claro, a [...] Paul Singer, Michael Löwy, Bento Prado, e outros mais, que andaram por lá). De resto, Roberto era o único crítico literário do grupo, e enquanto tal não tinha nada a perder. Para os outros, dentro ou fora desse Seminário a situação era outra. Já contei em outra entrevista como muito cedo se tornou praticamente impossível fazer qualquer coisa em torno de Marx na Faculdade ou em torno dela, sem que os resultados, apenas enunciados, fosse levados aos senhores do Seminário. Superioridade e hegemonia intelectual? Houve um momento em que isso talvez tenha tido alguma coisa de verdade. Mas muito cedo, pelo menos em filosofia, a superioridade deles era em termos de poder. Sob pretexto de circulação de ideias, pelo menos em filosofia, não havia aula ou discussão que não acabasse de uma forma ou de outra nas mãos deles. O grupo do Seminário passou assim a ter um caráter mais negativo do que positivo. Esse aspecto tem de ser levado em conta se se quiser fazer a história dele. (Outra anedota: quando eu reclamava de certas coisas, um amigo da época e de hoje, ao qual já me referi, pensador eminente, me dizia: "Os brasileiros não devem brigar entre si". Prova de que a mania nacional já fazia estragos. Não são os brasileiros que não devem brigar entre si, são os homens e mulheres de boa vontade, sejam eles brasileiros, turcos ou suecos. Quanto aos de má vontade, é preciso combatê-los sejam eles brasileiros ou não. Banalidade? O esquecimento dessas pretensas banalidades tem o seu preço.)

Vê-se por aí que a descrição otimista de Schwarz é em certo sentido verdadeira, mas [não no melhor] sentido. A hegemonia do seminário era real, mas em parte pelo menos, era uma hegemonia de poder. E os discursos otimistas sobre o Seminário acabaram se revelando objetivamente pouco inocentes, porque tiveram e ainda têm como efeito reforçar o poder de certas pessoas. Um problema teórico seria o de saber em que medida as insuficiências da análise do meu amigo Roberto – se é que eu tenho alguma razão – são apenas insuficiências da sua análise, ou têm a ver, de um modo mais geral, com o gênero "formação". Ou se trata das dificuldades de uma análise *à chaud* de um processo de formação? Não tenho uma resposta para isto. Mas confesso que desconfio um pouco do gênero, e tenho a impressão que alguma coisa, digo alguma coisa, da crítica dos seus adversários talvez seja verdadeira. Acrescento a propósito da perspectiva de Roberto Schwarz, e isto vale também em certa medida para o Paulo Arantes, de quem falarei mais adiante: poder-se-ia dizer talvez que a sua perspectiva é mais hegeliana do que marxista. Há um texto na *Filosofia da História*, de Hegel, que cito de memória, em que se diz mais ou menos o seguinte a propósito da reconstituição do passado: "Mesmo que tenha havido injustiça, isto não tem importância". Eu diria que daí data a catástrofe. A bem dizer, Roberto – como também Paulo Arantes – gente fina e de bom caráter, trata como já vimos de corrigir as *injustiças*. Mas eles não as *teorizam*, porque supõem que a micro-história, que existiria por toda parte, é assunto para o Café do Comércio. Engano. Como já disse em outro lugar, também o capitalismo que em geral define a macro-história "existe por toda parte". Mas nem por isso se deixa de falar dele.

Isto não significa que estou de acordo com o texto que Emir Sader publicou n'*O Estado*. Emir Sader faz a crítica do Primeiro Seminário em nome de um ideal militante que teria sido o dos participantes do Segundo Seminário do qual se originou a revista *Teoria e Prática* (dele participaram, R. Schwarz, Sérgio Ferro, Lourdes Sola, Gabriel Bollaffi, Maria Sylvia de Carvalho Franco, Luiz Roberto Salinas Fortes, João Quartim, Emir Sader, Albertina de Oliveira Costa, Cláudio Vouga, Francisco Quirino dos Santos, Célia Quirino, Marilena Chauí, Betty Milan, Eder Sader, eu, e alguns outros). Mas nem tudo foi tão extraordinário nesse Segundo Seminário, e menos ainda na revista *Teoria e Prática*.

No fundo, não se pode opor o Seminário militante ao não militante [senão no final]. Os dois tinham de algum modo relação com práticas militantes, mas os modelos não eram os mesmos. Se o Primeiro Seminário (refiro-me sempre às figuras de mais poder) se encaminhou para teses que se afastavam teoricamente da visão das coisas do PCB, acho que se poderia dizer que ele tinha alguma ligação com a tradição de militância política, tal como o PCB a concebia. Essa tradição eu resumiria em dois pontos. Ela era por um lado (com exceção dos interregnos de 1935 e da linha de 1950) infensa à ideia de revolução, pelo menos se entendida como revolução armada. Digo isto no plano da tática e da estratégia políticas concretas, e não do discurso ideológico geral. Esse aspecto, pelo menos no que se refere ao impacto que teve sobre os intelectuais, e pensando em particular no Primeiro Seminário, era a meu ver positivo. O segundo aspecto, este na minha opinião, negativo, era a tendência a considerar normais os acordos políticos, num leque que começava com a "burguesia nacional", e terminava não se sabe onde.

O modelo militante do Segundo Seminário era outro. A ideia de revolução e de revolução armada era dominante. Esse aspecto era a meu ver negativo. Em compensação, e isto me parece que foi positivo, tínhamos, muito mais do que os outros, o senso de que, nas alianças eventuais, seria preciso sempre respeitar os princípios. Volto mais adiante, ao que me parece ter sido o positivo e o negativo da ideologia dos dois seminários (claro que isto tudo é aproximado), porque acho que isso ajudaria a pensar o presente.

No plano do funcionamento interno, o clima do Segundo Seminário era muito simpático, e muito aberto. No plano da produção, nos ressentíamos de um conhecimento em geral muito insuficiente do Brasil, embora eu me inscreva contra a tendência a exagerar a importância do tema (ouvindo certos amigos, tenho às vezes a impressão de que para eles, fora o Brasil, não havia outros objetos legítimos, restando a explicação de textos).

O lado revolucionário do segundo seminário e do seu produto, a revista *Teoria e Prática* (faço abstração do conjunto da história) se revelou mais ou menos fatal. Muito cedo, os grupos políticos disputavam a direção da revista, e – é preciso contar essas coisas – houve mesmo desvio de dinheiro dela em benefício de um dos grupos. A rigor – insisto que as coisas devem ser contadas – não foi a direita que matou a revista. A direita só deu o tiro de misericordia. Foram os grupos de esquerda que a liquidaram e isto eu poderia mostrar em detalhe. Dir-se-á que era legítimo pôr a revista a serviço da luta concreta da esquerda, e isso era melhor do que a perspectiva dos que queriam só publicar os seus artiguinhos. Na realidade, havia maneiras e maneiras de se pôr "a serviço dos interesses da esquerda", e o caminho escolhido levou simplesmente à liquidação da revista, sem grandes vantagens para os grupos. A esse propósito, não posso deixar de me manifestar contra a idealização que hoje se faz das figuras da luta armada (e também de outros militantes do período). Claro que tínhamos de enfrentar a ditadura, e à sua maneira cada um fez o que pôde. Admiro a coragem de alguns, e lamento as mortes, muitas vezes inúteis. Mas se a coragem, como diz Kant, não é virtude moral (depende da finalidade a que ela serve), a coragem também não é a rigor virtude política, pelo menos se se pensar a política como algo mais do que uma técnica de conquista do poder. Qualquer que fosse a coragem dos líderes da luta armada, e qualquer que fosse a legitimidade da luta contra a ditadura, era evidente o estilo autoritário dos movimentos da época. Respeito os mortos. Mas em meio às loas ao que se fez no período, é preciso se perguntar: que seria de nós se a luta armada vencesse? Quem conheceu um pouco esses movimentos, sabe muito bem que deles não resultaria nada de muito bom. A esquerda tem de buscar outros caminhos.

Que pensa dos trabalhos de Paulo Eduardo Arantes?

Já me manifestei algumas vezes sobre os livros mais recentes de meu amigo Paulo Eduardo. A julgar por algumas das suas intervenções orais – mas isso é visível pelo menos em ato em alguns de seus textos – há um viés muito antifilosófico na sua perspectiva atual. Ele não vê muito futuro para o filósofo, senão num trabalho histórico-crítico sobre a formação – social – das ideias. O modelo teórico que informa esse trabalho são as obras de Marx e a tradição marxista. Por outro lado, ele privilegia, sem excluir o resto, os trabalhos sobre o Brasil. Cruzando antifilosofia e marxismo, digamos que no universo atual de

Paulo Arantes, se encontra o pathos antifilosófico da *Ideologia Alemã*, mas na base de uma lógica que vem d'*O Capital*, e sem propriamente uma abertura, ou uma abertura explícita, para pensar uma práxis qualquer. No fundo trata-se de iluminar o movimento das ideias pelo movimento do capital. Tudo escrito admiravelmente, pensado com uma grande finura teórica e com um leque de referências realmente impressionante. O que me desagrada no resultado final? Por um lado, essa espécie de liquidação da tradição filosófica e da atividade propriamente filosófica. Não se trata de defender aqui, com espírito corporativo, o *métier* de filósofo, nem de retomar o ritual acadêmico da "defesa e ilustração da filosofia". Mas tudo se passa como se, no discurso de Arantes, a filosofia enquanto filosofia, mais ainda, como se a filosofia simplesmente, não tivesse mais nada a dizer. Por que Arantes é levado a essa posição? Dando duas respostas, que não se situam no mesmo plano, eu diria: por um lado ele transpõe para a crítica filosófica uma noção do que seja um "objeto pertinente" para o trabalho científico, que vem de Roberto Schwarz. Para Roberto, creio, o objeto pertinente é um objeto existente necessariamente no tempo e no espaço. Não há muito "lugar" para um objeto que saia desse modelo. O tema das ideias fora do lugar é sem dúvida um tema de historiador e crítico da literatura, e que, por outro lado, em si mesmo não prejulga muita coisa sobre a natureza geral das ideias. Mas se o exportarmos para fora do espaço da literatura, e o tomarmos como se induzisse um modelo geral do que seria uma "ideia", teríamos como resultado precisamente a tese de que é da essência das ideias existir no tempo e no espaço. Acho que em Roberto, grande crítico literário e não filósofo, isto não tem muita importância. Mas num filósofo, e num filósofo do tamanho de Arantes, isto leva a uma noção muito estreita do que seja um objeto pertinente para o trabalho científico. Coisas como lógica dialética, ética e outras mais, perdem inteiramente a sua legitimidade. Aqui seria importante dizer, que a "relevância cultural" – para retomar uma expressão empregada por Arantes – não se confunde com a "relevância teórica". Há problemas que são relevantes teoricamente sem ser relevantes culturalmente. Por outro lado – não imputo esse engano a Arantes – nem relevância teórica, nem relevância cultural coincidem necessariamente com relevância prática. Adorno fez a crítica do praticismo, defendendo a independência da teoria (de resto nunca se sabe se e quando ela mostrará o seu potencial prático). Parece-me que num plano mais alto, Arantes incorre no mesmo erro, que não é mais um praticismo (porque é de segunda potência), mas, num sentido particular, uma espécie de "culturalismo". São legítimos só os objetos que se dão no tempo e no espaço (entenda-se, vale, para o filósofo, só a crítica social das ideias). Quanto ao resto, não se sabe bem do que se trata. A esse respeito se poderia dizer o seguinte. A perspectiva de Arantes faz com que o lado do valor de verdade das ideias passe para trás da sua realidade histórica. Paulo pensa a história delas, mas investe pouco as ideias que a tradição filosófica legou. Em segundo lugar, há ideias e ideias. A dos direitos do homem não tem a mesma historicidade que tem ou teria a da proposição especulativa em Hegel. Levado às últimas consequências, o privilégio excessivo do espaço e do tempo corre o risco de nos levar a uma espécie de historicismo e mesmo de geografismo. A outra fonte da antifilosofia arantiana é precisamente o marxismo, e em particular o seu marxismo. O marxismo nasceu com um acento fortemente antifilosófico, primeiro – versão *Ideologia Alemã* – propriamente antifilosófico, e depois – obra de maturidade – mais precisamente como "supressão" em sentido hegeliano (supressão-conservação) da filosofia. A filosofia deixa de ser independente porque é *investida* numa ciência crítica. O tema da antifilosofia estava, assim, vinculado a um novo e radical projeto teórico: a crítica marxista da economia política. No caso de Arantes, é a mesma coisa, só que a crítica marxiana já não é nova, e a *démarche*, pelo menos num plano descritivo, toma por isso um sentido conservador. Afinal Arantes tem uma filosofia, ou pelo menos uma "filosofia", e essa filosofia é a de Marx. Recusar-se a filosofar significa propriamente, no caso dele, rejeitar toda trangressão do universo do marxismo, toda crítica possível ao pensamento de Marx. Mas a crítica de Marx se impõe? Tratarei do problema mais adiante.

Como vê a política brasileira atual? Que pensa do governo Cardoso?

Como estou fora do Brasil, estou evidentemente pouco informado. Mas arrisco algumas considerações. O governo Cardoso representa, para a esquerda, um objeto difícil. Como me dizia mais ou menos assim o historiador Luís Felipe de Alencastro, o que existe de mais perigoso na esquerda brasileira atual – ele se referia em particular à intelectualidade de esquerda – é a tendência a se identificar com o atual governo. O fato de que há um número muito grande de intelectuais que são ou foram mais ou menos íntimos do presidente (se amigos íntimos ou inimigos íntimos, a diferença não é tão grande) é um dado perigoso. O presidente joga a fundo a carta da incorporação do maior número possível de intelectuais "oposicionistas", o que, do seu ponto de vista, é sem dúvida, como dizem os franceses, *de bonne guerre*. Mas, concordando com Alencastro, acho que, para a intelectualidade de esquerda, a regra mais importante é se manter independente. Recusar-se a participar do governo sob pretexto de fazer trabalho útil. Se ela não tiver essa atitude, corre o risco de se diluir numa "pizza".

É difícil que a experiência Cardoso dê muito certo. Ela ou dará um pouco certo, ou dará errado. Em qualquer dos dois casos, a intelectualidade de esquerda, e a esquerda em geral, devem ser independentes, para terem condições de preparar uma eventual alternância. Não quero dizer com isso que se deva ter uma atitude hipercrítica em relação ao governo. Tudo o que o governo fizer de bom, deve ser aprovado. Parece-me, por exemplo, que foi o caso, com a lei que permitiu melhorar a situação dos professores no ensino primário. Mas, em geral, se a estabilização da moeda era uma necessidade que a esquerda não viu e que foi feita com muita habilidade técnica (é a opinião de meus amigos economistas), parece-me evidente que a perspectiva geral do governo não é a da redução das desigualdades, mas a do desenvolvimento capitalista. É difícil opinar sobre coisas que têm muitos aspectos técnicos, mas isto parece uma ilusão de uma outra época, inclusive se se pensar na situação atual dos países capitalistas avançados.

Para além dessa questão, há um problema na própria qualidade humana da equipe governante. Há, certamente, no meio deles, gente de boa vontade. Mas em geral o perfil do tucano é difícil de engolir para um homem de esquerda. Empafiado, arrotando sabedoria embora só mediamente competente, sem muitos princípios [...]. Isto não serve. É preciso manter distância em relação a esta gente. Mas é preciso também que a esquerda se libere definitivamente de uma certa mitologia, que a leva a supor que regimes ditatoriais do tipo cubano, no qual, à maneira dos processos de Moscou, se liquida gente inocente por pretensas razões de Estado, tem alguma coisa a ver com a ideia generosa do socialismo. No Brasil, ainda há quem acredite na China, e há mesmo certos intelectuais que fazem o elogio de Stálin... Aquilo de que a esquerda precisa – aqui retomo as minhas observações finais a propósito dos Seminários – é combinar uma exigência de independência e de respeito aos princípios, com uma recusa de pretensos radicalismos, quaisquer que sejam as suas formas (se há pouca gente que hoje fala em luta armada, há ainda muita confusão a respeito de Cuba, ou pelo menos muita ambiguidade sobre quais são os nossos objetivos; essa ambiguidade pesa mais negativamente do que se pensa).

A propósito, a gente da *entourage* do presidente gosta de ridicularizar as antigas práticas radicais e os delírios das antigas seitas de esquerda. Muito bem. Mas a política de alianças sem princípios que já se anunciava nos anos de 1960 não vale muito mais do que a outra. É o erro complementar.

Com essas observações V. envereda por uma discussão política geral, incluindo a questão do destino do marxismo.

Sobre o que penso do marxismo, que estudo há [muito tempo], já me exprimi algumas vezes, e vou evitar repetições [...] Há um lado desastroso na herança marxista: a tese de que não existe hoje nada senão uma alternativa entre capitalismo e socialismo, quaisquer que sejam as transições e as "excrescências parasitárias". Quem pensa nesses termos, supõe que toda luta anticapitalista leva de uma forma ou de outra ao socialismo (se não for puro banditismo, e olhe lá...). Essa argumentação, que é a argumentação dominante, é virtualmente catastrófica. Dir-se-á que esse perigo já passou, mas não acredito, por razões que não posso desenvolver aqui. Diga-se de passagem, um dos defeitos de *O Fio da Meada* de meu amigo Paulo Arantes, é embarcar nessa canoa. O livro praticamente não fala dos governos burocráticos, e quando fala passa rápido por eles. Na mesma linha, a sua atitude em relação aos movimentos de 68 é acrítica. Tenho às vezes a impressão que o livro trata do século XIX, não do século XX.

De qualquer forma, para entender o século é preciso ter presente que o século XX assistiu a grandes movimentos anticapitalistas que não iam, entretanto, na direção de nenhuma forma de libertação do homem, mas na direção de novas formas de exploração e de dominação, formas terríveis, e em geral piores do que o capitalismo. Há ainda uma enorme confusão a respeito disso tudo. Veja-se, por exemplo, a mitologia em torno da revolução cultural chinesa. Alguns milhões de pessoas morreram nessa mobilização do ressentimento (de baixo) e da manipulação (de cima). Houve é verdade, aqui e ali, alguns movimentos de real contestação, mas muito minoritários. O resultado foi a liquidação de uma enorme massa de inocentes, numa atmosfera de horror onde, ao que parece, se praticou até o canibalismo. Mas há quem pense ainda que "os guardas vermelhos" eram soldados do socialismo... Creio assim que o marxismo não dá conta desses fenômenos, e que nesse sentido, é preciso ir além dele. A crítica do marxismo não é, para mim – e nisso me separo de meus amigos Schwarz e Arantes –, uma moda parisiense. É moda a forma que essa crítica tomou na Europa. É claro que não posso entrar aqui em considerações teóricas mais precisas. Só acrescento duas observações: que a reflexão sobre a democracia, que parece não ter nenhum papel no projeto de Paulo Arantes, é para mim indispensável. E que não se pode mais *pressupor* a ideia do socialismo, como fazia Marx. Fazer isto hoje – prática corrente mesmo entre os melhores – não é mais pressupor, no sentido técnico que o termo "pressupor" tinha em Marx, é na realidade supor o que deveria ser discutido.

E a filosofia com tudo isto? Aqui reaparece a filosofia. Porque, desenvolvendo com outro "sinal" um argumento anterior, a crítica do marxismo passa mais ou menos certamente, pela filosofia, pelo menos se a crítica quiser se elevar a um plano mais geral. A crítica do marxismo não se fará sem uma grande reflexão sobre os descaminhos da crítica do[s] sistema[s], desde o século XVIII. E mais do que isso. Às vezes os filósofos acertam mais do que Marx. Quando, por exemplo, Kant via na ideia de uma sociedade reconciliada nada mais do que uma "ideia", isto é, uma possibilidade abstrata, ele tinha provavelmente mais razão do que Marx, para quem o comunismo era também uma possibilidade, mas uma possibilidade, digamos, concreta, um possível que é quase da ordem do necessário[6].

E eu diria que quando se lê um texto como aquele com o qual Kant começa a *Fundamentação da Metafísica dos Costumes*, dizendo que uma boa vontade é a única coisa que vale sem nenhuma condição, em geral se faz uma destas duas coisas: ou se limita a explicar e a analisar o texto (coisa que é sempre útil), ou se diz, por exemplo, que Kant era um momento da história da razão burguesa (o que também vale, porque deve ser verdade). Mas a meu ver um texto como este, como muitos outros da tradição, serve para pensar o mundo. Se se levar a sério a noção kantiana de boa vontade (moralismo! impotência da ética!), as coisas ficariam certamente mais claras, e o mundo talvez ficasse um pouco melhor. No que me concerne, este foi um dos meus pontos de partida nessa entrevista.

Voltando ao marxismo. Qual a atitude dominante hoje, na Europa, em relação a Marx?

Durante anos, Marx aparecia como um pensador maldito. Era quase impossível publicar um livro sobre ele. De repente a coisa voltou, mas sempre como moda, se poderia dizer: da moda negativa passou-se à moda positiva. Por que voltou? Objetivamente, houve o desgaste do liberalismo econômico. O que na França marcou pontualmente a volta – alguns consideram que foi a causa – foi a publicação de um livro – ruim – sobre Marx, o livro de Derrida. No Brasil, não perdoaríamos um livro tão espalhafatoso e sem rigor. Em Paris, foi um sucesso… Há aí um problema. Com relação a certos temas, a discussão brasileira é certamente mais forte do que a do Primeiro Mundo. Depois disso, surgiram muitos livros sobre Marx. Ainda não tive tempo de ler tudo. Há algum progresso no plano da explicitação da ideia marxista de história, que não é vulgar: eles começam a entender as descontinuidades. Mas em geral – em outro lugar

---

6 A respeito das duas possibilidades – já que andaram me macaqueando – ver MLP II, São Paulo: Brasiliense, 1987, n. 64, p. 323-325.

ENTREVISTAS

falarei das exceções – o tom é eclético. Incorpora-se tudo o que puder ser incorporado, sem prejuízo das contradições. Critica-se muito a social-democracia. E pouco, salvo erro, o bolchevismo (Parte da nova literatura marxológica é de inspiração trotskista.). Não há em geral, ainda salvo engano, nenhum esforço em fazer a crítica de Marx. Assim, se foi moda a liquidação de Marx, parece que agora é moda falar bem dele. A crítica a Marx já vai contra a opinião dominante, pelo menos contra uma certa opinião dominante[7].

Mudando de assunto. V. ensina numa universidade parisiense, e vem todos os anos ao Brasil onde mantém contato com o Departamento de Filosofia da FFLCH da USP. Que pensa da universidade, e em particular dos estudos filosóficos no Brasil?

Não conheço o funcionamento interno atual do Departamento de Filosofia da FFLCH da USP, e menos ainda das universidades brasileiras em geral. Mas conheço o suficiente a equipe desse departamento, e um pouco os alunos, para dizer que o nível é muito bom, comparável ao das boas universidades de lá. Acrescente-se a qualidade e a variedade do movimento editorial, textos originais e traduções. O problema é conservar esse nível, que, bem entendido, é no máximo o das grandes universidades, não do conjunto das universidades, do Brasil. Acho que há sérias ameaças, das quais a mais importante é talvez a tendência a avaliar indivíduos e instituições pelo número de artigos publicados em revistas internacionais consideradas como de boa qualidade. Já para as ciências naturais e matemática – dizem os meus amigos especialistas – o critério é problemático. Em filosofia e ciências humanas, ele é desastroso. Em primeiro lugar porque o privilégio desse critério acaba por desvalorizar totalmente a atividade docente, que é na realidade um dos pilares da universidade. Que o professor se dedique às aulas, ou que ele seja mais ou menos displiscente (desde que cumpra um mínimo legal), isso não tem hoje, praticamente, nenhuma importância para o sucesso da sua carreira. O resultado é – ou será – o de que ninguém investirá o seu

7 [Esse *revival* europeu de Marx, dos anos de 1990, se revelou em grande parte efêmero.]

tempo preparando boas aulas. Dir-se-á que é difícil controlar essa atividade. Mas, em muitas universidades estrangeiras (não na minha, embora ela se pretenda universidade de vanguarda), há uma solução sem dúvida delicada, porém funciona dentro de certas condições, que é a consulta aos alunos. É preciso que também os alunos participem da avaliação de professores e de instituições. Se, como em muitas universidades, se consultar vários alunos e ex-alunos, exigindo justificação mais ou menos longa dos julgamentos, os riscos são pequenos e as vantagens seguras. De resto, esta é uma exigência essencial no campo da democratização da universidade (a democracia é possível, diga-se de passagem, mesmo em instituições em que, por definição, existe desigualdade).

Quanto aos artigos em revistas estrangeiras, seria preciso que houvesse sempre uma avaliação qualitativa feita por especialistas, sem o que os resultados não tem nenhuma significação. Omito os exemplos. Não poderia deixa de me referir nesse contexto ao episódio da publicação da famosa "Lista de Professores Improdutivos", elaborada por elementos da reitoria da universidade, e sustentada com estardalhaço pela *Folha*, lista na qual tenho orgulho de ter sido incluído. Hoje se poderia publicar – a *Folha* talvez queira patrocinar – algo assim como uma Biblioteca dos Improdutivos. Ela conteria, por exemplo, um excelente livro sobre Husserl, um excelente livro sobre Bergson, um comentário de nível internacional do *Tractatus* de Wittgenstein, alguns livros sobre Marx talvez não inteiramente nulos etc. etc. Os avaliadores conseguiram meter nessa lista mais ou menos a metade – se não me engano – dos professores do Departamento de Filosofia da FFLCH da USP, sem dúvida um dos melhores ou o melhor da Faculdade. Porque tanto "improdutivo" nesse departamento? A resposta é simples. Na maioria dos casos se tratava: 1. de gente que prepara as aulas com cuidado, coisa não muito comum atualmente, e que exige grande investimento de tempo e energia; 2. de gente que preparava obras teóricas de fôlego, o que exige idem idem. Havia também na lista o nome de alguns dos nossos melhores professores (aqui penso principalmente em professores de letras), gente que formou gerações e gerações de helenistas, de latinistas etc. – e que em alguns casos, escreve pouco [ou escrevia pouco, obs. de 2005]. E daí? A meu ver, há dois estilos positivos de trabalho no interior da universidade: a do bom professor, e a do intelectual criativo. Se o universitário for uma dessas duas coisas – contanto que ele cumpra as exigências legais em termos de aulas –, acho que já está bom. O grave, e infelizmente isto também existe, é o caso dos que não fazem nem uma coisa nem outra.

Outra coisa que me preocupa na universidade no Brasil – entro em assunto delicado – é o fato de que a legislação permite que o professor se aposente após trinta anos de trabalho, e a professora após 25 (contra respectivamente os 35 e os trinta do regime geral). Refiro-me exclusivamente ao caso dos professores universitários, e só à questão do tempo, a propósito do qual as coisas parecem claras. Nessas condições, acontece uma dessas duas coisas: ou o professor (a professora) se aposenta abandonando toda atividade, e nesse caso a perda para a universidade é muito grande, porque após 25/30 anos de atividade ele está em geral no melhor da sua forma; ou então, é o caso mais comum, ele (ela) passa a trabalhar para outra universidade, acumulando dois cargos. Então, se não se perde o trabalho, há um gasto excessivo do dinheiro público, além de se barrar o caminho para os mais jovens. Não estou criticando quem se beneficiou da lei atual: de alguma forma todos nós nos beneficiamos. O privilégio é legal, e se for utilizado com vistas a uma atividade séria dentro ou fora da universidade, não é nem […] amoral. Mas se trata de um privilégio injusto para a universidade e para a população em geral, e que deveria ser progressivamente eliminado[8]. Antes de terminar a resposta a essa pergunta, não posso deixar de insistir sobre a necessidade de injetar um pouco de ética na vida universitária. Quando se fala de formação do pensamento brasileiro e de desenvolvimento da universidade, deve-se perguntar para quê. O desenvolvimento intelectual do país como o desenvolvimento econômico não é um fim em si. É preciso saber de que desenvolvimento se trata (os críticos do desenvolvimento econômico acabam caindo numa figura semelhante quando privilegiam a "formação" do pensamento etc., sem criticar também essa ideia). Segundo

---

8 [O tempo mínimo para a aposentadoria passou a ser de 30 anos para as mulheres e de 35 para os homens.]

Libération (10.1.96), o grande matemático Alexandre Grothedieck se retirou do mundo, enojado com os costumes dominantes na vida acadêmica. Diz o matemático, não sei se é verdade, que em certos países se tornou praticamente normal um chefe de departamento (de matemática) apropriar-se dos resultados de assistentes, caso tenha força suficiente para isso. Como se vê, também a esse propósito, a bandeira deve ser mudar o sentido do desenvolvimento que não pode ser o de desenvolver por desenvolver.

No início, V. fez o balanço dos seus trabalhos publicados ou em curso de publicação ou elaboração. E os planos a mais longo prazo?

Em cima e para além das duas séries, totalizando sete volumes, a que me referi no início (dos quais cinco aproximadamente estarão dados a público até o fim do ano), gostaria de escrever dois livros teóricos, em cujo conteúdo não entrarei aqui (além de um livro de poemas e de historinhas que venho acumulando há muitos anos, e de um livro com parte das minhas entrevistas). Se houver tempo, tenho na cabeça planos para ainda outros livros. Mais não creio que terei tempo. Como comecei tarde, tenho um saldo de projetos em relação à expectativa de vida.

ENTREVISTAS

SOCIALISMO DEMOCRÁTICO, MARX HOJE, FUTURO DO PT, FUNDAMENTALISMOS*

Entre as formas sociais do século xx, o sr. distingue (Em Marx: Lógica e Política, v. III) quatro tipos básicos: capitalismo democrático, nazismo, totalitaritarismo de "esquerda" e democracia socialista. Diante de um capitalismo globalizado e quase onipotente haveria espaço para o surgimento de um socialismo democrático? Como avalia os resultados do capitalismo democrático nos países periféricos?

Há algumas décadas, André Gorz escreveu um livro que se chama *O Socialismo Difícil* (Jorge Zahar, esgotado). Convencer-se das dificuldades do projeto é hoje a primeira condição para que ele se torne praticável. Infelizmente a maioria está à procura de soluções simples. Os franceses costumam gozar o pessoal do "il n'y a qu'à" ("basta fazer isto ou aquilo, para…"). Há de fato um capitalismo globalizado e quase onipotente – e, com o governo Bush, a arrogância americana se tornou insuportável, mesmo para os europeus, inclusive para os menos radicais. Isto posto, não há nada mais perigoso de que um esquema monista da história.

É preciso introduzir distinções: há os EUA imperiais, é certo, mas há também a Europa, os fundamentalismos terroristas, o Terceiro Mundo que tenta resistir, mas onde irrompem formas de banditismo político etc; e nada disso é efeito ou se deduz da existência do império (mesmo que a política deste, como a de russos, chineses e europeus – pelo menos no passado –, tenha criado condições que facilitaram o desenvolvimento de certos movimentos regressivos). Nada é mais mítico do que homogeneizar ou dicotomizar isso tudo. Assim, por ocasião do 11 de Setembro, boa parte da esquerda só via duas possibilidades. Ou se saudava o evento como ação de forças progressistas anti-imperialistas (em forma pura esse delírio foi, creio, relativamente raro, mas não em forma um pouco atenuada) ou então se dizia que eram os americanos que haviam feito tudo (esse segundo delírio também foi frequente em forma atenuada).

---

* Concedida a Maurício Santana Dias. Publicada parcialmente na *Folha de S. Paulo*, em junho de 2002. Publico aqui a versão completa.

A tese de que a ação fora obra de um terceiro, que não é nem "forma fenomenal" do imperialismo nem representa uma força progressista, ficava excluída. Se a realidade se opõe ao esquema, é preciso mudar o esquema, não negar a realidade. Mas para a maioria valeu o "tanto pior para a realidade". Foi também pensando em reações desse tipo que insisti numa teoria plural das formas sociais e políticas contemporâneas. E entre elas incluí, como forma virtual, o socialismo democrático.

Ao mesmo tempo, insisti que, onde existe democracia, é preciso pensar o capitalismo não só como uma forma contraditória (o que os marxistas sabem), porém contraditória por abrigar dois pólos que coexistem, mas se opõem – o capitalismo e a democracia (o que os marxistas parecem saber, mas não sabem). Por mais imperfeita que ela seja (e nos países periféricos, dada a desigualdade monstruosa, ela é evidentemente muito imperfeita), a democracia – insisto – é a semente existente de um progresso futuro. Todo atentado à democracia é regressão. Isso posto, é claro que sob o capitalismo ela é muito insuficiente, e este pode involuir para um capitalismo autocrático. Quanto à possibilidade do socialismo democrático, para saber se ele é possível ou não, a primeira coisa a fazer é defendê-lo como projeto. Ora, o que se vê? Uma certa extrema esquerda denuncia, em teoria e na prática, a democracia em geral, e não hesita em tecer loas à ditadura cubana em plena decomposição, e até ao capitalismo totalitário chinês. A democracia socialista é um projeto utópico? Certamente menos utópico do que o projeto de uma sociedade sem leis nem Estado, que, de uma forma ou de outra, está no horizonte do projeto marxista.

Logo no início do seu livro, o sr. diz que Marx continua tendo no Brasil "um lugar que há muito tempo perdeu na Europa". A que se deveria isso?

Hoje, na Europa, embora saiam de vez em quando alguns livros sobre Marx e haja uma revista temática sobre Marx – além de alguns intelectuais ligados à extrema-esquerda que se declaram marxistas –, há quase consenso: Marx é coisa do passado. O marxismo francês nunca foi bom, e a dialética nunca entrou nesse país. Há certamente excelentes especialistas em Hegel, mas eles ficam marginalizados em guetos da história da filosofia. A que se deve esta situação? O diagnóstico é complexo.

O marxismo foi associado ao império "comunista", e a queda deste arrastou consigo o prestígio do marxismo. No caso da França, acho que há outros elementos. Sou ateu em teoria e prática, mas se deve dizer que o lado radicalmente antiteológico do pensamento francês fez com que ele se fechasse a certos problemas – principalmente lógicos – que desembocam no idealismo alemão. E, sem uma incorporação viva e profunda do idealismo alemão, não há como comprender a obra de Marx.

No Terceiro Mundo [principalmente na América Latina], são certamente razões políticas que explicam o interesse relativo que a obra de Marx ainda tem. À medida que o capitalismo mundial pesa terrivelmente sobre esses países, é, digamos natural que uma teoria voltada para a crítica do capital não seja facilmente descartada – o que não significa que não haja muitos mal-entendidos.

No caso particular do Brasil, o marxismo se beneficia de uma tradição universitária que em filosofia foi muito marcada pela reflexão francesa e pelo pensamento alemão – Marx na ponta. Creio que reunir os dois universos – o da Europa e do mundo anglo-saxão com o [da dialética que teve e tem peso no Brasil] – não é mero exercício acadêmico, e talvez seja o caminho mais fecundo para o pensamento contemporâneo. Para usar uma expressão de Victor Goldschmidt, seria preciso "atritar" esses dois universos. Leio hoje a *Uma Teoria da Justiça* do filósofo americano John Rawls, e tenho a impressão de que o que ele faz – e que é muito interessante – deveria ser "atritado" com a tradição dialética.

Uma das ideias de Marx – e do marxismo – é de que a filosofia seria, em certo momento, superada na ação política. O sr. opta por um caminho inverso: devolver o marxismo à filosofia e, mais especificamente, à dialética.

A relação do marxismo com a filosofia é complexa. Há três respostas sobre o problema em Marx: a do jovem Marx, a da *Ideologia Alemã*, [isto é] do marxismo de 1845/6 e, mais ou menos implicitamente, a do Marx maduro. A segunda resposta é radicalmente antifilosófica. A primeira propõe uma espécie de morte e renascimento da filosofia, com elementos hegelianos. A terceira é uma espécie de "supressão" (*Aufhebung*) da filosofia. Esta é incorporada a uma ciência crítica que não é ciência à maneira dos positivistas.

O grande texto do século xx sobre o problema é a *Dialética Negativa* de Theodor W. Adorno. A obra se volta contra o Marx de 1845. Entretanto, ela não é simplesmente filosófica; [ela] contém um elemento antifilosófico. Há uma frase na *Dialética Negativa* (cito de cabeça): "A filosofia é a coisa mais fundamental, mas tudo bem pensado, ela não é tão importante". Precisamos dela, mas conhecemos os seus limites.

Hoje no Brasil aparece por parte de alguns (penso em particular no meu amigo e professor de filosofia da usp Paulo Eduardo Arantes) a tentação de tomar um caminho radicalmente crítico, eu diria antifilosófico. Creio que isso é uma ilusão que pode levar a maus resultados – inclusive no plano da política. O caminho de Adorno é, a meu ver, o mais fecundo. Penso, entretanto, que, para além de Frankfurt, seria preciso repensar a ética. E é o fato de se passar por cima desse problema o que mais me assusta – mas não só – nas tendências antifilosóficas que surgem no Brasil.

Qual o balanço dos oito anos de governo fhc? *Como vê uma possível vitória do* pt *nas eleições presidenciais? Este seria um caminho para o socialismo-democrático?*

Na medida em que pude acompanhar os últimos acontecimentos no Brasil, através da Internet, o que ocorre com o pt nos últimos tempos é muito preocupante. Mas comecemos do começo.

A política de Cardoso, um homem que vem da esquerda e se apresenta como social-democrata, foi muito ruim para a esquerda brasileira, e não creio que tenha sido boa para o pais. Cardoso se elegeu na base de um acordo com o pfl, que representa o núcleo das classes dirigentes brasileiras, núcleo reacionário e corrupto. E se reelegeu em condições mais do que duvidosas. No plano econômico (onde não é facil opinar, dada a tecnicidade dos problemas, mas não se deve transformar essa tecnicidade em recurso ideológico), se ele se cercou de técnicos astutos – a esquerda, diga-se de passagem, foi bastante cega no que se refere ao problema da inflação – ele fez coisas dificilmente admissiveis: duvido que a privatização da Companhia do Vale do Rio Doce tenha sido uma coisa boa para o país (e sobre as condições dessa privatização e de outras, o governo FHC deve uma explicação). No momento da crise mexicana, ele perdeu tempo, e interveio muito tarde, por razões eleitorais. Mas o essencial é o erro de um governo com o PFL e cia, que só poderia dar no que deu: veja-se o caso da crise energética, que se explica, entre outras razões, pela incompetência, para não dizer mais, de gente nomeada para satisfazer às exigências das alianças eleitorais. Como já se observou, se fosse o PT e não o PSDB que estivesse no governo, o que não teria sido dito sobre a incompetência evidente, diante do problema da energia e de outros, do sindicalista sem experiência, a contrapor à onissapiência de Cardoso e do atual grupo dominante?

Isso posto, ou por isso mesmo, o oportunismo recente do PT é uma catástrofe. Não que os defensores do governo tucano tenham legitimidade para dar lições (eles pegam o PT pelo colarinho por causa das alianças desastrosas que se anunciam, mas com relação às proprias alianças, dizem: "Piques!… Nós não podemos ser pegos. Nós somos nós, e as alianças foram necessárias". Isto não é sério). Na realidade, o processo a que se assiste no atual PT tem como modelo a política de Cardoso e do PSDB: o PT imita os tucanos e isto pode ser a morte do PT. Senão vejamos.

Ao contrário do que se diz, a trajetória do PT e de Lula foi, até aqui, muito honrosa. Criou-se um grande partido de esquerda, que em geral administrou bem várias prefeituras, desenvolveu o projeto importante dos orçamentos participativos no sul do país, e até obrigou o PSDB a triar os seus candidatos à vice-presidência, para ter alguma chance diante do adversário. Que Lula e parte do PT tenham se manifestado contra certas violências do MST, não tenho dúvida, é positivo. O MST tem importância como movimento que mobiliza camponeses, mas a sua ideologia, nutrida do culto de Che Guevara e de outros, é pré-totalitária. Isso deve ser dito sem medo e com todas as letras. Lula falou a favor da propriedade privada. Isso também é correto. Propriedade privada é diferente de capital (e mesmo em relação ao capital, não se trata de acabar com ele amanhã ou depois de amanhã). Remeto os que acham que com isto Lula caminha para a direita à "Introdução Geral", de MLP III, e também às conferências que fiz nos últimos anos. Há um jeito de ir para a esquerda que na realidade leva para a direita, ou pelo menos para o totalitarismo (se se quiser falar de totalitarismo de "esquerda"). Se Lula e o PT não abandonaram certas ilusões no plano da política internacional, o que é lamentável, houve certamente progresso: eles tomaram alguma distância em relação aos antigos modelos (A propósito da pretensa incompetência do PT, seria preciso lembrar a quantidade de grandes intelectuais brasileiros que apoiam esse partido, e as possibilidades que, ele tem, por isso, de mobilizar grandes energias intelectuais em caso de vitória. Quanto à ameaça de caos na hipótese de uma vitória de Lula, esse tipo de conversa já existia no tempo do *front populaire* francês, e é uma faca de dois gumes.). Assim, o balanço do PT e de Lula está longe de ser negativo; ele é em todo caso muito melhor do que o de Cardoso e do PSDB, que se jogaram nos braços da direita e do oportunismo político. Mas o que vemos agora? Lula justifica alianças com o PL e até com Quércia. O argumento de que este último não foi condenado pela justiça já foi refutado e não merece ser discutido… Felizmente houve reação dentro do partido. Só que se diz que ela vem dos "radicais" do PT. Pode ser que os chamados radicais tenham reagido, e tanto melhor se o fizeram. Mas o que incomoda nessa formulação, é que se opõem projetos "radicais" a projetos de alianças oportunistas, como se essa fosse a verdadeira e única alternativa. Isto é, como se essa oposição definisse o problema, e como se não houvesse outras posições possíveis. Assim, ou seríamos favoráveis a alianças com o PL etc., ou então optaríamos pela extrema esquerda e o neobolchevismo. Assim, para justificar a aliança com o PL, um dirigente do PT disse que, se alguns não aceitam esse tipo de acordo, é porque ainda não se desvencilharam totalmente da influência do totalitarismo… A saber, a prova de que não se é mais totalitário estaria na "coragem" em fazer alianças com Quércia... Na realidade o problema das alianças é por um lado ético e por outro lado político. O que quero dizer com isto? Alianças são válidas e possíveis, mas um partido de esquerda democrática que se preze não faz alianças [...] com gente claramente à direita [...] e com gente notoriamente corrupta [...]. A confusão é grande a respeito disto. Assim, editoriais da *Folha*, falam de rupturas inevitáveis no PT, depois de uma eventual vitória nas eleições presidenciais. Talvez. Porém é essencial saber de que ruptura se trata. Rupturas da extrema-esquerda, isto ocorre sempre (pode também haver rupturas especificamente políticas, justificaveis). Mas haverá talvez rupturas por razões éticas, razões que, insisto, são inerentes a uma política democrática de esquerda. Seria possível uma política "honesta"? O *cinismo* que domina o país, seus meios políticos, universitários, jornalísticos e não sei mais o quê, cinismo pelo qual os tucanos têm uma grande responsabilidade, mas ao qual agora, como se não bastasse, os petistas começam a prestar reverência, sugere o contrário. Mas não é verdade. Não falo da possibilidade de um partido no interior do qual se poderia ter certeza de que não existe *nenhuma* pessoa de passado duvidoso, mas de um partido em que a imensa maioria não tem nada em comum com a corrupção e cuja política é refratária a qualquer concessão a ela. Os partidos socialistas europeus realizam atualmente, em grandes linhas, essa exigência, que não tem nada de utópica nem de "angelista". Se isso parece impossível, é que, a partir das práticas do PSDB (que carregava o nome da esquerda), passou-se a fetichizar a "esperteza" em política e também fora dela. Como não há vontade santa, concluiu-se que um certo tipo de político representaria sem mais "a natureza humana"... Aí há um problema teórico que discuto no meu livro.

Se não for corrigido, o caminho que o PT está seguindo conduzirá à morte desse partido. Votarei em Lula, porque acho que os erros ainda são reversíveis; e espero a sua vitória. Mas o destino da esquerda brasileira não se identifica com o destino do PT, e ainda menos com o destino de Lula. Se o PT abandonar a política de alianças oportunistas, escolher um bom candidato (ou candidata) à vice-presidência, a derrota não será nenhuma catástrofe. O PT, e com ele a esquerda, continuará o seu curso ascendente. Mas, se ele insistir nessas alianças? E se, nessas circunstâncias, perder as eleições (e isso pode acontecer; nem eleitoralmente é certo que esses pactos valham a pena) acontecerá o que rezava o velho saber churchilliano: "venderam a honra para conseguir a vitória, pois tiveram a desonra e a derrota". E se o PT ganhar nessas condições, ele vai governar apoiado nos "pastores" do PL, nas mais belas flores do PMDB e em quem mais? Pergunto-me em que um tal governo seria melhor do que os outros?

E se o PT insistir nesse caminho?

Nesse caso, não tenho dúvida (e essa é a atitude de muita gente), deixarei de votar nesse partido. Não para adotar uma posição de repúdio à política, como a que pregam certos neoanarquistas milenaristas, de que também me ocupo no meu livro, os quais se alimentam precisamente do desencanto crescente com a política do PT. Tampouco iria aderir a algum grupúsculo revolucionário (gostaria que os membros desses grupos estudassem um pouquinho mais a história desastrosa do bolchevismo). Votaria em branco, mas só até que se formasse um novo partido, reunindo as forças socialistas e democráticas não contaminadas pelo oportunismo e pela corrupção. Esta não seria a primeira vez que um partido de esquerda teria apodrecido.

Em seu livro o sr. acusa o governo de FHC e o seu ex-colega José Arthur Giannotti de praticarem e pregarem o "amoralismo". Gostaria que comentasse esse ponto.

Dedico um certo número de páginas do meu livro à crítica de Giannotti. Há um certo parentesco, que assinalo, entre a ética de Giannotti e a política de FHC, mas me ocupei da primeira também independentemente, como farei aqui. O que não significa que os problemas que discuto não tenham também implicações políticas, e, *a fortiori* no Brasil de hoje. Tudo isso se articula de algum modo, embora não de modo imediato. Minha crítica a Giannotti é ao mesmo tempo teórica, ética e política. Li *Certa Herança Marxista* (Companhia das Letras), mas não acho que tenha grande importância [Os problemas mais urgentes não estão lá].

Bem mais importantes [à sua maneira], porque muito esclarecedores, são os artigos que ele publicou na *Folha*. Refiro-me aos artigos sobre as "zonas de amoralidade" etc. que analiso em detalhe no meu livro. Tento mostrar: 1. que a suposta leitura vulgar ou ingênua desses textos é a que se impõe: Giannotti procede a uma verdadeira defesa de um certo amoralismo – eu diria do amoralismo – em ética e em política; 2. que esse amoralismo tem afinidade pelo menos com parte dos seus textos teóricos e converge perfeitamente com as suas práticas na universidade, principalmente no plano da competição universitária. Aqui aparecem questões prévias de que trato em detalhe no meu livro.

A recusa preliminar em discutir certo tipo de problemas microssociais sob pretexto de que são "individuais" ou "pessoais" não tem nenhuma justificação. Há um individual "pessoal" e há um individual "universal", sem o que a *Crítica da Razão Prática*, de Kant, seria um livro de fofocas (mesmo se tratadas abstratamente). Contra os preconceitos correntes que professam em uníssono marxistas, nietzschianos, psicanalistas a-críticos, filósofos universitários etc., acho que discutir esse gênero de questões é da maior importância.

Nessas discussões, há, é claro, um coeficiente "individual-pessoal", mas ele não é essencial. Aliás, Giannotti sempre usou esse tipo de argumento. Ele, que se pretende [ou se pretendia] crítico do psicologismo, sempre psicologizou, sem mais – em relação aos seus [próprios] atos diz: "é meu jeito", "eu sou assim" –, o que é de ordem transcendental, o que concerne ao bem e ao mal (ou é, digamos, de ordem "psicoética"). De que estou falando? Do fato de que Giannotti, com alguns dos seus amigos, sempre praticou e pratica um estilo hipercompetitivo "brutal" – ele mesmo empregou e assumiu esse termo – dentro da universidade. Na realidade, Giannotti põe em prática dentro da universidade um tipo de competição que é do estilo da competição comercial ou capitalista em geral [mais precisamente, hipercapitalista] [Claro que essa prática representa um problema mais geral que ultrapassa a pessoa que examino aqui – ver textos acima sobre a universidade – mas Giannotti encarna esse estilo até a caricatura.]. Discuto isso em detalhe no meu livro; diria aqui apenas que esse estilo é a morte da universidade. Longe de fecundar o trabalho teórico, a competição sem limites – não falo da emulação ou mesmo da competição com regras, e não se diga que a diferença é relativa: ela é enorme, desserve (sem falar do resto) o progresso intelectual. O argumento de que eles estão preocupados com a "excelência" é pura ideologia; preocupa-os, isso sim, o próprio destino e o dos grupos que representam. Giannotti utiliza o mito popular, totalmente falso, do grande professor "de maus bofes", mas sentinela da ciência e intransigente com a verdade... Isso é ilusório. Se as relações entre virtude e ciência são complicadas, o caso geral é o da convergência, não o da divergência – e, quando ocorre esta última, em geral a ausência de virtude, digamos assim, se opera longe das práticas intelectuais.

Com isso não quero dizer que o nível de Giannotti seja [propriamente] "ruim" – na realidade, ele é "mediano" – nem que nada do que escreveu presta. Mas tudo somado, e apesar das aparências, o segredo de Giannotti está nas suas insuficiências como teórico [Falta-lhe, essencialmente, imaginação teórica]. As práticas hipercompetitivas lhe são, sem dúvida, fonte de grande prazer, mas os motivos profundos não são apenas "libidinais", são também funcionais; Giannotti precisa delas. As vantagens que poderiam resultar para a coletividade dos raros casos no qual, o que ele escreveu – refiro-me ao que [poderia ter] real interesse – não se encontra melhor, em outro lugar, são amplamente compensadas pelo clima infernal assim induzido e pelos efeitos negativos desse clima sobre os progressos da teoria. Poderia dar muitos exemplos. Vendo o resultado: uma ética de um amoralismo consternante, uma lógica eclética com pouco brilho e, em geral, uma produção muito marcada pelo conhecimento -por-ouvir-dizer e sem outra orientação maior que não a da luta contra os "inimigos" (isto é, a do primado da concorrência, que passa a ser substantiva), tenho às vezes a impressão de que Giannotti é uma espécie de Gonçalves de Magalhães [poeta romântico brasileiro] da filosofia brasileira: filósofo semioficial, muito apoiado pela mídia, mas sem real talento

[Para concluir esse ponto diria que, de certo modo, a maior vítima de Giannotti acabou sendo ele mesmo: suas práticas acabaram sufocando o que poderia haver de promissor no seu projeto inicial.].

Como examina a recente ascensão da extrema direita na Europa? Que consequências ela pode ter?

O assunto exigiria uma resposta longa. Na introdução a MLP III, escrita em fins de 2001, refiro-me ao problema. Há um componente histórico, a presença de um fundo de extrema direita, que agora emerge. Antes de estudar as causas dessa emergência, valeria a pena analisar os casos negativos, isto é, o dos países onde ela não emerge, e estudar por que não emerge. Até aqui – a situação poderia mudar – escapam dessa onda de extrema direita principalmente a Espanha, a Grã-Bretanha e a Alemanha. Acho que as razões são as seguintes: a Espanha e a Alemanha passaram por traumas violentíssimos (derrota e destruição, guerra civil), por causa de governos de extrema direita. Salvo erro, isso de certo modo os imuniza. Quanto à Inglaterra, a vitória sobre o nazismo está inscrita como página gloriosa na sua história. Claro que isso tudo vem de mais longe – e é em parte efeito.

Passando agora aos casos positivos (isto é, onde a extrema-direita ascende) – limito-me à França – há um outro dado histórico, mais recente. A dissolução do império colonial terminou com a guerra da Argélia (compare-se com o final relativamente pacífico do Império Britânico, pelo menos no que concerne às relações colônia/metrópole). E a guerra da Argélia significou xenofobia antiárabe, sobretudo no sul.No plano imediato, temos a situação precária dos setores marginalizados pela globalização – setores que a esquerda governamental "esqueceu" completamente, mas a esquerda não oficial esquece outras coisas –, o desenvolvimento de um começo de violência urbana (ligada a esses fenômenos, mas também ao enfraquecimento de estruturas familiares e a outros fatores), o déficit democrático e social da construção europeia e a questão da imigração. Os países da Europa terão de aceitar a ideia de uma nação pluriétnica e plurirreligiosa, para além dos limites atuais. Ora, o que se fez até aqui em matéria de integração de imigrantes e filhos de imigrantes é muito pouco. Uma medida importante seria a concessão de direito de voto aos estrangeiros não comunitários (os outros já o têm) nas eleições municipais e europeias, medida que, parcial ou totalmente, está no programa da maioria dos partidos de esquerda e extrema esquerda. A mobilização, principalmente da juventude de esquerda, foi muito impressionante e, de certo, modo salvou – por ora – a República. Mas resta o fato de que uns cinco milhões de franceses votaram e votam num candidato neofascista, racista e demagogo. Estou convencido – principalmente depois de ter lido a excelente biografia de Hitler, por Yan Kershaw, um livro que é ao mesmo tempo uma importante história do nazismo – de que, se ocorrer uma crise econômica aguda – a tal crise, que segundo alguns, poderia conduzir ao socialismo –, a França correrá um risco real de acordar, um dia, sob um governo fascista.

Analisando o novo terrorismo, o sr. diz que ele combina o que há de mais regressivo no mundo periférico com o que há de mais moderno no mundo capitalista. Como vê as possíveis consequências dessa "aliança"?

O fenômeno do terrorismo tem que ser estudado com muito cuidado, como um fato que não é novo na história, mas que hoje ganha grande peso. Creio que a coisa mais importante é pensar o seu caráter regressivo. Ele é [certamente] regressivo em relação ao capitalismo democrático [Isso pode parecer óbvio, mas não foi bem o que se escutou.]. O terrorismo fundamentalista atual aparece na interseção de dois elementos: por um lado, ele se liga ao desenvolvimento e à relativa banalização das modernas técnicas de extermínio; por outro, na medida em que retoma tradições religiosas antigas, tem algo de arcaico.

Mas ele também tem uma modernidade política para além das técnicas de exterminínio. Definir essa modernidade não é facil. Digamos o seguinte: dadas as condições da economia mundial, as características em geral autocráticas dos movimentos de libertação nacional e, tendo em vista os erros e crimes dos governos ocidentais – penso no caso Mossadegh no Iran, derrubado por um complô anglo-americano, ou na expedição anti-Nasser no Egito –, os movimentos nacionais e anti-imperialistas, uma vez no poder, desembocaram num impasse econômico e político. Das condições desse impasse é que nasceram – e fundamentalmente se desenvolveram, a partir de realidades já existentes – de um lado os novos fundamentalismos, e de outro, autocracias e terrorismos laicos.

Do ponto de vista do socialismo democrático, tudo isso representa uma [regressão]. Há uma certa analogia entre esses fenômenos que se dão, em primeiro lugar, no Terceiro Mundo e o que aconteceu no primeiro Mundo e na periferia imediata deste. Assim como o socialismo democrático desemboca em poder de Estado na Rússia e no leste Europeu, os movimentos nacionais e anti-imperialistas se perdem nas formas autocráticas ou nos fundamentalismos religiosos. Assim como as burocracias foram e ainda são regressivas, são também regressivos os terrorismos pseudolibertários de toda sorte, e os fundamentalismos político-religiosos. Bem entendido, é preciso evidentemente incluir entre estes últimos os dos colonos israelenses que ocupam ilegalmente o território palestino.

GOVERNO LULA, SOCIAL-DEMOCRACIA, ESQUERDA RADICAL*

O sr. já disse que o núcleo dirigente do governo Lula tem pouca experiência democrática. Quais as consequências disto?

Há um lado positivo na história de Lula e de boa parte dos membros do governo. O fato de que vários deles sejam ex-militantes de extrema-esquerda ou sindicalistas, de certo modo os vacina, direta ou indiretamente, contra a extrema esquerda. Mas não é gente formada na ideia de democracia. Existe um traço autoritário no núcleo que dirige o PT e o governo. Mas o governo erra por mais de um lado. Existe um risco de direita e um risco (ou riscos) de pseudoesquerda.

Quem é direita e o que é pseudoesquerda?

Por um lado, há o fato de que no Banco Central e no Ministério da Fazenda existe muita gente ligada à ortodoxia econômica. A meu ver, a política inicial do governo, de não enfrentamento com o FMI, foi correta. Mas só como ponto de partida. Entretanto, eles blindaram os cargos mais importantes com pessoas muito comprometidas com a ortodoxia. O ideal seria ter gente de esquerda fazendo essa política de apaziguamento. Isso não aconteceu ou porque não houve gente de esquerda com suficiente jogo de cintura para executar essa política, ou porque eles quiseram dar uma mensagem muito clara de que não romperiam – logo, pelo menos – com a ortodoxia. E eles evidentemente exageraram. Por outro lado, existe um grupo desenvolvimentista – não me refiro a todos os desenvolvimentistas do governo – que está principalmente no BNDES e representa o contrário dessa linha. Pelas informações que se tem, trata-se de um grupo de estilo muito autocrático, com um discurso nacional-autoritário, pelo menos por parte de alguns. Se a posição dos neoliberais não é boa, o estilo do BNDES também não é. A propósito, precisamos menos de hegemonismo brasileiro do que de solidariedade latino-americana. Terceiro risco: se o movimento camponês tem indiscutivelmente

---

* Concedida a Fernando de Barros e Silva e Rafael Cariello. Publicada na *Folha de S. Paulo*, em novembro de 2003, sob o título "O Coringa da Ruptura é Carta Falsa"

um papel importante no seu esforço em acelerar a reforma agrária, a ideologia do MST é neoguevarista e totalitária. As suas escolas de quadros não anunciam nada de bom. Existem assim vários riscos para o governo e dentro dele. Mas há também muita gente boa. E houve acertos.

O sr. parece ter simpatia por posições da social-democracia?

Na social-democracia existem coisas positivas e negativas. O bolchevismo, em comparação, foi um desastre. Se fizermos um balanço da primeira, algumas coisas escapam. Do bolchevismo, só as boas intenções, e ponto. Na França, país marcado pela social-democracia (além do gaulismo) há três coisas essenciais: cobertura de saúde universal, ensino público gratuito de bom nível e transporte público eficiente. Nos países nórdicos houve um projeto de reforma bastante radical não muito centrado no Estado, mas com redistribuição de renda via Imposto de Renda. Minha impressão é que a gente de esquerda no Brasil se interessa pouco por essas coisas… Como lá não se fuzila, como lá se pode entrar e sair do país, não deve ser sério… Preferem-se as "coisas fortes", revolução…

As dificuldades do governo Lula são também sintomas de crise da esquerda?

A esquerda foi muito marcada por um projeto revolucionário. As reformas não seriam o caminho: o essencial seria a revolução social. Essas ideias penetraram profundamente na esquerda europeia, e aqui, em alguma medida, elas se conservam. Identifica-se a esquerda com o projeto revolucionário clássico. É preciso separar as duas coisas. Não creio que isso signifique aceitar sem mais o chamado reformismo. Até aqui se pensou que a ruptura viria antes da reforma. Dever-se-ia inverter essa relação e imaginar que uma mudança radical só pode vir depois da reforma. Ou no curso desta. Vamos começar pela reforma, sem especular se houve ruptura. Essa espécie de fetichismo da ruptura (de que seria preciso quebrar o sistema, romper a legalidade) não significa nada. É preciso definir os objetivos da esquerda. Eles não se identificam mais com o fim da propriedade privada. Devemos supor que esta deve subsistir como o dinheiro. É necessário re-

232 OUTRO DIA

pensar certa tradição da esquerda, porque a política violenta, revolucionária, levou, na pior das hipóteses, ao genocídio, e na melhor, a governos ditatoriais. E finalmente à volta ao capitalismo, frequentemente um capitalismo selvagem.

A esquerda que critica o governo Lula parte desses princípios da esquerda tradicional?

Parte. Distingo três casos. Há os castristas como (o sociólogo) Emir Sader. A propósito dos fuzilamentos em Cuba, ele escreveu que não eram obrigatórios, o que significa que... eram facultativos. Em um de seus artigos no *Le Monde Diplomatique*, diz que não sabe se o Lula vai poder realizar seus projetos nesse quadro institucional. O que é sintomático. A acrescentar, entre os castristas, os cristãos de extrema esquerda, que são uns cristãos estranhos, que justificam execuções. Os socialistas laicos, não cristãos, temos uma ideia diferente sobre o que vale a vida humana. Em seguida vêm os que começam com esquemas quase revolucionários – ruptura com o FMI – mas sem pôr todos os pingos nos is nem discutir as consequências. Também jogam, mesmo se mais implicitamente, a carta revolucionária. Pensam ter um curinga na mão, mas esse curinga é na realidade uma carta falsa.

Depois... Depois há o Paulo Arantes [professor de filosofia da USP, considerado um dos principais intelectuais da esquerda brasileira]. O discurso de Arantes é de estofo anarco-marxista. Tem a marca do Marx, mas também de uma crítica da posição marxista. As duas coisas desembocam num discurso que a meu ver é regressivo e niilista. Paulo Arantes fala do império, do império e do império. Mas existem outras forças e personagens que precisam também ser pensados: os "outros" do império, bons ou maus. Há um pólo que poderá ter um papel positivo, a União Europeia. Também a ONU. E há o lado do horror: é preciso pensar em gente como Saddam Hussein, como o Milosevic, como o Bin Laden. Várias dessas figuras, embora não todas, são figuras de déspotas. Podemos nos fixar nessa ideia, que remete também ao caso dos despotismos de "esquerda". Ora, os marxistas não falam de déspotas. Por uma razão muito simples: em Marx não existe o conceito de despotismo – salvo o "despotismo oriental". Essa noção não existe lá, e , portanto, um marxista não pode pensá-la. Os melhores marxistas, quando começaram a refletir sobre o Stálin, falaram em burocracia. Mas Stálin era mais um déspota do que um burocrata.

O instrumental marxista, portanto, é insuficiente?

É. Quem tentou pensar o despotismo foram os liberais, só que eles não viram o problema de classe. A noção de despotismo, depois deles, se perdeu. Quem refletiu sobre o despotismo foi o Montesquieu. Claro, nele [também ou já] se encontra o despotismo oriental, mas como uma figura política maior. Se você falar a um marxista que o Saddam é responsavel pela morte de talvez um milhão de pessoas, ele não tem nada a dizer. Saddam é pior do que Bush. Só que o Bush tem um império mundial. É por isso que somos contra a guerra americana. Eles consideram essa gente como epifenômenos do império, manifestações da totalidade. Isso é um enorme engano. Cada um deles é o que é. É preciso examinar o que eles são. No discurso de Paulo Arantes há ainda um antijuridismo violento. E aí ele se funda no Carl Schmitt, que é um teórico radical da direita. Essa aliança não é ocasional. O que ele tira de Schmitt? Essa visão antijurídica, e através dela o ataque à democracia. Claro que Arantes não vai até a conclusão de Schmitt, que é o governo autocrático, e, depois, o governo nazista. Mas ele vai até a crítica da democracia. Trata-se de mostrar a cumplicidade da democracia com as formas totalitárias. Isso é perigoso. Sobre o Brasil, ele diz que, paradoxalmente, com a democratização aumentou a violência. Porém ela não aumentou por causa da democracia. Aumentou por causa da desigualdade. Sem dúvida, sob um governo totalitário há menos violência urbana, o que não é paradoxal. Na época de Stálin – Soljenítsin nos conta –, não tinha violência na rua, na URSS. Por outro lado, é inerente à democracia o problema da sua defesa. Mas que solução vamos dar? Acabar com a democracia?

E a crítica de Arantes ao governo Lula? É uma crítica ao capitalismo como um todo, quando ele estabelece relação entre consumo e violência?

Sobre o consumo, aí que ele me desculpe, mas somos obrigados a discutir a nossa própria posição dentro do sistema. Nós, professores das grandes universidades públicas, aposentados ou em vias de nos aposentar, temos uma posição de privilegiados (ainda que não de grandes privilegiados). Não estou pregando renúncia aos bens, mas acho que devemos levar em conta a nossa situação. Nós consumimos. O povo precisa consumir, também quer consumir.

Sobre o "Ornitorrinco", texto do sociólogo Francisco de Oliveira a respeito do Brasil contemporâneo, qual a sua opinião?

No caso do Chico [Francisco de Oliveira], a vantagem que ele tem sobre o Arantes é que ele sabe muita coisa sobre o Brasil. Mas tende também a uma espécie de totalização excessiva e tem uma postura demasiadamente clássica. Ele se refere a certas pessoas que vieram da classe operária e se transformaram em administradores de fundos. Esse fenômeno [descrito no texto de Oliveira] não é muito novo. Na história da socialdemocracia, isso se encontra desde pelos os anos de 1930. Em segundo lugar, isso não é sempre negativo. Vejam o caso da Suécia. Houve lá um projeto feito por um "homem-ornitorrinco" típico, um economista de um sindicato, gestor de fundos de pensão. Em certo momento, nos anos de 1970/80, eles apresentaram um projeto de aquisição de parte das indústrias do país. Isso provocou um verdadeiro pânico na direita, que, aliás, acabou ganhando as eleições. Então o problema não é que tenha gente de origem operária que vai administrar fundos, o problema é de como eles vão administrar. E não vamos ter medo dessas formas. Se você partir de um esquema clássico (estatização universal, ditadura revolucionária etc.) isso é o fim do mundo, acabou tudo. Mas esse esquema clássico "dançou", e a gente tem de pensar que as novas formas, dentro de certas condições não são necessariamente ruins. E pode haver formas monetarizadas que não são a rigor capitalistas[9]. Isso

---

9 [(Nota de 2005) Escrevo logo acima: "o problema não é que tenha gente de origem operária que vai administrar fundos, o problema é de como eles vão administrar". É aí que Francisco de Oliveira acertou, indiscutivelmente. O que se teve não foi simplesmente a formação de uma camada de administradores de origem operária, teve-se a formação de uma camada *mafiosa* de administradores de origem operária. Chico de Oliveira sabia bem disto, ou farejou o tamanho disto. E esse foi o seu mérito. Todavia os problemas gerais permanecem. Continuo achando, por exemplo, que uma reforma da Previdência – sem dúvida *uma* reforma – era

(a ideia de que o "novo" não é necessariamente ruim) deve ser observado também a propósito dos projetos cooperativistas de uma das secretarias do governo. Por outro lado, Chico de Oliveira não pensa as marcas deixadas na história pelos caminhos e descaminhos da esquerda. A história contemporânea tem de ser lida também como resultado dos "descarrilhamentos" da esquerda inscritos nesta história (China, Rússia…). Chico "totaliza" demais. Por exemplo, no melhor estilo holístico, quer estabelecer continuidade entre a violência do império e a criminalidade. Mas a criminalidade é tanto patologia da ordem como da contraordem, e não se identifica sem mais com a violência do império. A propósito, para me referir a um detalhe ilustrativo: ao contrário do que pensa Chico de Oliveira, o Comando Vermelho se chama assim porque infelizmente foi instruído também por gente de esquerda. E a grande criminalidade teve contatos com a triste guerrilha colombiana.

Como é que o sr. vê a atuação do outro grupo de intelectuais, que muitas vezes se esforçam para justificar as ações do governo Lula? Valem mais que os críticos?

necessária. E tenho muitos outros pontos de divergência, praticamente todos os que estão aí. Mas não há dúvida de que a revelação do esquema mafioso, e sobretudo do tamanho do esquema mafioso, leva a repensar todo projeto de reforma, enfatizando as peculiaridades da situação brasileira. Revelada a existência de tal esquema, e o risco de que ele reapareça, dadas as "condições brasileiras", seria preferível recusar todo projeto de fundos de pensão, mesmo fechados (ainda que, *a priori*, ela não seja inaceitável, e que, aparentemente, tenha funcionado em certos países)? Seria melhor restringir-se a uma correção que teria de ser radical, mas conservando o sistema intacto de distribuição, a maneira do que existe na França? Poder-se-ia perguntar também – embora esse ponto interessante não seja, sem dúvida, decisivo – a motivação da reforma era uma motivação mafiosa? Observar-se-á, a esse respeito, que o projeto da CUT era muito menos favorável aos fundos de pensão do que o projeto original do governo (o projeto aprovado ficou entre um e outro). Isso mostraria que a motivação era mais complexa. Enfim, é verdade que o rumo que tomou o PT obriga a discutir e rediscutir a reforma da Previdência, como outros pontos da política do partido. Mas as relações entre o problema da corrupção e as opções políticas são, em geral, muito complexas e variáveis. Do acerto na denúncia da corrupção não se pode deduzir um acerto na perspectiva política; embora, sem dúvida, a subestimação desse perigo possa ter efeitos negativos sobre a justeza da perspectiva política. De qualquer modo, é preciso reconhecer o mérito de quem, cedo, denunciou as figuras mais sinistras (de origem sindical ou não) da burocracia petista, e que teve de enfrentar imediatamente uma reação muito violenta.] Ver a respeito, neste volume "Para Além da Gangrena".

Dizer amém ao governo não serve. De minha parte, não assino cheque em branco para ninguém. Mas a crítica radical é muito ruim. O que me preocupa no grupo radical é que estamos perdendo a oportunidade de fazer uma crítica séria ao governo. Por exemplo: a reforma da Previdência teria que ser seriamente discutida. A reforma tem coisas boas. Deveria ter sido apoiada na questão [do salário] dos juízes. Idem na modificação dos prazos para a aposentadoria. Os tetos poderiam ser mais altos. Em matéria de críticas ao governo, a posição dos tucanos também não é solução. O balanço do período FHC não é extraordinário [para não falar mais]. Sem falar de certo tipo de crítica nitidamente reacionária – não me refiro especificamente aos tucanos – por parte de gente que fez campanha de terror no momento da eleição do Lula. Esses defensores intransigentes do capitalismo e de suas desigualdades aberrantes não têm nenhuma autoridade para falar em "direitos democráticos", "honestidade administrativa" etc. etc. Quem fez uma excelente crítica do governo e das forças nele dominantes foi o Fernando Gabeira: sua crítica ecológica atinge os neoliberais e os nacionais-desenvolvimentistas. E como ele se refere também da atitude do governo em relação a Fidel Castro, atinge ainda os neoguevaristas. Vamos tentar uma saída de esquerda, democrática.

Mesmo na parte política, o governo não poderia ter fugido a certo continuísmo? O que o governo Lula poderia ter apresentado como novidade e que não fez?

O que não fez? A política internacional é bastante boa, mas tem o caso de Cuba. Lula faz uma viagem a Cuba [durante a qual] eu diria que ele tinha o gol à frente, era só chutar. Passaria já para a história como o homem que enfrentou Bush e que ao mesmo tempo foi capaz de dizer não a Fidel Castro. Ele iria ser o herói da esquerda democrática mundial. Perdeu essa oportunidade. Nomeia um embaixador em Cuba que é amigo pessoal de Fidel Castro. Lula e outros têm relações afetivas com Castro, mas nós não temos nada a ver com isso. Muitos, entre os milhões de brasileiros que, como eu, votaram em Lula não tem nenhuma simpatia por ditadores do Terceiro Mundo.

ENTREVISTAS   237

DUAS ENTREVISTAS DO
SEGUNDO SEMESTRE DE 2002

a. Entrevistador: Manuel da Costa Pinto*

Como nasceu o projeto do livro Marx: Lógica e Política*, e o que
vem a ser esta articulação entre lógica, dialética e política?*

Eu comecei a trabalhar Marx quando era estudante, em meados dos anos de 1950, e muito cedo pensei em fazer algo em
torno do marxismo e da filosofia. Nessa época, era militante
da extrema esquerda antistalinista, mas ao mesmo tempo tinha
interesses teóricos. O ponto de partida era um tema que estava no ar (e que de certo modo continua na ordem do dia, pelo
menos na América Latina): a fundamentação do projeto revolucionário, a insatisfação com a ideia de que o socialismo se justifica porque é inevitável. Como escapar dessa má resposta sem
simplesmente moralizar e afirmar a "superioridade" do socialismo? Existe aí, portanto, um problema que fui desenvolvendo
em dois planos: o plano da análise política e o plano da análise
lógica – que no fundo são inseparáveis, pois frequentemente o
problema que se coloca é justamente o de como se articulam as
ideias, mais do que saber qual é o seu conteúdo. Esse projeto foi
se enriquecendo com experiências que foram surgindo ao longo do tempo – como a vaga althusseriana (que eu nunca aceitei)
ou as primeiras reuniões do Primeiro Seminário sobre Marx
(do qual logo me afastei). Nesse intervalo, houve também algumas viagens: fui para a Europa em 1960, voltei, saí do Brasil em
1969 por motivos políticos, fui para o Chile, onde lecionei, e de
lá segui de navio para a França, aonde cheguei em 1972, esca-
pando [assim], por acaso, do golpe de Pinochet (em 1973). Esse
livro, portanto, reflete minha formação anterior, minha participação política e minhas viagens. O fato de "estar a cavalo" entre dois continentes é essencial. Pois aqui o marxismo é muito
vivo, enquanto na Europa ele está morto – e nenhuma dessas
atmosferas me satisfaz muito. Muito cedo, portanto, começaram a aparecer no meu projeto alguns temas críticos que pouco

---

*   Publicada na revista *Cult*, em setembro de 2002.

a pouco foram se desenvolvendo, de modo que o projeto – que consistia na fundamentção da revolução em termos marxistas – termina como crítica do marxismo.

O sr. fala de três momentos da dialética marxista. O livro se enquadraria em algum desses momentos?

Eu diria que há três figuras da dialética moderna: Hegel, Marx e Adorno. O meu projeto é mais centrado na análise de Marx do que na de Hegel, mas a perspectiva é crítica e passa pela leitura da Escola de Frankfurt. Tenho um interesse por lógica [a qual está] quase ausente nos frankfurtianos, mas me alimento muito da Dialética Negativa – que a meu ver é o ponto de partida para um pensamento crítico contemporâneo.

Na introdução ao v. III de seu livro, o sr. afirma que, depois de um pensamento como o de Freud, por exemplo, não é mais possível pensar numa "plasticidade do sujeito", numa determinação total do sujeito pela infraestrutura econômica – como ocorria em Marx.

Foi Castoriadis quem apontou o caráter pré-freudiano do projeto marxista. O essencial é que havia ali a ideia de uma possibilidade de transformação mais ou menos ilimitada do sujeito que me parece extremamente improvável e problemática. Acho que a gente deveria pensar mais modestamente, supondo que o sujeito não tem uma plasticidade "infinita". Um dos fatores que levou a críticas excessivas tanto ao marxismo como à ética humanista – duas coisas que não se confundem, mas que num certo plano acabam convergindo – é essa visão [em última análise] idílica do homem. Há de fato um mito de que no fundo todos nós nos amamos e de que tudo pode ter um fim perfeitamente racional. Mas, por outro lado, isso não justifica a passagem para o outro extremo, ao amoralismo, a uma política de direita ou a um darwinismo social barato. Há um caminho intermediário (e esse é um argumento dialético – ele poderia ser exposto em termos dialéticos) que admite uma plasticidade finita. Com isso, se abre espaço para certo número de exigências capazes de limitar as tendências violentas inscritas no sujeito.

Nossa produção intelectual em torno de Marx pode ser explicada pelo fato de o Brasil ser um país subdesenvolvido, que precisa de instrumentos teóricos que sirvam tanto à interpretação quanto à transformação política? Existe um marxismo genuinamente brasileiro?

No plano geral existe uma "religião Marx" que é lamentável, mas, no plano da elaboração teórica, o nível é alto e isso se deve a dois fatores: em primeiro lugar, é normal que uma teoria que critique o capitalismo continue viva em certos países subdesenvolvidos, na medida em que seus problemas estão muito ligados ao capitalismo [e mais precisamente, a uma situação de dependência em relação ao capitalismo mundial]; mas, no caso do Brasil, deve-se juntar a isso uma história intelectual e universitária muito especial, que tem a ver com a vinda dos franceses [a missão francesa que ajudou a fundar a USP nos anos de 1930]. Acho que se formou no Brasil uma espécie de espírito dialético e crítico que parte de Hegel e aparece tanto entre os filósofos quanto em economistas, sociólogos, teóricos da literatura e historiadores. Eu gostaria que o meu projeto fosse uma contribuição para esse pensamento filosófico que está se constituindo aqui. Mas não me considero marxista. [Minha atitude] é pós-marxista: tem Marx como horizonte [retrospectivo, em certo sentido]. Essa é a minha perspectiva: criar no Brasil um pensamento pós-marxista em que o marxismo tenha um lugar que não tem na Europa. O problema é que aqui a reflexão de alto nível convive – e às vezes se confunde – com a "religião Marx", que só se preocupa em provar que Marx estava certo, e não em estudar o objeto. Temos de acabar com isso. Ler Marx – mesmo no caso de livros geniais como *O Capital* – só tem importância como formação intelectual. O importante é o objeto de estudo – político, econômico, literário – e o projeto da crítica do mundo, que deve conservar e suprimir (no sentido hegeliano) os elementos da teoria marxista.

240 — OUTRO DIA

b. Entrevistadores: Anderson Gonçalves, Rodnei Nascimento e Sílvio Rosa*

Partindo desse terceiro volume, gostaríamos que você falasse do projeto Marx: Lógica e Política *como um todo.*

Este volume é a continuação de um projeto, cuja organização relativamente sistemática aparece no final do livro. O projeto tem um caráter bastante teórico, daí a Introdução. Achei que não dava para continuar escrevendo textos teóricos sem discutir a realidade [imediata]. O projeto começou como explicitação do marxismo, abordando, sobretudo, o problema da fundamentação da prática revolucionária, e se tornou com o tempo crítica do marxismo. Uma crítica, note-se, que *conserva* o marxismo como momento – em sentido hegeliano: algo negado que ainda está *lá*. Se se puser, no lugar do título o subtítulo – *Investigações para Uma Reconstituição do Sentido da Dialética* –, o todo fica mais claro. Trata-se de um balanço de Marx [balanço que vai] em várias direções. Não é completo, mas como base para a crítica já é alguma coisa.

Tem-se a impressão de que a sua preocupação com a política, muito presente no início, volta agora com toda ênfase

Exato. Há momentos em que fico mais interessado pela política, às vezes recuo um pouco.

O que te levou a enfatizar esse lado, carro-chefe da Introdução do livro?

A urgência de falar sobre a política mundial: há muita confusão e acho que é preciso intervir. Passei meses sem conseguir redigir a "Introdução". Aí veio o 11 de setembro, que modificou os meus planos, mas também ajudou a lançar temas novos.

Para além de Marx, que outras tradições de pensamento devem ser retomadas?

---

* Publicada na revista *Reportagem*, em outubro de 2002.

Bom, como já disse em outro lugar, há três dialéticas modernas, a dialética de Hegel, a de Marx e a de Adorno. Acho que Adorno é a grande referência, mas não penso em refazer tudo a partir dele. Seu peso, no entanto, está presente de uma forma ou de outra. Há, porém, outras tradições a incorporar. A tradição do liberalismo político, por exemplo, é muito rica. Há coisas a recuperar também dentro da tradição socialista, no interior da qual Marx representa apenas uma tendência. Mas o que se tem a fazer, sobretudo, é estudar o objeto, a realidade, mais [do] que os autores. Há algo que falta no livro, mas foi proposital: uma análise mais detalhada do capitalismo. Fiz de propósito, porque acho que se fala muito do capitalismo e não do resto. Existe uma literatura de extrema-esquerda [a respeito] que a mim não satisfaz. Acho que agora começa a aparecer um fio: ficou mais fácil pensar o capitalismo. O fio surge com a crise [refiro-me aos sobressaltos que sofreu o capitalismo globalizado nos anos de 1990] crise no sistema ou do sistema – mesmo que ela não deva ser a famosa "crise final".

Você diz que a crítica do capitalismo reaparece. Houve uma espécie de "depressão da crítica" nos anos de 1980?

Não sei se houve depressão, mas acho que a crítica ficou na defensiva. O fato novo é que os keynesianos se dispuseram ao ataque. Eles são menos radicais, não se opõem à globalização, mas têm a vantagem de ser gente do interior do sistema, que sabe o que está acontecendo. Como sempre, o capitalismo é progresso-regressão, não é só regressão, é regressivo e progressivo ao mesmo tempo. Pode dar em barbárie, e em certo sentido já deu, mas o que está ocorrendo é, sob alguns aspectos, mas só alguns – as bases técnicas da mundialização, por exemplo – um fato histórico irreversível.

No livro você diz que para compreender as transformações histórico-políticas ocorridas no século XX é preciso pensar sobre quatro formas sociais contemporâneas: o capitalismo democrático, o socialismo democrático, o totalitarismo de direita e o totalitarismo de esquerda. Qual a importância da noção de totalitarismo para entender o mundo atual? Quais dos Estados, hoje existentes, você incluiria entre as formas totalitárias?

O quadro geral é uma tentativa de ruptura com as análises marxistas correntes sobre o século xx. Em geral, não se distinguem formas, analisa-se o processo global no qual existiria uma luta entre tendências progressistas e tendências de conservação, e se fica nisso. Minha hipótese é a de que se deve distinguir formas que são contemporâneas e não sucessivas. É uma ruptura com o esquema de Marx, porque há uma dimensão da contemporaneidade que não existe nele, ou existe de modo muito limitado. Observo que na expressão "capitalismo democrático", democrático não é simples predicado, mas contradiz capitalismo: algo como círculo quadrado. Mas a realidade é assim. Se o termo totalitarismo vale ou não vale? Pelo menos, descritivamente, acho o termo bom. Um Estado como o nazista ou como o stalinista dos anos 1930, como a Coreia do Norte de hoje. A China também, que é atípica, por causa da forma econômica, mas não é atípica no plano político. Ou como Cuba… São formas específicas, que Marx não conheceu [nem imaginou]. Um Estado como o nazista é diferente do capitalismo democrático, não há como confundir. O vivido é diferente e, se assim é, não há como dizer que o Estado é estruturalmente igual. Acho que a pior coisa que se faz é não diferenciar essas formas. A esquerda não parou de fazer isso e perdeu. Quanto Hitler subiu ao poder, o líder da social-democracia Kurt Schumacher, achava que os banqueiros é que iam mandar nele. A direita achava a mesma coisa. Esquerda e direita tinham teorias tradicionais sobre esse poder, mas ele era uma coisa nova e acabou liquidando a ambos.

Você diz que se deve levar adiante a contradição entre democracia e capitalismo. E a contradição entre totalitarismo e capitalismo?

Essa contradição também existe. Quanto houve o risco da eleição de Jean Marie Le Pen [na última eleição presidencial francesa], nós fizemos aliança com o capitalismo democrático [ou republicano], fomos votar no Jacques Chirac. E não há como confundir Chirac com Le Pen – ainda que o futuro não seja Chirac, claro.

ENTREVISTAS 243

E o caso Bush [George W. Bush, presidente dos EUA]?

Nos EUA, você tem um país democrático com uma estrutura capitalista. Quando falei do imperialismo, retomei as teses da filósofa Hannah Arendt [1906-1975], que diz que, no plano do Império, a barbárie aparece. É uma boa observação, pois não confunde tudo. Ela mostra que nas colônias havia o germe do nazismo; que o capitalismo democrático, nestas, tem parentesco com as formas [...] totalitárias. Mas nem por isso, as duas se confundem. Nos EUA, graças a uma [provável] fraude eleitoral e outras coisas mais, subiu a equipe mais à direita que se possa imaginar, extremamente perigosa, pois pode pôr fogo no mundo com essa coisa de atacar o Iraque. Saddam é um bandido, mas essa guerra é uma loucura. O Estado americano não é totalitário – pode até virar a longo prazo... É o que há de pior hoje no poder, mas não creio que se possa confundir o Estado policial com o Estado americano.

Então a democracia também apresenta riscos?

Ela tem riscos, mas não há outra saída. Um governo autocrático significa abrir as portas para o arbitrário. Acho necessário insistir sobre a forma democrática, que tem um peso que Marx não lhe dava. Perdeu-se um pouco de vista o que é a democracia, por mais insuficiente que ela seja. É uma longa conquista: que se possa votar [e que todos possam votar], que haja um sistema jurídico etc. É um tema que tem uma grande importância. Mas é preciso levar adiante a ideia da contradição entre capitalismo e democracia, que está no Marx, porém de modo desviado, porque nele essa contradição não é o motor do progresso. Por outro lado, os republicanismos e os defensores dos direitos do homem – que aprecio – correm o risco de escorregar no sentido oposto. É preciso compor as duas coisas para não cair num esquema unilateral.

Como fortalecer tendências democráticas no plano internacional de modo a resistir a políticas imperiais que dão em formas embrionárias de totalitarismo?

É preciso desenvolver políticas democráticas nacionais. Tentar tirar o máximo da Europa, ligar-se à esquerda americana, e, sobretudo, não fazer concessões aos poderes totalitários. Cuba, por exemplo, não é modelo para mim. Em relação a Cuba eu diria o seguinte: esse poder é muito ilusório e até um escândalo. Sei que é um escândalo também as crianças não terem escola nem serviço de saúde. Mas condenar um sujeito a cinco anos de prisão por ter fundado um partido social-democrata – quando se faz isto contra um indivíduo, se faz contra todo um povo – é tão escandaloso quanto condenar crianças e adultos à miséria. [Na realidade, hoje há em Cuba tanto tirania quanto miséria]. São dois extremos. Para mim, a diferença é que aqui, a longo prazo, é possível mudar as coisas, enquanto que o governo cubano só vai mudar quando cair. Acho que para preservar coisas como o serviço de saúde em Cuba, o melhor a fazer é apoiar a oposição democrática – não apoiar Fidel Castro, nem a burocracia de Estado (que se prepara para uma saída à russa), nem muito menos a máfia de Miami. Porque aquilo vai cair, de um jeito ou de outro. Tem prostituição, pobreza, o diabo. O que sobrou foi um resto de serviço social. Não há porque apostar nisso hoje: seria apostar no despotismo burocrático, um barco furado [Como Lenin, Fidel Castro enterrou uma revolução democrática]. Depois, o que me assusta é que essa aposta é a retomada de toda a política de esquerda do século xx. Eu não acho, como parte dos intelectuais de esquerda, que liberdade política seja um "preconceito burguês"…

Ouvindo você falar com tanta ênfase do totalitarismo de esquerda, dá a impressão que você não teme a direita.

É que eu falo para a esquerda.

Nós poderíamos imaginar alguém de esquerda dizendo: "O Ruy está cada vez pior" e alguém de direita aplaudindo: "o Ruy está melhorando"

Lá por 1955, quando [éramos uns poucos criticando o stalinismo] diziam a mesma coisa. Foram necessários uns trinta anos para que eles se dessem conta de que tinham se enganado… Isso sempre vai acontecer, e tem a ver, de certa maneira, com as dificuldades da crítica dialética, porque criticar tanto Fidel Castro como a direita é um pouco a dialética que se volta contra o marxismo dominante. Você critica os dois extremos. O Hegel já dizia que é simples usar só um dos lados da crítica. Acho que tem que equilibrar. Ainda mais hoje, quando se nota uma busca por posições à esquerda e todo mundo faz um pouco a crítica da direita, dado que algumas coisas se tornaram evidentes...

Acho necessário também fazer a crítica do governo [de Fernando Henrique Cardoso]. Ele e seu grupo faziam uma leitura do Marx que é hiperestrutural, na qual se perde o espírito crítico do Marx. De certo modo, o marxismo desenvolvido pelo grupo do Cardoso estava preparando o que viria mais tarde. Curiosamente, [embora tirando outras consequências], eles encontravam a crítica da extrema-esquerda, que dizia haver um acordo entre o imperialismo e a burguesia nacional. Os desenvolvimentistas [não me refiro ao grupo Cardoso] por sua vez, achavam que havia ruptura, e com esse argumento concluiam que era preciso tentar acordos [entre a esquerda e a burguesia progressista]. A ideia do desenvolvimento precisa ser repensada [Até certo ponto, ela vai sendo reabilitada, mas reabilitada não só] contra a nossa posição na época, que era de extrema-esquerda, mas também contra os desenvolvimentistas.

Quando veio o neoliberalismo, a leitura que o grupo do Cardoso tinha de Marx convergiu de certo modo com o neoliberalismo. Era um marxismo muito sofisticado na aparência; mas na política e também em termos mais teóricos, era um marxismo do desenvolvimento das forças produtivas. Se Você vai por esse caminho, quando aparece o movimento mundial de globalização, você o aceita [sem crítica] facilmente. Os que criticavam eram taxados de moralizantes. Acho que Cardoso e cia entraram numa canoa furada, primeiro porque a tal associação não era uma coisa absoluta e, depois, porque o capitalismo internacional tinha involuido para as posições mais extremistas. Fetichizou-se a luta contra a inflação, o equilíbrio orçamentário etc.: [nessa linha] pobreza e desemprego não têm importância. É o mercado que decide o que dá e o que não dá para fazer, o resto acabou. Chega-se aí à situação extraordinária do Delfim

[Neto] dizer: "olha, o mercado não é assim, precisa ser corrigido": o economista de direita explica para o sociólogo marxista que o mercado não tem a última palavra...

Ao definir o socialismo democrático, você diz que é preciso abandonar a ideia de fim do Estado, bem como a do fim da propriedade privada, e que conviria pensar antes, como tarefa do socialismo, em algum tipo de controle dos meios de produção, mesmo que isso preserve certo nível de divisão de classes. Não se trata aí da antiga ilusão reformista que esbarra sempre na necessidade da acumulação do lucro por parte do capitalismo?

Resolvi pôr o socialismo democrático entre as formas porque só assim elas ficam claras. Foi preciso muito esforço para pôr essa forma que, a rigor, não existe. Mas ela, de certo modo, dá a chave para pensar a história contemporânea. Um dos problemas da leitura usual da história é que não se pensa o movimento socialista. Mesmo quando se faz a crítica do Estado stalinista, não se pensa que isso veio de uma revolução, de uma prática revolucionária. Quando se reflete sobre essa história, começa-se a entender o totalitarismo de esquerda, que é uma forma degenerada do movimento socialista, embora seja uma forma própria. O erro é pensar o Estado degenerado considerando o "degenerado" como simples adjetivo. O Estado passa a outra coisa, mas tem parentesco privilegiado com a forma socialista, assim como o totalitarismo de direita tem parentesco privilegiado com o capitalismo.

É um problema complicado. O Marx supunha que o movimento ia na direção de uma comunidade. Suposição que acho utópica. Ainda mais, depois do trabalho de Freud, depois de se saber o que significam em geral as pulsões e que o bicho homem não é, digamos um ser de plasticidade "infinita". Uma sociedade perfeitamente transparente, sem lei, sem Estado, suporia uma individualidade radicalmente diferente da individualidade atual. Pode-se perguntar se isso é de fato desejável. O esquema de Marx era o esquema coletivista, por mais que insistisse na realização da individualidade. Depois de tudo o que aconteceu, a defesa do indivíduo diante da totalidade se mostra importante – o problema é saber até onde vão as transformações. Acho que a sociedade não deveria ser uma sociedade coletivista, uma grande comunidade. Sempre haverá transgressões, criminalidade etc. Isso supõe Estado, supõe leis. A propriedade privada provavelmente deve existir; propriedade dos meios de produção: pode ser que sim, pode ser que não [propriedade cooperativa, essencialmente]. Esse é um esquema pequeno-burguês, utópico? É certo que a propriedade privada acaba em geral virando capital, mas vira contraditoriamente. A suposição de Marx era a de que deveríamos acabar com tudo isso. A meu ver, como já disse em outros lugares, isso é mais utópico do que pensar um sistema provavelmente com propriedade privada, mas que para o carro do capital, com a socialização dos meios de produção, formas de cooperativismo. Se isso parece socialismo pequeno-burguês é porque o outro foi batizado *a priori* de "proletário" – isto [tudo] é menos utópico do que Marx supunha. O risco é se contentar com pouco. Acho que se deve conservar um projeto radicalmente democrático. Se todos aqueles que não são ricos tivessem as oportunidades daqueles que são, isso daria uma sociedade totalmente diferente desta que está aí. A ideia democrática solapa seriamente o mundo do capitalismo[10].

10 [(Nota de dezembro de 2007/janeiro de 2008) Ainda sobre a questão do reformismo. Há duas possibilidades de responder à objeção de que, adotando a perspectiva esboçada, "se cai" no reformismo. Uma é dizer que a diferença entre a política de ruptura com o capitalismo e a política de reforma "envelheceu". O que significa no fundo que se abandonou a ideia de superar o capitalismo. A outra é afirmar que subsiste um caminho intermediário. Com relação a este último caso, fica sempre no ar a objeção de que esta solução é pouco rigorosa, senão mais ou menos verbal. De minha parte, acho que o problema se coloca de uma forma um pouco paradoxal: por um lado, digam o que disserem os radicais, no momento não há verdadeiros sinais, desta ou daquela natureza, de crise – não *no* sistema – mas *do* sistema; por outro lado, e inversamente, como já escrevia Lefort, é um pouco difícil supor que o capitalismo (capitalismo, não circulação de mercadorias) existirá sempre. A acrescentar que os efeitos negativos do sistema, pelo menos sob certas formas se revelam de maneira cada mais evidente. Não vejo nenhuma resposta melhor senão a de afirmar que há um objetivo estratégico (para usar a antiga linguagem), que é o de uma neutralização radical do sistema, de uma espécie de subversão interna dele. E que existe um trabalho no plano tático, que consiste, precisamente, em impor reformas, e mutações cada vez mais radicais. Utopia? Reformismo envergonhado? Não creio. Se a crise final do sistema não está na ordem do dia, *uma violenta crise interna* certamente está, e isto na opinião não só dos economistas de esquerda, mas de boa parte dos de centro. Política não revolucionária não significa idealização da história, ideia de que o desenvolvimento histórico não comportará catástrofes. Política não revolucionária significa que o "revolucionarismo" não é uma boa resposta ou parada, para eventuais catástrofes. Longe de nos salvar delas ou de transmutá-las em

OUTRO DIA

Como você vê as perspectivas do socialismo nos próximos anos?

Os movimentos sociais agora ganham novo impulso, porque há uma crise no sistema que é importante. Tem gente dizendo que vem aí uma ruptura como a do New Deal. Caiu a ideologia

"revolução proletária", ela reforça a catástrofe (como já sugeria o último Adorno), ela nos empurra de certo modo para dentro dela. Reflita-se, a esse respeito, sobre o destino do bolchevismo. Contra o reformismo (cuja mutação espetacular do angelismo ao belicismo, em 1914, foi assinalada com ironia, mas não só pelos bolcheviques), ele acreditava em geral em catástrofes – no que estava certo – mas em geral, pode-se dizer que a sua prática, só multiplicou o efeito delas. Apesar das aparências em contrário, o catastrofismo serve à catástrofe. – Para acrescentar: há, apesar de tudo, na conjuntura atual, alguns dados positivos, seja no plano das lutas por mudanças progressistas no capitalismo, seja no plano da organização sindical, seja no das perspectivas eleitorais de partidos sociaistas democráticos: 1. nos EUA, há uma grande pressão popular, em alguma medida aceita pelos candidatos do Partido Democrata, em favor de uma política de saúde não muito diferente das praticadas outrora pelos governos social-democratas europeus; (enquanto isso, é verdade, os governos europeus de direita, com certas cumplicidades na esquerda, se esforçam por liquidar aquela política…); 2. no mais importante dos países nórdicos, aquele cuja experiência socialista democrática é mais ou menos paradigmática, a Suécia, a direita, atualmente no governo, perde visivelmente terreno em proveito da social-democracia, que deve voltar do poder;. 3. um movimento sindical europeu (e em geral um sindicalismo mundial) vai se desenvolvendo, impulsionado contraditoriamente pela própria globalização; movimento que implica, mesmo se de forma aparentemente limitada, na luta contra a tentativa de transformar a União Europeia em cavalo de Troia do neoliberalismo. Em resumo. Não existe, a meu ver, nenhuma outra perspectiva razoável (ou racional, à luz da experiência de um século e meio) para o socialismo mundial, que não a de uma luta legal contra o capitalismo, num processo que, sem dúvida, sabemos como começa, sabemos aonde deveria terminar, mas não sabemos nem podemos saber exatamente até onde, de fato, irá. No plano econômico, a esquerda tem três referências básicas: 1. A redistribuição de renda, principalmente através do imposto de renda; 2. A economia solidária em suas diferentes formas. Há aí um terreno a explorar e um campo para inovações; 3. A instituição ou conservação de um núcleo básico de empresas controladas pelo Estado, qualquer que seja a forma desse controle. No plano político, ela deve ter um programa de democratização radical – e antitotalitária (essa precisão se impõe porque existe um pseudorradicalismo totalitário) – de todas as instituições, das empresas ao parlamento. As formas de luta continuam sendo as mobilizações populares, a luta sindical e estudantil, e a luta parlamentar, mas o estilo de cada uma delas, por causa das mudanças que ocorreram em vários planos desde o após guerra, e principalmente depois do fim dos "30 anos gloriosos", tem de ser repensado. Um problema particularmente importante é evidentemente o da mídia, cujo peso global crescente e as sucessivas mutações internas (hegemonia da TV, hegemonia da internet, imprensa gratuita, variações no estilo da programação etc.) mudaram completamente as regras do jogo].

neoliberal, e os movimentos sociais têm que aproveitar. Em matéria de teoria, eu tenho um pouco de fé no que a gente vai poder fazer no Brasil. Acho muito petrificado o que se faz na Europa. Lá tem um discurso liberal dos direitos do homem, interessante, mas que só fica nisso, e discurso de extrema-esquerda, muito, muito ruim. Aqui tem um marxismo muito ortodoxo, mas não só. Então tem espaço. É claro que há várias tendências, mas existe um bloco dialético que, bem ou mal, se formou. Vejo o meu trabalho inserido nesse contexto. Na França sou marginal e vou continuar sendo. Se há nisso problemas meus, há também (se ouso dizer) problemas deles, que se acham a vanguarda do mundo. Nossa vantagem é que a gente não se acha vanguarda de nada e está aberto para aprender coisas. Mas é coisa para mais de uma geração; acho que daqui a uns trinta anos, um pensamento brasileiro dialético pode estar bem articulado. Espero que ele seja realmente crítico e não "politicamente correto" – o que, a meu ver, seria uma desgraça.

ENTREVISTA SOBRE CUBA*

Por que o regime castrista em Cuba se mantém mesmo após a queda da União Soviética?

A razão principal [imediata] e a de que o tirano ainda está vivo. A morte física do tirano é condição necessária, e dentro de certos limites, suficiente para que, pelo menos, se inicie o processo de fim de regime. Isso posto, devemos precisar. Entre os regimes do leste, havia os que podiam reivindicar um processo revolucionário no passado (por mais que eles tivessem sequestrado esse processo), e havia os regimes que não tinham revolução a incorporar, atrás deles. Cuba faz parte do primeiro grupo, com a URSS, a China e a Iugoslávia (mas o caso iugoslavo é especial). As condições para o fim desses regimes são diferentes das dos outros. E precisamente, a morte do tirano é aqui condição do fim do regime. Nos outros casos, pelo contrário, é o fim do regime que liquida política, e num caso, Romênia, fisicamente, o tirano. Poder-se-ia acrescentar outros elementos, para explicar a sobrevivência de Cuba, mas acho que isto é o essencial. Como dizem certos especialistas do totalitarismo, nesses regimes, o déspota é ele mesmo uma instituição. Ela encarna o regime, no sentido mais forte. Há outros elementos a acrescentar [explicando as possibilidades de sobrevivência desses regimes]: houve desenvolvimento da previdência social na maioria dos países comunistas. Alguns dos regimes mais odiosos tiveram previdência bastante desenvolvida e funcionando bem, aparentemente: o caso da Alemanha Oriental. Em Cuba também ocorre isto, mas em conjunção com um passado revolucionário (por mais que os irmãos Castro tenham traído a herança de uma revolução que era essencialmente democrática), o que não ocorria com a Alemanha Oriental. É possível acrescentar mais alguns outros elementos: o fato de Cuba ser uma ilha (isto não é tão secundário). Observe-se que não sobrou quase nada [em matéria de regimes comunistas]: Coreia do Norte, regime hipertotalitário, Cuba, Vietnam, talvez, mas parece que este último se aproxima do modelo chinês.

---

* Concedida à *Gazeta do Povo*, em dezembro de 2006.

A propósito, depois da Coreia, Cuba deve ser um dos regimes mais "policiados" do mundo, senão o mais.

Não é um paradoxo países latino-americanos que enfrenta-vam ditaduras nas décadas de 1960 e 70 apoiarem o regime em Cuba? De alguma forma, afinal, Cuba sobrevive por causa disso, não? Com os petrodólares de Chávez, por exemplo.

Distingamos, o caso Chávez, e o caso dos outros países (teria que distinguir aqui, também, os governos, e a opinião pública). Em geral, digamos, é certamente um "paradoxo". Mas paradoxo que se explica, embora a explicação seja longa, por que ela passa por todo um problema de "filosofia da história" e de crítica (não absoluta), porém essencial à visão marxista da história. O marxismo cimenta a tradição de pensamento da esquerda, e se na Europa ele já foi muito criticado (embo-ra mal, na maioria dos casos), na América Latina, e [em parte do] Terceiro Mundo, ele continua tendo um peso considerá-vel. Ora o totalitarismo – tanto o de direita como o de esquer-da – não é muito pensável, a partir do marxismo [...]. Há um problema de inadequação entre as categorias e o objeto. Seria longo discutir tudo isso aqui [...]. Mas a verdade é que é um paradoxo: um regime brutal que mata e esfola, transforma-do em vanguarda não sei de que. É verdade que a esquerda (da qual faço parte, mas nesta besteira nunca caí) considerou Stálin como pai dos povos durante pelo menos um quarto de século. Quanto a Chávez é um populista meio de esquerda meio de direita, e não sabemos bem aonde vai parar. Talvez num regime totalitário. Mas não creio que ele tenha muito fu-turo. A observar a responsabilidade das chamadas elites po-líticas venezuelanas (cf. o Brasil!) nessa história: corrupção, desigualdades etc. Vem um aventureiro populista e com uma ofensiva de centros de saúde e algumas coisas mais – num contexto de nova corrupção, autoritarismo e irresponsabili-dade – toma conta de tudo. Mas a oposição (venezuelana) pa-rece que acorda

Há quem goste de ressaltar as conquistas de Cuba no campo da educação e da saúde. Em sua opinião há algo de louvável, ou

que possa ser destacado de maneira positiva durante o período de Fidel no poder?

Este é o argumento dos castristas, mas esse argumento não se aguenta em pé. Discuti a questão em vários outros textos [ver textos anteriores, nesse volume]. Se fica alguma coisa? Claro que será preciso manter um bom programa de saúde no após-Castro; digamos, existem certas linhas de continuidade, como existem para a Alemanha Oriental, e para outros países. Mas estas linhas de continuidade se fazem no quadro de uma descontinuidade radical. É preciso restabelecer as liberdades, o que significa as instituições do país. Ou o próprio país [que, de certo modo, foi destruido].

O que deve acontecer após a morte de Fidel? O regime cai? Haverá uma fase de transição? Guerra civil? Intervenção?

Não sou profeta, mas pode-se dizer alguma coisa. Intervenção não haverá. Mesmo um Bush não deve acreditar nisto. Uma coisa é certa. A morte de Castro terá efeitos enormes sobre o regime, a curto ou a médio prazo. Creio que a curto. Passar-se-á, a curto prazo, a um regime democrático? Creio que não. O grupo dominante necessariamente vai ter os seus problemas internos. Acho que há possibilidade de um desenvolvimento chinês, isto é, passagem a um capitalismo semitotalitário com ideologia "revolucionária". Mas isso seria um golpe enorme para o que resta do prestígio deles. Ou tentarão continuar a navegar nas mesmas águas, mas isso não será fácil. A meu ver, com a morte de Castro começará o processo de morte do regime, que pode ser relativamente longo, mas não muito longo.

Suas considerações finais. Como deveremos nos lembrar do período de Fidel no poder? Qual é o legado, a importância dele para a história?

Fidel e os outros representam uma espécie de *faux départ* (falsa partida) do socialismo. Algo assim como um aborto do processo de libertação. Os irmãos Castro expropriaram uma revolução democrática. Só não mataram Huber Matos (um dos principais chefes da revolução), que apodreceu vinte anos nas prisões castristas, por medo da opinião pública internacional. Camilo Cienfuegos, o terceiro cubano, morreu em circunstâncias muito estranhas. A atitude de Camilo em relação ao caso Matos foi hesitante. Castro o enviou para prender Matos. Houve uma série de mortes estranhas de gente ligada de algum modo à morte de Camilo (controladores do Aeroporto, várias outras testemunhas, segundo alguns autores o avião foi abatido por um caça cubano, e eles dão inclusive o nome do piloto). Elocubração? Não digo que isto é certo, porém é mais ou menos certo que o poder castrista não contou tudo o que sabe sobre o caso. O resto – devo dizer que os dados são impressionantes – seria preciso verificar. Talvez depois da morte dos dois Castro. Mas observemos: o que se falava de Stálin e de Mao era considerado como puro delírio por 95% da esquerda e também por boa parte da direita. Foram necessárias algumas décadas para que aparecessem as coisas mais incríveis sobre os dois personagens e o poder que exerceram. Veja-se o caso recente da biografia de Mao por Jung Shang e Jon Halliday (acho que saiu em português pela Companhia das Letras se não me engano). Descobre-se, por exemplo, que uma das principais batalhas no curso da chamada Longa Marcha, nunca existiu… Há muitos detalhes sobre o parasitismo de Mao, seus palácios, seus hábitos dissolutos etc. etc. O livro está em discussão, há coisas a criticar, mas o essencial dos novos dados fornecidos é correto. Só que Mao deve ter sido um monstro mais político, e menos comum (mas um monstro, de qualquer modo) do que escrevem os dois autores. Bom, voltando à vaca fria, Castro. Acho que se falará de um processo abortivo do socialismo que deu em coisa pior do que o capitalismo, pelo menos do que o capitalismo democrático, isto é, com forma política democrática. Falar-se-á das medidas de previdência, um pouco como hoje se fala da previdência social perdida na Russia ou na China.

Observações finais. A meu ver, é essencial manter uma posição de esquerda na crítica a Castro. Posição de esquerda não quer dizer atenuar as críticas ao regime, ou falar das suas "conquistas". Conquistas, a rigor, não existem. A maneira de diferenciar uma crítica de esquerda é mais ou menos a seguinte (desenvolvo esse ponto em outros textos): Mostrar que se a democracia é sempre superior ao totalitarismo, o capitalismo, principalmente selvagem, quando acoplado com a democracia, a mina de uma forma ou de outra. Isso não quer dizer que ele liquide sem mais a democracia. Mas limita as suas exigências, e, no tempo, cria condições para o fim da democracia. Nesse sentido, os adeptos do capitalismo selvagem são mais aliados do que parecem, dos poderes totalitários. Não no sentido imediato. Porém eles, mais a corrupção etc., criam as condições para que o totalitarismo de direita ou de esquerda acabe se impondo. Nesse sentido, há hipocrisia, "objetiva", pelo menos na crítica. Nesse contexto, é claro, o limite é Bush e o seu bando. A nossa bandeira poderia ser dupla: Americanos fora de Guantánamo! Castrismo fora do poder em Cuba! Muito complicado? Pois a história é complicada. Quem não quiser complicação acaba sendo cúmplice do que há de mais sinistro. Cúmplice de Stálin, Mao ou Castro. Ou cultor das "leis naturais" do capitalismo selvagem.

ENTREVISTAS

A ESQUERDA DIFÍCIL, PROJETO SOCIALISTA-DEMOCRÁTICO, VIOLÊNCIA E CORRUPÇÃO*

Em seu livro, A Esquerda Difícil...[11], *o sr. condena certa crítica ao governo Lula que identifica com uma "extrema esquerda intelectual niilista". Ataca também a "crítica política compacta de um mundo globalizado, em que não se vê nenhuma possibilidade de saída". O que marca essa crítica?*

A posições políticas dos intelectuais brasileiros, em geral me assustam. Isso parece muito pretensioso, mas não posso deixar de dizer que o conjunto me parece um sistema de erros. Esquematicamente, [como já afirmei mais de uma vez – ver a introdução e a primeira parte do presente livro –, mas acho que vale a pena retomar[12]], os intelectuais tendem a assumir três posições diferentes, e a meu ver, as três equivocadas. Há por um lado os radicais, por outro os petistas e em terceiro lugar os que abandonaram toda perspectiva de esquerda, e aderem a partidos como o PSDB. O que chamei de niilismo é uma das duas variantes do primeiro grupo, que inclui igualmente uma variante revolucionária tradicional. O que visei falando em niilismo? A tendência a falar num fechamento global da situação, e numa suposta impossibilidade em tomar qualquer atitude políticamente acertada e produtiva.

Há riscos nesse tipo de crítica? O que se perde aí?

Claro que a situação é difícil, e é preciso muito esforço para definir que iniciativas poderiam representar um bom programa para a esquerda no Brasil. Porém a reorientação geral, em si mesma, não é um bicho de sete cabeças. Ela só é problemática,

---

* Concedida a Rafael Cariello. Publicada na *Folha de S. Paulo*, em agosto de 2007. Publico aqui a versão completa.
11 *A Esquerda Difícil, em Torno do Paradigma e do Destino das Revoluções do século XX e Alguns Outros Temas*, São Paulo: Perspectiva, 2007.
12 As repetições têm sua origem primeira no fato de que escrevi ou falei para públicos diferentes. Eu as reduzi, mas não as eliminei inteiramente porque: 1. o leitor poderá não ter lido, eventualmente, a totalidade dos textos, que são independentes; 2. em se tratando, até certo ponto, de "teses práticas" – e que até aqui não foram efetivadas – a repetição delas, dentro de certos limites, não é – creio – injustificável.

no sentido de que, para se reorientar, é preciso se desvencilhar de um certo número de preconceitos. Quanto à posição de Paulo Arantes [evocado pelo jornalista nas perguntas originais, e no texto que apresenta a entrevista] é muito marcada pelo marxismo, com a novidade, muito relativa, de que há um pessimismo em relação às possibilidades da revolução. Isso é muito pouca coisa como *aggiornamento* teórico. O autor continua pensando no interior de um esquema maniqueísta, em que há o capitalismo onipotente, e as forças que tentam se opor a ele, sem sucesso. Esse tipo de esquema, na realidade hiperclássico, o leva a erros enormes, como um que assinalo em um dos textos de *A Esquerda Difícil...*, o *Gulag* (como também Auschwitz) é considerado como fenômeno capitalista! Como digo lá, no esquema dualista – em certo sentido mesmo monista – do autor, tudo aquilo que cai na rede da contemporaneidade (se não for socialista, e o autor não é tão ingênuo a ponto de pensar que o *Gulag* tem algo a ver com socialismo) há de ser peixe capitalista. Que se trate de um *tertius*, nem capitalismo nem socialismo – o que é evidente para 90% da esquerda europeia já há bastante tempo –, isso não lhe passa pela cabeça.

Num dos ensaios o sr. indica ter ainda confiança na capacidade de o PT representar um projeto de esquerda democrática no país. Num comentário, entre colchetes, afirma em seguida que essa crença se perdeu em algum momento no primeiro mandato. Que fatos o levaram a desacreditar desse projeto?

É. Quando escrevi o artigo, creio que foi em 2004, ainda tinha esperança no PT, depois perdi. Diria que foi impossível continuar acreditando no PT, a partir do momento em que se revelaram os primeiros escândalos ligados ao chamado "mensalão". O assunto corrupção é sério demais para ser considerado de um modo ligeiro, para quem acredita em democracia. Lamentavelmente, parte da intelectualidade do PT tomou a defesa do partido e, portanto, dos corruptos, e pôs a culpa na imprensa pelo escândalo, como se ela tivesse montado o essencial. A tendência a transformar tudo em complô da midia – que está longe de ser inocente, principalmente na sua atitude para com o governo Lula, mas no caso do mensalão, fora as diatribes sinistras contra intelectuais do PT proferidas por [um articulista de] certa revista [*Veja*], ela acertou muito mais do que errou – é propriamente lamentável e mostra a total desorientação de parte da intelectualidade petista. Não se defendem princípios, defende-se um partido. Como se os partidos não apodrecessem, e como se eles fossem mais importantes do que um projeto socialista-democrático sério. Essa atitude mistificou parte da opinião universitária, que "não acredita" no mensalão, como se se tratasse de um problema de crença ou de fé (se o mensalão era quinzenal, ou semestral, isso interessa pouco, o essencial é que houve corrupção, e grande). Com o que não quero dizer que nada preste no PT, nem digo que ele não tenha mais interesse. Há certo número de pessoas honestas, e com convicções dentro deste partido. Só que elas são minoritárias. Veremos se elas ainda podem desempenhar algum papel.

O sr. também cita as críticas vindas da imprensa e de "partidários do governo antigo", e afirma que a situação do país, e do governo Lula, exigiria uma "finura crítica" maior.

O terceiro engano (o primeiro é o radicalismo, o segundo é o petismo acrítico) é a adesão aos partidos de centro e de centro-direita. Não estou dizendo que Cardoso e cia. sejam monstros, com os quais todo diálogo seja impossível. O diálogo é sempre possível, e dentro do PSDB há gente preocupada com a política econômica excessivamente ortodoxa do governo, e gente pessoalmente séria etc. Mas isso não é suficiente, longe daí, para justificar um deslizamento de pessoas que foram de esquerda (ver o PPS e alguns intelectuais) em direção ao PSDB. Aderir ao PSDB, ou adotar a política dos tucanos, é renunciar a uma posição de esquerda. O que significa: é abandonar a ideia de que é preciso antes de mais nada combater a desigualdade monstruosa que existe no Brasil, e a de que toda política deve visar em primeiro lugar a luta contra essa desigualdade e o estabelecimento de uma situação em que os pobres não sejam mais hiper explorados ou marginalizados.

Ao recusar a "extrema-esquerda niilista", petistas e tucanos, o senhor se situa onde?

A reorientação política em si mesma não é difícil, senão no sentido de que é preciso vencer preconceitos arraigados. No plano prático, claro, tudo é muito difícil. O mais importante por ora é travar uma luta pela hegemonia das ideias de um socialismo crítico e democrático. Isso é o que dá para fazer por enquanto. É limitado, mas é muito importante. Creio que precisaríamos de uma revista, mas uma revista com gente que tenha posições bastante convergentes, e que se disponha a trabalhar no sentido de uma crítica intransigente ao petismo acrítico, ao revolucionismo – inclusive o niilismo – e às pseudo social-democracias nacionais, que na realidade não têm nada de socialdemocratas. Uma revista política e teórica que fosse nessa direção representaria um passo importante no sentido da preparação de uma reorganização política. Pelo menos denunciaríamos os sofismas e as jogadas de uns e outros. A partir daí, e entrando em contato com o que existe de melhor em vários grupos ou partidos (há gente politicamente sã, mesmo se minoritária, um pouco por todo lado, inclusive fora de grupos ou partidos) veríamos o que seria possível fazer a médio prazo.

O sr. fala em desafios para que a esquerda seja capaz de repor projetos de futuro e de pensar criticamente a herança marxista (e as práticas socialistas do século passado). O que ficou do marxismo, e ainda pode ser usado, e o que deve ser abandonado?

Tocamos aqui no problema das extremas esquerdas (tradicionais, se se quiser, para distinguir dos niilistas). O meu livro se ocupa bastante disso. É mesmo o seu problema principal. A minha tese é de que é preciso "atravessar" Marx e o marxismo. Há neles um lado que é suficientemente vivo, e há um lado definitivamente morto. Esquematicamente, como já disse muitas vezes, acho que o corpus marxiano funciona bastante bem, ainda hoje, como crítica (digo, em termos gerais, mas essenciais) do capitalismo. Mas ele funciona muito mal como política e, em grande parte, também como filosofia da história. Principalmente, ele não serve para decifrar e criticar os totalitarismos. Por isso mesmo ele serviu e serve como ideologia para estes, mesmo se sob formas modificadas.

A tragédia da esquerda atual é que pouca gente pensa assim. *Grosso modo*, na Europa domina a ideia de um Marx inteiramente morto, no Terceiro Mundo [latinoamericano, pelo menos] o de um Marx senão inteiramente pelo menos essencialmente vivo. As duas teses são erradas, e suas consequências são simétricamente catastróficas. Acho lamentável que intelectuais de bom nível continuem enchendo a cabeça da juventude com contos da carochicha sangrentos como o da "ditadura do proletariado", fazendo abstração de tudo o que aconteceu no século xx. No outro extremo, há, na Europa, uma tendência a recusar Marx de forma absoluta, em todos os seus aspectos. Uma espécie de alergia a Marx. O resultado não é menos desastroso.

Em traços gerais, como seria esse projeto futuro de socialismo que respeita a democracia e abre mão, em grande medida, da violência?

Não é fácil propor programas. Mas é possível pensar em algumas ideias [também já expostas nos textos precedentes]. Além da preservação e ampliação dos direitos democráticos no plano civil e político, caberia tomar medidas de redistribuição de renda. Sem uma política radical de redistribuição de renda, as necessárias reformas da previdência e da educação, se transformam em minirreformas de eficácia muito limitada. Há por outro lado, os projetos de economia solidária, as cooperativas essencialmente, que têm dado resultados positivos em outros países. O interesse dessas instituições é múltiplo: interesse econômico geral, para o país, luta contra o desemprego, e redução da alienação no trabalho, o que tem a sua importância. A médio prazo, o objetivo tem de ser uma radical redução da desiguldade. A longo prazo, como projeto de sociedade, o objetivo seria uma sociedade em que há mercadoria e mercado, mas em que o capital é de uma forma ou de outra controlado, e neutralizado nos seus efeitos. Até onde poderia ir essa neutralização, só o futuro o dirá.

É realista falar ainda em projeto socialista?

Insisto. A situação é dificil. Nada é garantido. Mas em primeiro lugar é preciso pensar com lucidez e clareza, o que significa se dispor a repensar a tradição socialista sem preconceitos. Claro que isto não nos tira sem mais da situação atual. Mas é a condição necessária. A ideia de que não há mais classe que suporte projetos de mudança é muito estreita, tradicional demais. Os suportes – e o termo "suporte", nesse contexto, já é enganoso – podem ser classes, mas também grupos sociais muito menos organizados do que pretendia a tradição. Também a tese de que há integração de todos ao sistema teria que ser posta à prova. Enquanto se falar da derrota do socialismo a propósito da derrocada do socialismo [despótico-burocrático], enquanto se continuar a ter ilusões com o castrismo, o chavismo etc., é inútil se queixar de que não se veem saídas. Resolvam primeiro essas confusões, abram-se para um discurso lúcido, radical-democrático, e depois veremos o que se pode fazer. Em resumo, o bloqueio está, em primeiro lugar, dentro da cabeça dos teóricos do bloqueio. Talvez também esteja fora, mas isso só dá para ver se o bloqueio subjetivo for superado

Dá a impressão, em alguns momentos de seu livro, que há sempre alguém exageradamente à esquerda e alguém exageradamente de direita em relação ao seu pensamento, como se o sr. fizesse a procura de uma espécie de "justa medida". É simplificadora essa leitura, ou há de fato uma procura por se evitar os extremos?

A formulação simplifica, mas há algo de verdade nisso. A dialética é, em uma das suas vertentes pelo menos, a lógica que mostra como os extremos se intervertem no seu contrário. Nesse sentido, ele tem algo a ver, mas de forma muito mais rica e complexa (e com "negação"), com a ideia aristotélica da "áurea média". Seria preciso dizer que, paradoxalmente, existe um radicalismo na recusa dos extremos. E, como os extremos se intervertem, eles não são, na realidade, radicais, mas conservadores (por exemplo, o trotskismo hoje).

ESQUERDA E DIREITA, INTELECTUAIS BRASILEIROS, CAPITALISMO E TOTALITARISMO*

Depois da queda do Muro de Berlim, em 1989, virou um certo lugar-comum dizer que os conceitos de direita e de esquerda se tornaram obsoletos. Em seu mais recente livro, A Esquerda Difícil, *fica evidente que essa distinção, para o senhor, permanece válida. O que significa ser de "esquerda" e de "direita" hoje?*

A experiência, sob muitos aspectos trágica, do século XX torna muito mais complexa a distinção entre direita e esquerda. Mas não a anula. Revelou-se uma nova dimensão, muito sinistra: a do totalitarismo, com uma variante de direita e uma variante de esquerda. Ser de esquerda continua sendo lutar pela redução das desigualdades e também pelas liberdades. Só que o problema das liberdades ganhou uma relevância considerável, na medida em que ele foi escamoteado por uma parte importante da esquerda.

Na introdução de A Esquerda Difícil, *o senhor aponta as "dificuldades" de dois discursos da esquerda que estão em lados opostos: o primeiro, da esquerda extremista, que se recusa a criticar o socialismo burocrático; e o segundo, de uma esquerda que mal se distingue do discurso liberal e que, nas suas versões mais radicais, chega a defender um verdadeiro fundamentalismo de mercado. Entre esses extremos, qual seria a alternativa para o pensamento de esquerda hoje?*

Essa posição poderia ser definida como a de uma esquerda absolutamente intransigente em relação a todas as fórmulas totalitárias, mas que não abandonou de forma alguma a crítica do capitalismo. Isso pode ser entendido a partir da relação que ela deveria ter para com o marxismo (embora a definição não deva necessariamente passar por aí). Marx continua sendo interessante (sob certos aspectos, mas não sob outros) [...]. Ainda aqui é o fenômeno totalitário que mostra seu envelhecimento, mas também a leitura interessante, mas unilateral, que Marx fez da democracia.

---

* Concedida a Rosângela Chaves. Publicada em *O Popular*, em setembro de 2007.

Em uma entrevista à Folha de S. Paulo, o senhor se disse "assustado" com as posições dos intelectuais brasileiros. É pelo fato de eles insistirem nessas conceituações equivocadas que o senhor aponta?

É. De um lado, têm-se intelectuais que, da maneira mais séria do mundo, e como se nada tivesse acontecido, nos falam da "violência revolucionária", ou nos explicam que o que importa é a "história e não o bem e o mal", ou ainda (sic!) que Cuba caminha para o comunismo (trata-se de referências literais). É uma esquerda jurássica, retaguarda e não vanguarda, que faz muito mal à juventude e só atrapalha na luta pelo progresso social. Depois se tem a turma do "fechamento" da situação. Não haveria mais nada a fazer. Eles partem no fundo do mesmo esquema clássico, só que são pessimistas. Em terceiro lugar, estão os petistas, ou, se preferir, os petistas acríticos. Estes defendem o partido e também os membros do partido diante das acusações de corrupção, e denunciam um complô da imprensa. Como observou um colega, certa intelectualidade petista denuncia a imprensa (que, sem dúvida, não é inocente), mas o estilo dessa intelectualidade é, ele mesmo, puramente jornalístico. E jornalístico no pior sentido da palavra. Prefiro não dar exemplos. A corrupção é problema sério demais e, na realidade, veio a substituir a violência, isto é, assumiu o papel que tinha a violência no esquema antigo. Assim, a leniência de certos intelectuais petistas diante da corrupção tem raízes profundas e indica a continuidade de uma descrença geral na democracia. Não fosse a crise do "mensalão", e talvez tivéssemos na presidência, em 2010, um certo ex-ministro petista. Que a intelectualidade petista reflita sobre o que isto representaria.

O senhor afirma que o ponto forte das ideias de Marx são suas críticas ao capitalismo. Em que aspectos elas permanecem pertinentes?

O *Capital* desenvolve uma crítica global do capitalismo que é muito forte, apesar de ter sido contruído sobre o fundo de um projeto comunista. E ela é, em certa medida, separável do projeto político. O que é forte? A crítica da naturalização do sistema, fenômeno mais atual do que nunca, crítica que está no tema do fetichismo, tema muito rigoroso e quase sempre mal entendido. Está também na análise dos desequilíbrios do sistema (em linhas gerais, não no detalhe da explicação). A análise da contradição entre igualdade e desigualdade no interior do capitalismo democrático (embora ele não utilize esse conceito) também é interessante, mas tem de ser lido de forma crítica, de maneira a repensar o problema das possibilidades da democracia.

O senhor indica como um equívoco do pensamento liberal considerar que a morte dos chamados socialismos despótico-burocráticos seja o equivalente da morte do projeto socialista enquanto tal. Mas ainda há lugar para um ideário democrático socialista em um mundo em que até as conquistas sociais das social-democracias da Europa se veem ameaçadas pela crise do Estado-providência? É possível pensar em um modelo de socialismo sem uma forte presença do Estado na economia?

Sem dúvida, as coisas não são fáceis. Mas o fim do totalitarismo burocrático pseudossocialista (fim que ainda não se deu inteiramente, mas que deve se efetivar em algumas décadas) abre perspectivas. As ameaças às conquistas são sérias, mas não é impossível lutar pela garantia dessas conquistas. Apesar de tudo, muita gente vota à esquerda na Europa. E o socialismo nórdico, que é o que existe de melhor, não está em crise profunda como se pretende. A direita chegou ao poder em alguns dos países nórdicos, mas até aqui o essencial do *welfare state* se mantém. O Estado continua tendo um papel muito importante (quem poria isso em dúvida?), mas o mecanismo essencial não é mais, sem dúvida, o das nacionalizações. Com isso, não estou defendendo as privatizações, mas a política da esquerda tem de se centrar em outros tipos de medidas, principalmente a de uma revisão radical na cobrança do imposto de renda. Esse foi um dos segredos do socialismo nórdico. Para além disso, há outras coisas, por exemplo mudanças no plano da participação política, claro, sem pôr em risco, de forma alguma, a democracia representativa. Pode-se é enriquecer essa democracia, com formas de participação mais direta.

No ensaio "Para um Balanço Crítico das Revoluções", o senhor observa que o capitalismo e a democracia não são apenas autônomos, como também podem se situar em campos opostos. Em outro texto, sobre o totalitarismo, embora rejeitando uma certa tendência a enxergar na globalização um movimento totalitário, o senhor não descarta a possibilidade de isso vir a ocorrer a longo prazo. O capitalismo pode, então, constituir uma ameaça à democracia?

Vimos, nos Estados Unidos, o desenvolvimento de uma tendência fundamentalista com traços marcadamente antidemocráticos. Felizmente, os neoconservadores de Bush estão, por ora, derrotados. Mas um movimento como aquele mostra até onde pode ir o fundamentalismo de mercado, e um certo neoimperialismo a ele associado. Entretanto, fenômenos como esse não devem levar à ideia de que o capitalismo efetivamente liquidou a democracia. O capitalismo torna a democracia imperfeita, a limita; há na realidade uma luta entre democracia e capitalismo. Essa luta continua, e a pior das coisas seria supor que democracia e capitalismo convergem, ou que a democracia estaria liquidada.

O senhor também fala na possibilidade futura de "neutralização" do capital. De que forma o capital poderia ser neutralizado? A ameaça de uma catástrofe ambiental que paira sobre o planeta seria uma maneira de conter o avanço do capitalismo ou até mesmo reduzir a sua ação?

O problema ambiental é da maior importância. Finalmente começou a haver certa mobilização em torno disso, espero que não seja tarde. Quanto a neutralizar o capital. Isso pode parecer utópico. Sem dúvida, é uma ideia. Mas é mais do que isto. Nos países nórdicos, deram-se passos importantes para assegurar um nível de vida decente à maioria da população, e os serviços básicos de educação, saúde e, em alguma medida, moradia (além de transporte etc.), sem que as liberdades fossem ameaçadas de uma forma qualquer. A partir de fenômenos como esse é possível pensar em projetos para "deter o carro do capital". Insisto, isto pode parecer utópico, mas seria preciso refletir sobre o fato de que é difícil imaginar que o capitalismo como sistema seja eterno. Mas não supô-lo eterno não implica supor a abolição de fenômenos tão antigos e tão universais como a existência da moeda e das trocas, [isto é, essencialmente, não significa exigir a liquidação de toda abstração social].

O senhor descarta a transformação do sistema pela via revolucionária, mas também admite que um processo de reformas pela via parlamentar seja insuficiente. Em um momento em que vivemos uma crise de representação popular, a quem caberia a luta pelas reformas sociais? Aos movimentos sociais? No caso brasileiro, o senhor enxerga em algum movimento essa capacidade trasnformadora?

A experiência do século xx descarta todo projeto de transformação pela violência. Mas não aceitá-la não significa [recusar] as lutas. O problema é que os [verdadeiros] movimento sociais, os quais existem e não são artificiais, sofrem o peso de direções, que desde logo tratam de levar água para o seu moinho. mst e outros não são movimentos sociais, são organizações de tipo quase-partidário. Que eles se apresentem como "movimentos sociais" é a primeira mistificação. Eles são, de algum modo, parasitas dos movimentos sociais; como foram, historicamente, muitas das organizações de extrema esquerda. Por exemplo, *mutatis mutandis*, ver as relações entre o pc chinês e as organizações camponesas; o PC chinês usou do movimento camponês em seu próprio proveito. Desde já é preciso denunciar essa instrumentalização e não fazer concessões [a elas]. O que deve vir junto com o empenho em ajudar o movimento camponês, e não as organizações que falam em seu nome. Isso é difícil, mas não impossível. E a primeira coisa é pensar o problema e não ter uma política de avestruz, que enterra a cabeça no politicamente correto, com medo de tomar soluções inovadoras e libertárias.

Em um dos ensaios de seu livro, de 2004, o senhor dizia acreditar na capacidade de o pt realizar um programa de reformas e se tornar um grande partido da esquerda democrática. Uma nota em colchete acrescentada a esse texto informa que o senhor não crê mais nessa possibilidade. O que o fez mudar de ideia?

O grande escândalo da corrupção.

O senhor critica a postura condescendente da intelectualidade de esquerda, em relação à China, que se recusa a enxergar no atual sistema daquele país aquilo que ele é, um sistema capitalista autocrático. Mas essa condescendência também não é compartilhada pelos liberais, entusiasmados com as possibilidades de negócios com a China e que acabam fazendo vistas grossas para a violação dos direitos humanos?

Claro. O totalitarismo foi bem visto por grande parte da esquerda, infelizmente, mas parte da direita sempre teve também uma "quedinha" por ele. Por duas razões diferentes. A primeira é o fundo profundamente antidemocrático de boa parte da direita, a segunda é a possibilidade de fazer bons investimentos, em países totalitários onde não há greve, o salário é fixado de uma vez por todas etc. Esse fenômeno não é novo e não inocenta a esquerda jurássica.

Em seu artigo intitulado "China, Capitalismo e Repressão", o senhor observa que a democratização da China é uma possibilidade real, embora a médio e a longo prazos. Com relação a Cuba, que ainda sobrevive no modelo denominado pelo senhor burocrático-despótico, pode-se dizer a mesma coisa? Ou a morte de Fidel Castro apressaria esse processo?

A morte de Castro alterará algumas e talvez muitas coisas, é certo. Será mesmo, creio eu, o começo do fim do regime. Mas para onde ele irá imediatamente, é difícil prever […] Quanto ao fim do regime, dizer que ele está condenado não significa que vai desaparecer imediatamente. Os processos históricos são lentos, mas de certo modo inexoráveis.

E com relação à administração Chávez na Venezuela? Que análise o senhor faz?

Chávez vai num caminho próximo ao de Castro, e terminará mal como Castro. Nenhum populismo igualitarista termina bem, porque nele não há democracia. Sem democracia não só se perde uma dimensão essencial, mas se condena a médio prazo as medidas sociais que se tomou aqui ou ali. A experiência histórica não para de confirmar isto. Lamentável que alguns intelectuais brasileiros, e também estudantes, embarquem na canoa de Chávez[13].

O senhor fala da necessidade de o pensamento da esquerda retomar teses da tradição não marxista e da tradição libertária socialista das primeiras décadas do século xx, que não considerava a liberadade um "capricho" burguês, nem aceitava sacrificá-la em nome da igualdade e de um projeto comunista futuro. Está na hora de o pensamento de esquerda, seguindo o caminho de Marx no Capital, *embora não tendo mais o marxismo como modelo único, fazer uma "crítica" dos seus fundamentos?*

Claro que sim. A tradição socialista é muito rica e é muito mais do que Marx. Marx foi provavelmente a maior cabeça teórica da tradição, para o melhor e para o pior (quero dizer que o prestígio intelectual e político dele atrapalhou muito, porque lhe deu força também lá onde ele erra e erra muito). Na tradição, há muita coisa [Deve-se dizer: coisas boas e coisas más, também; exemplo: o terrorismo.]. Anarquismo e semianarquismos, críticas ao capitalismo ressalvando a circulação simples, projetos micro e macroeconomicos etc. No plano mais filosófico, há neoromantismos e racionalismos. Para citar alguns nomes: Proudhon, Bakunin, Hodgskin (crítico pré-marxista da economia política), Fourier, W. Morris, Kropotkin, no período mais recente Rosa Luxemburgo, o jovem Trótski, Jaurès, também o menchevista internacionalista Mártov etc. Não se trata de procurar no passado as soluções. Temos de enfrentar os problemas atuais, tais como eles se apresentam, mas de algum modo as soluções vão convergir com alguma ideia do passado, porque se pensou muito e em direções muito variadas. É preciso acabar com o mito de que tradição socialista e Marx (ou marxismo) representam a mesma coisa.

---

13 A propósito do plebiscito na Venezuela, ver, na primeira parte, "Posfácio ao Artigo 'As Perspectivas da Esquerda'".

LÓGICA E POLÍTICA, FILOSOFIA E NÃO FILOSOFIA, DIALÉTICA*

Professor Ruy Fausto, como primeira questão tentaria juntar os fios de pelos menos duas meadas, nos seguintes termos: se aceitarmos, o que não me parece muito difícil, como fato básico da filosofia contemporânea, a tentativa de pensar uma passagem entre o fato e a norma, entre o empírico e o transcendental, entre a teoria e a prática, em que termos mais precisos poderíamos compreender o núcleo de seu trabalho que gira em torno da passagem ou da tensão entre lógica e política, e em que sentido há, propriamente, dialética, nisto?

Acredito que esses pólos, lógica e política, que estão no título da série principal que eu publiquei, dão bem a ideia do meu trabalho até aqui. Eu tenho bastante interesse por lógica, embora em lógica formal eu seja amador, mas me interessa muito aquilo que se chama de lógica dialética; e tenho bastante interesse por política. De certo modo, fiquei entre uma coisa e outra: de um lado, o universo da lógica, que de alguma forma acaba envolvendo a filosofia em geral e, por outro lado, a política, só que por política pode se entender muita coisa. Há filosofia política, teoria política, e política no sentido corrente [de discurso que fala] da sucessão de eventos ligados aos diversos poderes e sociedades singulares. Bom, meu projeto girava, desde muito cedo, em torno dos problemas da dialética, que comecei a trabalhar também com interesse político, o que significava igualmente uma preocupação mais geral com a história contemporânea. Eu de certo modo guardei a política no bolso (nos dois últimos sentidos que enumerei); eu não escrevia sobre a política, senão pequenas coisas. Porém, finalmente, fui criando coragem para quebrar os nossos limites de especialização, limites reais, mas que, ao mesmo tempo, ficaram algo fetichizados. Então, tentei articular uma coisa com a outra, o que não é muito fácil, inclusive em termos de tempo. Em termos de conteúdo, creio que meu caminho, guardadas as proporções, tem bastante afinidade com a filosofia de Frankfurt, mais especificamente com Adorno, e mais especifi-

---

* Concedida a Alexandre Carrasco no segundo semestre de 2007, destinada à revista *Cult*, que não a publicou. Publicada pela revista *Rapsódia*, em 2008.

camente ainda com o último Adorno, o da *Dialética Negativa* (e de alguns outros textos, como as "Notas Marginais sobre Teoria e Prática", em *Réplicas*). Esse último Adorno é, a meu ver, um crítico do marxismo, mesmo que o marxismo continue tendo um peso considerável no pensamento dele. Ele é um filósofo dialético, mas que faz um duplo caminho, o da crítica de Kant por Hegel, mas também o inverso, se podemos dizer assim, o da crítica de Hegel por Kant

Bom, o problema da política tem uma certa especificidade. Assusto-me com os filósofos por estarem um pouco longe do mundo, o que parece uma fórmula banal. Explico-me: conheço colegas que não se dão conta de que, para falar de política seria preciso acompanhá-la muito mais de perto, e se interessar muito mais por história contemporânea. Há uma espécie de abismo entre o rigor e a informação com que falam de história da filosofia, por exemplo, e o caráter "selvagem", quero dizer, o caráter apressado, mal informado, e muitas vezes fanático, das suas intervenções, quando se trata de política. Há uma diferença, sem dúvida, entre o discurso político e o discurso, digamos, de um historiador da filosofia. Mas essa diferença é muito menor do que eles supõem, ou do que somos levados a supor que eles supõem..., a julgar pelo estilo das suas intervenções. Para você acompanhar a política contemporânea você não pode fazer apenas filosofia, o que é uma obviedade, mas obviedade que certa vez provocou escândalo junto a um jovem colega, estudioso da filosofia do século XVIII, que me acusou de abandonar (não sei se ele disse "trair") a filosofia (e também o marxismo, mas isso já é outra história). É preciso aceitar a exigência de fazer filosofia e mais alguma coisa. Se você optar pela história, você tem que ser um pouco erudito, se preocupar com datas, com fatos. Há aí um tipo de exigência que não é aquela que a gente conhece, exigência de filósofo não passa tanto por aí. Há sabedoria no elogio de Hegel ao que ele chamava de empirismo especulativo de Aristóteles. A paixão de Aristóteles pelos fatos, que no seu caso passava muito (mas não só) pelas ciências naturais, permitia tirar coisas extremamente importantes do que poderia parecer pura contingência. A paixão pelo fato, desde que bem investida, permite penetrar, de certo modo, até o interior dele, e chegar, por esse caminho, à teoria. Tenho a impressão de que os filósofos têm um pouco a ilusão – e no Brasil isso é forte – de que podem falar de muita coisa sem estudar direito os fatos, e em particular, a história contemporânea (entenda-se séculos xx e xxi). O sujeito é especialista, digamos, em Wittgestein 3 ou Wittgestein 4, não sei quantos Wittgenstein existem agora, e ao mesmo tempo, em política ele se alinha – enfim, isso é um caso limite – com soluções hiper-radicais, ou então, mesmo que não sejam hiper-radicais, ele não tem nenhuma formação, sabe muito pouco, reage com o coração. Na realidade, as exigências não são tão diferentes. Também em política é preciso conhecer autores, fazer explicação de texto, além de saber o que ocorreu. Por outro lado, existe um fechamento do Brasil em relação à literatura política recente mais interessante. Normalmente se lê os livros de extrema esquerda, e, creio, também os de direita, mas todo o pensamento crítico que escapa desta clivagem não interessa. Assim, no plano dos historiadores, dos economistas, da sociologia, o que escapa desses modelos entra pouco, entra marginalmente. Penso, por exemplo, nos muitos livros sobre a Rússia e sobre a China que são publicados um pouco na França e principalmente no mundo anglo-saxão. Toda a literatura dos *liberals* americanos, a esquerda americana, entra muito pouco no Brasil. Enfim, há uma especialização estrita, por um lado, e, por outro, modelos polares de leitura do mundo, se é que se pode falar assim.

Com isso, não se trata absolutamente de comprometer o rigor dos estudos filosóficos. Mas seria necessário um banho de não filosofia.

Professor Ruy Fausto, o senhor conclui a resposta anterior com quase um elogio da política, mas não da "política dos filósofos". Nós sabemos que há hoje no Brasil uma boa escola de especialistas, o que sob qualquer ponto de vista, é um avanço. Mas, e gostaria que voltássemos ainda um pouco à filosofia, há uma certa especialização fetichista, em que o rigor do especialista (leitor de certos textos) parece autorizá-lo, para falar em termos hegelianos, a "pensar abstratamente" (isto é, a esquecer o que fica fora da sua especialidade, e da sua "técnica")? Ora, a dialética, que sabe articular polos opostos, não é também a recusa tanto deste radicalismo abstrato do técnico na leitura de um autor, quanto da erudição empírica vazia?

Há dois problemas. Um é o do destino da dialética. De um certo modo ela se perdeu: o grande momento moderno, contemporâneo, foi Frankfurt (e em Frankfurt, Theodor Adorno), mas, depois de Adorno, não se sabe bem onde ela está. Como o lado propriamente lógico da dialética me interessa muito, observo que os frankfurtianos não se ocuparam muito de lógica, propriamente, mas viviam com a ideia dela na cabeça. Horkheimer dizia inclusive que ia escrever um livro de lógica dialética; não parava de falar nisso. Mas o destino de Frankfurt é problemático e, principalmente, no campo da lógica, no campo da dialética entendida como lógica. Passando a outros filósofos que reivindicam o marxismo, mas de tipo (e, sem dúvida, de qualidade) muito diferente, encontramos coisas curiosas… Eu me lembro de um pensador esquerdista, ao qual sou particularmente alérgico, e que, respondendo a alguém que a certa altura falou em dialética, ele disse: ainda? Esse filósofo continua sendo partidário mais ou menos fanático da Revolução Cultural chinesa, de Mao etc., mas se se tratar de dialética, acha que esta não interessa mais. Ainda a dialética? – diz ele. Em compensação ainda acha normal a Revolução Cultural, ainda Stálin, ainda tudo… É mesmo uma atitude de quem guarda a água suja e joga fora a criança. É preciso repensar tudo isso. Bom, o problema é que, se essas questões de lógica são muito interessantes, a sua importância geral é relativa. Foi, aliás, o que me levou, nos últimos tempos, a investir bem mais na política do que na lógica. Mas penso em sair de novo da "caverna" (para o leitor não filósofo: a caverna é o mundo "sensível"): quando eu terminar esse ciclo de coisas mais políticas quero voltar à teoria mais pesada. Porém seria preciso abrir muito mais esses interesses teóricos, e não ficar fixado demais nos problemas de "lógica dialética". Enquanto se fica aí, é um pouco decepcionante. Trata-se de questões muito interessantes, mas cujo rendimento é relativo, pois os grandes problemas do nosso tempo ficam um pouco de fora, evidentemente eles são da ordem do conteúdo (a lógica dialética é, em princípio, uma lógica "do conteúdo", mas, de qualquer modo, trata-se de um conteúdo formal). É verdade, que, de algum modo, eles tem a ver com a lógica. Por exemplo: têm a ver com a crítica de uma certa ideia do princípio do "terceiro excluído". Quero dizer que um grande motivo para o pensamento crítico contemporâneo é a crítica do *uso político* do princípio do terceiro excluído. Claro que não se trata de um problema de lógica formal, mas ele tem alguma coisa a ver com lógica, tomada em sentido mais geral. Essa crítica significa a exigência de supor um *tertius*, um terceiro, a recusa em supor que os inimigos de nossos inimigos são necessariamente nossos amigos. Isso é um princípio fundamental de toda política lúcida para a época contemporânea, marcada por algo assim como por uma multiplicidade de horrores. Bom, para além disso – mas se trata de coisas do mesmo universo – há a figura da *interversão* (a passagem de oposto a oposto). É outra figura lógica essencial ao pensamento crítico. Entender como, a partir de um certo limite, uma posição que é justa (em parte, pelo menos) se transforma no seu oposto. Torna-se um fundamentalismo funesto. Essa figura crítica também é pouco praticada pela intelectualidade de esquerda, pelos teóricos como pelos não teóricos. Num plano mais propriamente teórico, a chamada lógica dialética, se abre para várias direções: há o problema de saber o que isso tem a ver com a fenomenologia, problema que se soma à questão clássica da relação entre lógica formal e lógica transcendental. Há três caminhos, o da lógica dialética, o da lógica formal e o da fenomenologia (incluindo o problema da lógica transcendental) Bom, isso tudo se prolonga, isso tudo permite repensar os problemas de que você falou, o empírico e o transcendental, a norma e o fato, coisas desse tipo.

Gostaria de chamar a atenção para esse ponto: quando falo de erudição e especialização, falo muito da preocupação com problemas técnicos de leitura de texto (ou da compreensão de um filósofo), uma preocupação cujo pressuposto é tecnicista. Essa especialização gira no vazio, ela não se inscreve no mundo no sentido mais geral que é próprio da filosofia, digamos assim, torna-se um fim em si mesmo, sem exatamente poder se tornar um fim em si mesmo. Parece que, para a sua geração, era necessário que a especialização e a boa leitura de textos, esse domínio do métier *de historiador da filosofia, fosse investido em algo maior.*

Por um lado, a especialização é inevitável, e é perigoso você querer forçar a mão, saltar de algum modo a especialização; isso normalmente dá em bobagem. O sujeito quer escrever sobre Pascal. Isso é não só inevitável, mas evidentemente positivo. A primeira coisa – eu não sei em que medida isso já mudou, deve ter mudado bastante no Brasil – é que deve manter vivo o seu sistema de valores. Ele, sempre, deve julgar: isso é válido ou não é válido, parece ser verdade ou não. Faz o seu trabalho sobre Malebranche, Leibniz ou quem for, mas ao mesmo tempo pergunta se tal tese é verdadeira ou não, se tal direção ética serve ou não serve. Para nós, esse questionamento era um pecado, era um pecado para nossos professores franceses. Quer dizer, se você perguntasse se era verdade, você mostrava que não tinha talento para filosofia. Havia aquela famosa conversa: os filósofos criadores no século são cinco ou seis, você acha que está entre os seis? Então faça história da filosofia e se contente com isso. E eu devo dizer: ainda me assusta um pouco, me assusta muito, ver colegas, excelentes especialistas, e que não sabem bem o que fazer com o objeto deles. Às vezes, aliás, eles dizem isso, o que já é um grande avanço. A competência em história da filosofia não é pequena no Brasil, mas para aonde vai isso? Importa "atritar" o autor com o seu próprio (do leitor) sistema de valores. Vá refletindo, sem vergonha da própria ousadia: "eu acho que isso é besteira", "isso eu acho interessante", "isso parece servir para o nosso tempo, aquilo parece que não serve". Bom, você mantém o seu próprio juízo, não o reprime, se o reprimir está perdido.

Em geral não se faz isto, e pior ainda, já disse, acredita-se, muitas vezes que, em história da filosofia, impõe-se um *réfoulement* radical do próprio juízo. Em geral, [como disse numa intervenção oral, ver primeira parte], a regra cartesiana da evidência (só aceitar o que lhe parecer evidente), essa regra que o Leibniz considerava como vazia (e cuja "operacionalidade" para as ciências naturais, Gaston Bachelard contestava), é uma regra de ouro, tanto para a orientação filosófica em geral, como para a política. Pensa cada problema, não ponha de lado o problema da verdade (mesmo se, provisoriamente, um "pôr entre parênteses" pode ser necessário), por outro lado – o outro extremo, que paradoxalmente às vezes vem junto – não utilize sem mais a tua "grade" teórica ou política, que te dá respostas rápidas para tudo. Diante de cada problema, pensa quais evidências você tem ou não tem, experimenta posições que não sejam as suas, para ver até onde vão. Outra lição cartesiana, o que se diz no *Discurso do Método* (também parece banalidade): é preciso estudar não para resolver tal ou qual problema da escola, mas para, diante de cada problema da vida, encontrar o caminho a seguir. Bom, isso não só parece banal, mas evidentemente tem os seus riscos (eu não recordaria esse tema cartesiano, na universidade brasileira dos anos de 1950 ou 60, mas hoje recordo), é uma ideia que pode ter muito valor para os nossos universitários de hoje, quero dizer: é preciso pensar para se reorientar, procurar evidências para encontrar o seu caminho.

Professor Ruy Fausto, quando o senhor fala em política, e em educar o juízo, penso muito imediatamente no livro da Hanna Arendt, Ensaio sobre a Banalidade do Mal, *em que ela notava que diante da catástrofe as pessoas que mais se dispunham a dizer "não" àquele Mal eram as mais comuns e triviais; eram pessoas que não eram nem religiosas, nem especialistas, nem notáveis, eram simplesmente pessoas comuns que se sentiam na obrigação de dizer que não queriam participar daquilo, sem exatamente saber qual a razão disso, quer dizer, havia um imperativo moral que se fundamenta no próprio ato, e dispensava uma razão externa, mas não alguma coisa como uma "educação do juízo".*

É verdade. Mas a questão é complicada. Por um lado existe a consciência, há o imperativo moral que te impede fazer certas coisas, nas situações limite. Às vezes, a situação é bem clara, não exige grande saber (só talvez uma auto-educação moral). Mas às vezes, o imperativo moral é, digamos, insuficiente, porque você tem que saber o que vai fazer, é um problema de escolhas múltiplas; você tem que saber muito, se você não conhecer bem a situação, a decisão é difícil. Passo aqui a um plano mais geral, que não é somente o da decisão moral, mas também o das decisões políticas e, mesmo o das opções políticas. Tem gente que se move bem intuitivamente, também isso é verdade, eu conheço gente que não sabe muita coisa, mas decide bem: isso aí eu não quero, aquilo não serve. Mas nem sempre isto acontece. Se não tiver informação, esse julgamento é frágil. Mas é difícil você acompanhar bem tudo o que acontece de importante no mundo contemporâneo. Entre outras coisas, pensando nos nossos colegas, o peso dos compromissos universitários não facilita muito aquela compreensão, a pessoa tem muita coisa para fazer e, de certo modo, se perde no mundo. – Sobre a Arendt, permita-me uma observação sobre a obra, não sobre o tema preciso que você mencionou. Acho que *As Origens do Totalitarismo* é um livro que, para o totalitarismo, se aproxima, um pouco, do que representa *O Capital* para o capitalismo (embora ele tenha sido criticado, penso principalmente nas objeções de Claude Lefort). Infelizmente a esquerda não lia, não estudava Arendt. Hoje, há bastante gente que a estuda (embora os preconceitos contra ela continuem existindo na extrema-esquerda), mas não sei se tira o melhor dessa leitura.

Para concluir gostaria que falasse um pouco de seu último livro, A Esquerda Difícil, *cuja relação com tudo que acabamos de conversar parece bastante clara.*

O livro se chama *A Esquerda Difícil, em Torno do Paradigma e do Destino das Revoluções no Século XX e Alguns Outros Temas*. O paradigma a que me refiro no subtítulo é o marxismo. De fato, o livro tem muita coisa de crítica do marxismo (uma crítica que não é, simplesmente, negativa), inclusive um artigo teórico, praticamente inédito no Brasil – ele saíra em português só numa revista de pequena circulação –, a respeito da política de Marx. Ao mesmo tempo, traz o esboço de um balanço das revoluções do século XX, sob a forma de textos, a respeito de Lênin, Trótski, Stálin, e também Kautsky (a propósito do bolchevismo), e, também, de forma mais direta, no longo artigo final sobre as revoluções do século XX, que é um desenvolvimento de uma conferência que fiz há alguns anos, na Faculdade de Direito do Largo São Francisco. Tento descrever o destino trágico das chamadas revoluções comunistas do século XX, e tirar algumas consequências daquelas experiências negativas (para falar em forma eufemística; na realidade elas desembocaram em genocídios). Meu problema é, em geral, o do futuro do socialismo democrático. Espero publicar no ano que vem a série de trabalhos que ficou fora deste volume, e que trata principalmente do Brasil, mas também de Cuba (crítica do castrismo), e da França.

Parte III

Outros Tempos*

---

* Incluo aqui dois textos escritos, respectivamente, no final dos anos de 1950 e meados dos anos 60.

NOTA: Antonio Candido e Décio de Almeida Prado haviam-me convidado a escrever resenhas para o "Suplemento Literário" d'*O Estado*, que acabara de ser criado, e que Décio dirigia. Eu tinha uma terrível inibição em matéria de escrita, e uma relação complicada demais com a filosofia, em que, entretanto, me graduara (ainda a tenho, mas de outro jeito). Era militante marxista antistalinista. Minha vida, em geral, estava em desordem. Imagine o leitor a salada pessoal-política-teórica em que me banhava. Mas animado pela generosidade de Décio e Antonio Candido fui tentando escrever as resenhas. Na grande maioria dos casos, acho que foi um desastre, tanto na forma como no conteúdo. Escolhia livros que não podia em absoluto resenhar, ou sobre os quais não poderia dizer quase nada interessante. Além do que, a escrita era inteiramente emperrada. Ainda assim, sem dúvida para não machucar o rapaz, Décio e Antonio Cândido continuavam a publicar os meus textos. Afinal achei um livro que me interessava. Era um panfleto contra a filosofia, escrito por Jean-François Revel (que depois ficou muito de direita), panfleto de que se falou bastante na França. Até Lévi-Strauss escreveu a respeito, contra. Ele disse mais ou menos o seguinte: Revel é tipicamente um filósofo, o panfleto vale contra ele mesmo. O texto me servia porque eu andava com um vezo fortemente antifilosófico, em parte como resultado das minhas próprias elocubrações e experiências, em parte por causa da leitura – de uma certa leitura – de Marx. Eu era, acima de tudo, marxista antistalinista. Acabei fazendo um textinho que pelo menos tinha a qualidade de ser sincero. Depois de vê-lo publicado, me convenci de que era melhor parar com as resenhas.

O segundo texto é a parte que escrevi, de um artigo produzido, junto com meu amigo Roberto Schwarz, para a revista *Teoria e Prática*; revista que, com outros amigos, fundáramos e dirigíamos no anos de 1960.

RESENHA DE *POURQUOI DES PHILOSOPHES?*,
DE JEAN-FRANÇOIS REVEL[*][1]

Este livrinho é um panfleto, da tradição dos panfletos "subversivos", estranhos e hostis à austeridade da universidade, que pretende retomar um velho tema, e atacar um não menos velho inimigo, a filosofia e os seus cultores. Na realidade, o leitor fica na dúvida quanto a saber se é a filosofia como tal o alvo dos ataques ou apenas um tipo de filosofia, pois o autor fica entre uma coisa e outra. Aliás, de seu livro, pode-se dizer o que ele próprio fala dos moralistas e ensaístas, os quais não têm a pretensão de construir sistemas nem de dar respostas definitivas, mas cujas obras podem se justificar "por uma só observação justa", mesmo se num amontoado de inutilidades: Revel não só abandona qualquer esforço de sistematização, como às vezes também as respostas bem definidas, e se o seu livro não é absolutamente um amontoados de inutilidades, vale,

[*] Suplemento Literário de *O Estado de S. Paulo*, janeiro de 1960.
[1] Paris: Julliard, 1957, 174 p.

entretanto, pelas muitas "observações justas" que contém, apesar dos seus desequilíbrios e exageros.

Se a ideia de uma crítica da filosofia não é nova, nem pela sua antiguidade define uma posição: são, de certo modo, "críticos" da filosofia os céticos, os comtistas e os positivistas lógicos, os marxistas e o bom senso vulgar. Revel está indiscutivelmente mais próximo do marxismo, como veremos no final, porém não fala como marxista, mas como moralista e homem do mundo. O que não perdoa aos filósofos são suas pretensões a construir sistemas explicativos da vida e do homem, sem ter pelo menos um conhecimento do particular; aquele "espírito de finura" que os amadores Pascal, La Rochefoucauld e Montaigne possuiam. Assim, Heidegger se permite ou promete falar do Ser, mas quando se refere à bomba atômica têm "opiniões dignas de velha dama provinciana". "Não sei o que o autor de *Sein und Zeit* tem a nos dizer do Ser, pois ele não o diz, mas quanto ao seu sentimento e ao seu conhecimento da vida poder-se-ia endereçar a Heidegger a ameaça que Kierkegaard fazia a Hegel: mandar um jovem pedir-lhe conselhos".

Não só a filosofia moral e a metafísica são criticadas, mas ainda a estética e a epistemologia. Quanto aos estetas, traça-se o quadro do indivíduo de sensibilidade nula, incapaz para a crítica da arte, e que sob o manto protetor da filosofia pretende transformar falsos problemas e truismos num conhecimento de ordem superior ao da crítica. Dos epistemologistas, dirá que são inúteis os seus esforços: depois de anos e anos de estudo, alcançam na melhor das hipóteses, "aquelas duplas culturas de que certos filósofos tanto se orgulham"; mas os seus conhecimentos científicos não vão além de "um nível elementar atingido por milhares de estudantes, que não se julgam em condições de refletir sobre os fundamentos de sua ciência".

Tais considerações não impedirão, entretanto, ao autor nem de se referir mais ou menos contraditoriamente aos estetas sérios, nem de citar um "brilhante ensaio" (a expressão "ensaio" parece proposital) do… epistemologista Bachelard.

De qualquer modo, o filósofo – moralista, esteta ou epistem[ólogo] – é em tese condenado como um marginal da cultura. Se formos reconstituir o índex de Revel – pois se trata de um verdadeiro índex – lá encontraremos Descartes, Spinoza,

Leibniz, Bergson, Heidegger, Merleau-Ponty, Lucien Goldmann, George Dumas, Piaget epistemologista (mas não psicólogo) etc. etc. Como se vê, a relação inclui pensadores das tendências mais diversas, e de mérito, sem dúvida, desigual. Dela também fazem parte psicólogos e sociólogos, pois pelo menos à psicologia nega o autor a condição de disciplina científica independente. Note-se ainda a exclusão dos filósofos antigos: é que Platão, como os gregos em geral, alicerça-se em "análises prévias realmente adquiridas e justificáveis em si mesmas". Os antigos satisfaziam a condição básica para uma filosofia válida: ser capaz de falar de "política, moral, arte, amor, sofística, pelo menos tão bem como o mais inteligente dos não filósofos". Quanto aos modernos, há uma advertência que, de certo modo, nos alivia: não devemos situar "no mesmo plano os grandes autores do passado e certos mistificadores contemporâneos".

Pelo tom com que desenvolvemos essas considerações, poder-se-ia pensar que o livrinho de Revel é uma obra-prima de confusão e charlatanice. Assim muitas vezes ele tem sido interpretado. De nossa parte, julgamos, com o comentarista do *France Observateur*, que Revel perdeu uma grande oportunidade de escrever uma verdadeira crítica da filosofia contemporânea e do pensamento metafísico em geral. Mas, apesar disto, sua contribuição desigual é fecunda e inteligente.

Convergindo para a crítica feuerbachiana e marxista, há uma tese subjacente ao desenvolvimento tão irregular da obra, que se explicita brevemente no final: a do caráter religioso da verdade filosófica (os textos finais permitem interpretar – da verdade metafísica). Desses parentescos, frequentemente insuspeitados mesmo por pensadores radicais, deriva-se a necessidade de uma crítica externa da filosofia, a exemplo da que já se admite em relação à teologia. Essa crítica externa, que tem como modelo a análise do bergsonismo por Politzer, distingue-se da crítica interna, comum entre os filósofos, pelo fato de permitir-se abandonar a linguagem filosófica na medida em que isto se revelar necessário. Para além dos debates das escolas, que, de qualquer forma, é preciso conhecer – e muito bem – como ponto de partida, importa saber afinal "o que realmente explica um sistema filosófico". A crítica interna recusa-se a abandonar a linguagem filosófica, por julgá-la uma técnica rigorosa e indispensavel, análoga à da matemática ou da física. Revel impugna precisamente a eficácia dessa linguagem, que, de instrumento de explicação superior à linguagem vulgar como deveria ser, ter-se-ia transformado num universo autônomo – contrafação caricatural do universo lógico das ciências – com a única justificativa de satisfazer a requintada indolência intelectual de pretensos especialistas. O que ele propõe é um programa de desmistificação da filosofia, programa indiscutivelmente não positivista, pois se faz em nome de uma ciência participante, solidária de um certo tipo de racionalismo; e, apesar do que o panfleto tem de grosseiro e das correções e explicitações essenciais pelas quais ele deveria passar, esse programa aponta menos para aquela desmistificação vulgar, em que foram mestres certos filósofos stalinistas, do que para uma outra, mais aprofundada, menos vulgarmente sociológica, e por isso mais objetiva e segura.

O tom das páginas finais leva-nos muito longe da posição do moralista e faz lembrar a *Ideologia Alemã*: "A filosofia é o último aspecto sob o qual se perpetuam as duas potências de ilusões das quais o pensamento moderno conseguiu liberar o espírito humano em outros domínios da vida intelectual: a religião e a retórica" (Revel). Reencontrando oportunamente certas teses esquecidas ou mal interpretadas do fundador do socialismo moderno, esse livrinho ficará assim como uma contribuição. Com as restrições que fizemos, será sem dúvida leitura obrigatória de quem se arriscar a uma crítica da filosofia contemporânea – essa verdadeira crítica da metafísica do nosso tempo, que as circunstâncias já estão exigindo.

OUTROS TEMPOS 283

SOBRE O RACIOCÍNIO POLÍTICO DE OLIVEIROS FERREIRA*

NOTA: Como indiquei acima, este artigo, foi escrito em parceria com meu amigo Roberto Schwarz. Oliveiros Ferreira, cientista político e jornalista bem conhecido, que era então nosso colega (Oliveiros ainda é meu colega), se distinguia por uma ideologia um pouco abstrusa, cujo conteúdo o leitor reconstituirá em parte, espero, lendo o texto. O nosso artigo tinha uma pequena introdução e duas partes. Eu fiz a introdução e a segunda parte. Schwarz fez a primeira. Discutimos um pouco o conteúdo geral, antes de redigir o artigo, mas, na realidade, cada um desenvolveu as próprias ideias e deu-lhes a forma que lhe pareceu melhor. Schwarz reproduziu a sua parte em um dos seus livros[2]. Mas o que escrevi não fora até aqui republicado. Aí vai a minha porção (ou as minhas duas porções) do "Sobre o Raciocínio Político de Oliveiros", para o leitor curioso. Para dar alguma ideia do todo, cito – depois da Introdução, que é minha – as frases iniciais da primeira parte, escrita por Roberto Schwarz.

[Introdução]

O que desde a primeira impressão é desconcertante na prosa política do Sr. Oliveiros Ferreira é a sem-cerimônia com que reúne, num coquetel compósito, as figuras e os projetos políticos mais diversos: num mesmo parágrafo, o coronel Veloso e Rosa Luxemburgo; o almirante Heck a dez linhas de Gramsci; Marx e Engels, nos interstícios dos apelos à Pátria Grande. Nessa reunião incômoda de almas inimigas, convocadas ao banquete por arte do anfitrião, que quer todos em sua casa e à sua mesa sem indagar se os convidados se estimam, o diálogo só será possível, se o dono da casa orquestrar a conversa dando a palavra a cada um por vez, sobre o tema e com tempo determinado; no limite, será mesmo necessário censurar os discursos, cortar as palavras aos comensais mais irascíveis – pois só alguns deles são realmente incivis –, o que não evitará a baderna, o leitor que o diga:

[Segue-se a primeira parte, escrita por Roberto Schwarz]:

---

* Introdução e Parte II, revista *Teoria e Prática*, 1967.

2 *O Pai de Família e Outros Estudos*, Rio de Janeiro: Paz e Terra, 1978.

I.

Os trabalhos políticos de Oliveiros S. Ferreira confundem o leitor. Valem-se com frequência da lição de Lenin, Trotski, Gramsci e Rosa Luxemburg, entretanto são publicados com destaque n'O Estado de São Paulo, que não é um jornal de esquerda. Filiam-se ostensivamente à tradição marxista […] mas concentram a sua esperança nas Forças Armadas, rebatizadas de "proletários do sistema"[3] etc.

[Retomo o texto na segunda parte:]

II.

Mas a lógica da desrazão, embora termine pelo mito, também tem as suas leis. Elucidemos um pouco a natureza formal dos passes teóricos, reconstituindo (a partir de temas já vistos, mas com outro método) as condições de possibilidade do ilusionismo ideológico. Isto nos levará a estabelecer alguns confrontos históricos.

Tomando apenas o peso quantitativo das citações e a simples presença de um certo vocabulário como critérios decisivos, não entendemos o que a política do Sr. Oliveiros significa. A resposta não reside, porém, no volume de certos empréstimos nem na presença dos termos de um vocabulário, mas na significação e no papel que têm tais elementos na estrutura global do discurso. É que se o Sr. Oliveiros apela frequentemente para categorias marxizantes, e se calca algumas de suas análises na crítica de esquerda, essas categorias e análises nunca são realmente *fundantes*. Senão vejamos. Ao tratar da indústria, na introdução de *As Fôrças Armadas...*, o autor escreve coisas como esta:

A indústria não se desenvolveu de maneira autônoma, deixando de assumir a hegemonia do processo de transformação das estruturas sociais e políticas. Oriunda dos excedentes da produção de matérias primas e bens primários e do comércio com o exterior, não foi capaz pela ligação, no plano das relações individuais, entre a fazenda e a fábrica, de impôr à agricultura o universo de produção que lhe é próprio: racional, frio, impessoal, no qual tudo se rege por considerações *econômicas*, de rentabilidade

3 Idem.

máxima. Pelo contrário, cedeu ante o universo agrário, pré-capitalista (e o pré-capitalismo, no século xx, é uma força anticapitalista)[4].

Porque as oposições entre diferentes esferas da atividade econômica são pensadas em termos de uma contradição entre diversos modos de produção, o tema da luta de classes se faz presente nesse texto: hegemonia da indústria ou da agricultura; luta do capitalismo contra o anticapitalismo. O leitor ingênuo talvez fique por aí; tanto mais que essa presença poderá ser assinalada em cada capítulo e quase em cada parágrafo. Resta saber qual a modalidade, não definida, dessa presença. Desde logo se percebe que a luta de classes não é real: a indústria conciliou com a agricultura, pelas ligações "no plano das relações individuais entre a fazenda e a fábrica". Como num texto que comentamos no início, [na primeira parte do texto] a luta de classes é algo que *deveria* ter ocorrido, mas não ocorreu; um ideal que não foi alcançado. O Sr. Oliveiros não crê que tenha havido luta de classes, mas é a favor dela (como Lenin, Trotsky etc.). Mas se a favor, é ambíguo. A favor de que classe? No texto, como em alguns outros passos (ver o final do livro) o Sr. Oliveiros se inclina pela indústria. Porém a resposta não é satisfatória, porque, ao tratar da situação das outras classes, ele parece assumir sucessivamente o ponto de vista de cada uma delas; de resto, como vimos [na primeira parte do texto] ele se arvora em defensor de pelo menos mais uma, a classe operária. Antes de ser a favor ou contra uma classe em particular – o leitor irá descobrindo – o Sr. Oliveiros é mesmo pela *oposição entre as classes* – mas contra o privilégio que se encarna no Estado: "Assim, quando todos os interesses se interligam no plano do Estado: agricultura, comércio, indústria, finanças e liderança sindical"[5] Não se trataria dos interesses reais das classes mas de interesses deformados pelas burocracias: "nesse sistema não há possibilidade, no quadro da Constituição escrita, de uma ação renovadora da vida social para torná-la mais livre, mais agônica, mais criadora, mais autêntica"[6]. Trata-se, portanto, de *libertar* as classes das

4 *As Forças Armadas e o Desafio da Revolução*, Rio de Janeiro: GRD, 1964, p. 22.
5 Idem, ver p. 26 e 27.
6 Idem, p. 28.

amarras do Estado, garantindo uma vida social que, além de mais autêntica e mais criadora, seja mais "*agônica*"; o marxismo aparente do início se desdobrou em liberalismo. A luta de classes que o Sr Oliveiros defende é a Luta das Classes... em luta contra o Estado. E das duas lutas, a segunda tem precedência. O livre jogo das "oposições entre as classes" pressupõe a organização delas em uma unidade, ou, mais precisamente, a organização de uma unidade que já existe em si, mas não organizada, para além daquelas oposições. Essa unidade é a Sociedade Civil. "Enquanto tudo isso acontece, o Estado prossegue no caminho que se traçou desde o início, que é o de impedir à sociedade civil de organizar-se. Essa organização era o objetivo último da revolução sonhada em 1964: fazer do Estado seu servo e impedir que ele, dela afastado, a sufocasse em uma multidão de leis e decretos, e paulatinamente, retirassse dela a capacidade de resistir aos atos de prepotência contra os direitos individuais"[7]. A sociedade civil seria, como na tradição hegeliana, o campo em que as classes se enfrentam: organizá-las seria passar das oposições à unidade? Mais do que isto. A Sociedade Civil é para o Sr. Oliveiros uma *verdadeira essência* das classes, que *existe* como *unidade de interesses*, para além delas e de seus conflitos, uma essência *real*, embora sem organização (isto é, sem aglutinação e eficácia): "A Sociedade Civil [...] não tem mais porta-vozes válidos capazes de aglutiná-la e defendê-la: [...] O café só tem uma alternativa: declarar guerra ao Governo [...]. A indústria está presa ao redesconto do Banco do Brasil [...]. O proletariado está preso ao Estado [...]. A Sociedade Civil, assim, está sem defesas"[8]. A sociedade civil passou a ser, assim, o verdadeiro sujeito. As classes são os *porta-vozes* da sociedade civil; representantes dos seus interesses, guardiães mais ou menos capazes de defendê-la. E essa capacidade de representar e defender a sociedade civil não é pensada aqui como uma universalização ilusória nem depende da hegemonia de uma classe na luta contra as outras – o próprio texto o diz: o verdadeiro critério está no grau de independência de cada classe em relação ao *Estado*. Da luta de classes não restou muita coisa.

7   Ver *O Fim do Poder Civil*, São Paulo: Convívio, 1966, p. 6 e 7.
8   Idem, p. 30.

Mas também o liberalismo passou a ser um simples "momento". Se a unidade das classes na sociedade civil, que é o segredo da política do Sr. Oliveiros, cancela a luta de classes (e não a posterga simplesmente), ela acaba eliminando também o próprio liberalismo antiestatizante ao qual está inicialmente associada. Assim, se a organização da sociedade civil se justifica primeiro pela necessidade de libertá-la do Estado e de estabelecer o livre jogo das oposições de interesses, ela se prolonga, no programa político do Sr. Oliveiros, no ideal já menos liberalizante "das novas formas de colaboração entre operários e patrões"[9]; e culmina com os planos de hegemonia internacional que se, teoricamente, não são incompatíveis com o liberalismo, nas condições de um país subdesenvolvido dificilmente o tolerariam. Depois de passar por tantas figuras, a dialética do Sr. Oliveiros só pode desembocar no mito: o objetivo final, os planos imperialistas, não serão justificados nem por um argumento liberal, nem por um raciocínio marxista, mas por um conluio (uma frente única) de necessidades míticas: "O *Destino* aí está, manifesto a todos nós, *a grandeza territorial e a extensão da costa e das fronteiras*, impondo-nos a consciência de que somos, *por obra e graça dos que não acreditaram no 'deixa disso'*, a nação destinada a ter a hegemonia da América Latina, para uma vez ela aquirida impor ao Continente as soluções que são nossas e não dos outros, que têm outro Destino, conflitante às vezes com o Brasileiro"[10].

Esse esvaziamento do "discurso de esquerda" por uma essência abstrata que o funda (no caso, a sociedade civil) tem como contrapartida um outro movimento, simétrico em relação ao primeiro, que parece desempenhar também um papel importante como fator de obscuridade. É a substituição do objeto real da análise ou da crítica, espécie de "metonímia ideológica": não se visa o objeto na sua forma global, mas em uma de suas expressões empíricas que passa a representá-lo. Assim, se o Sr. Oliveiros se opõe à política sindical do getulismo, que teria atado o proletariado-sujeito dos anos de 1920 ao sindicalismo estatal, a sua crítica toma em mais de um texto a forma da oposição a uma *medida determinada* daquela política:

9 *As Forças Armadas…*, p. 20.
10 *O Fim do Poder Civil*, p. 65 (grifos meus).

a decretação do imposto sindical. Não se diga que o Sr. Oliveiros critica também o getulismo em geral ou que, preocupado em mudar as coisas, visa o elo mais importante. Não somos nós que inventamos fantasmas; o imposto sindical passa pelo mesmo processo de entificação que sofrem o Estado e a sociedade civil: "Embora assentando num tripé fragil, a Sorbonne[11] nada faz para consolidar o seu ponto de sustentação, que se não é deveria ser a Sociedade Civil. Por isso entra ministro, sai ministro, o 'pelegato' continua a mandar no Ministério do Trabalho e o Imposto Sindical não é abolido. Ele é a pedra angular do 'sistema' – e é também sua cidadela inexpugnável"[12]. O imposto sindical é o anjo da guarda do sistema, seu demônio vital. E pela abstração do contexto social que lhe deu e lhe dá sentido (o conteúdo *político* se resolve em chavões), ganha a aparência de um objeto *técnico*, de um modo "infeliz" de resolver os conflitos da sociedade civil, pelo qual é responsável esse outro objeto "reduzido", a abstração do Estado:

> Coube a pequenos grupos civis reunidos em torno da "Vanguarda Socialista" denunciar, no início da redemocratização, o caráter totalitário e fascista do Imposto Sindical – responsável pelo peleguismo e meio através do qual o Estado passou a controlar os sindicatos operários, retirando-lhes a combatividade própria e substituindo-a por uma passividade cômoda ao Privilégio, ou uma agressividade de cúpula favorável aos desígnios políticos dos detentores do Poder[13].

Na realidade, para além d'O Imposto Sindical, e do peleguismo, o Sr. Oliveiros visa uma certa política[14] que represente uma resposta das classes dominantes aos problemas levantados pela formação de um proletariado numeroso e reivindicativo. (O Sr. Oliveiros quer outra resposta – com menos riscos

---

11 Asssim era chamado na época um grupo de alunos, professores ou estagiários da Escola Superior de Guerra, e que tinha como um de seus líderes o gal. Castelo Branco. Por extensão, o nome passou a designar também a própria Escola (nota de 2005 com agradecimento a Eduardo Kugelmas).
12 *O Fim do Poder Civil*…, p. 57.
13 *As Forças Armadas*…, p. 94.
14 Esta política se concretizou em muitas outras medidas. Um aspecto fundamental que passa para o segundo plano: as leis de proteção ao trabalhador (aposentadoria, jornada de trabalho, regulamentação do trabalho de menores, salário mínimo etc.).

e concessões: as novas formas de colaboração entre operários e patrões com vistas à hegemonia continental etc. etc.) Mas, substituindo a primeira resposta que, descrita no seu conteúdo global, seria translúcida à análise, pelo fantasma d'O Imposto Sindical, a cada passo apontado como o verdadeiro culpado a ser queimado em holocausto, o Sr. Oliveiros obscurece o objeto que critica e, em consequência, obscurece também o *sentido do seu próprio projeto*. Pois se pode haver ambiguidade na caracterização do pensamento de quem critica a política sindical do getulismo (há críticas de esquerda e de direita a essa política etc.), o crítico do objeto abstrato imposto sindical há de ser também um crítico abstrato, isto é, neutro, acima das alternativas inventadas pelos que pactuam com o sistema e que só servem ao sistema: direita ou esquerda, capitalismo ou socialismo. De fato, "o debate sobre se esta Revolução será de Direita ou de Esquerda é supérfluo – e por supérfluo serve apenas a seus inimigos"[15].

Com isto se consuma a destruição das pontes, a eliminação dos rastros que permitiriam ao leitor situar o ideólogo na geografia das alternativas políticas. Nesse trabalho, o Sr. Oliveiros revela certamente, alguma habilidade. Mas os que duvidam da racionalidade das coordenadas (poupemos as geometrias não euclidianas), os destruidores de bússolas, ainda que se pretendam acima e além dos *topoi* conhecidos, ocupam não obstante, o seu lugar, e um lugar bem definido no espaço. A única diferença é que, nesse caso mais complexo, a localização será problemática se utilizarmos as bússolas vulgares.

Se o movimento conceitual do Sr. Oliveiros, tomado o seu pensamento no nível mais profundo, parece ser o inverso daquele a que procede a crítica de esquerda, já que o autor não decifra a ideologia, mas resolve os conceitos sociológicos em abstrações ideológicas (o Estado como entidade autônoma, a Sociedade Civil unificada, o Destino, a Pátria Grande), a inversão tem ao mesmo tempo o significado de uma *dissolução* dos fundamentos teóricos daquela crítica – o que a reconduz, de certo modo, à sua pré-história ideológica. Esse aspecto é particularmente nítido, se considerarmos a utilização que o

15 *As Forças Armadas…*, p. 16.

Sr. Oliveiros faz, em determinados textos, da ideia de "proletariado". – Nas origens do socialismo científico, a noção de proletariado aparece como resultado de uma espécie de "tradução" de conceitos ideológicos das filosofias anteriores; é por exemplo da dualidade "cabeça (= Razão) – Coração", cuja aliança Feuerbach propugna[16], que o jovem Marx extrai uma outra dualidade, em que o proletariado figura como um dos termos positivos: "A cabeça (da emancipação) é a filosofia, o *Coração* é o *proletariado*"[17]. O "proletariado" é assim o equivalente do "coração" feuerbachiano, porém um equivalente que o transporta a um novo plano, mais concreto e histórico, e que por isso mesmo acabará por expulsar a significação primitiva: nas obras de maturidade de Marx, o "coração" desaparecerá do discurso. Na filosofia do Sr. Oliveiros, ocorre o contrário. O proletariado tem o lugar que ocupava, no jovem Marx, o coração: é o objeto opaco a ser decifrado, a ideia abstrata cuja localização se procura. Mas diferentemente do "coração" em Marx, a ideia primitiva do Sr. Oliveiros não se tornará inessencial nem poderá ser abandonada, porque a "aderência" histórica tem aqui uma função ideológica. Assim, em *As Forças Armadas…*, num texto em que se descreve a situação dos militares antes de abril de 1964, encontramos um movimento de aparente explicação que nos daria a verdade da noção de proletário:

O mais grave na crise que se abriu em agosto de 1961 e talvez o sintoma da agonia final do "sistema" tal qual se estruturou durante êsses anos todos, é que as forças armadas se viram, bruscamente, *isoladas da sociedade em que viviam. Sentiram*, pela primeira vez em sua longa história, que sem o mundo civil de que estavam distanciadas, não teriam forças sequer para *sobreviver* como garantes da Nação. E, o que é mais, aperceberam-se de que a ele não poderiam voltar a unir-se, pois a muralha entre um e outro era intransponível, erguida que fora sobre a imagem alimentada pelos "príncipes" de que os beneficiários do "sistema" eram elas e não eles, partícipes do festim. E ao voltarem-se sobre si mesmas, no silêncio da consciencia balbuciando o "*mea culpa*" e o "*non possumus*", viram-se sem objetivo, *párias expulsos da sociedade civil*, sem direito sequer de *reivindicar para si aquele mínimo*

---

16 Os dois termos representariam respectivamente o princípio teórico e o princípio prático.

17 Marx, *Introdução à Crítica da Filosofia do Direito de Hegel*.

que para os "príncipes" era dado sem medida. E cada um dos que a integram se sentiu de repente habitante de Roma, que à sua *prole* nada mais podia dar que o *ganho com o seu trabalho cotidiano* – *proletário* do sistema, sequer membro da guarda pretoriana[18].

Observe-se que a noção de "proletário", sucessivamente evocada, só aparece de forma expressa no final, e mesmo ali introduzida por um circunlóquio histórico. Graças a esses passes de virtuose, fica obscuro o sentido da operação. A "tradução", grosseira, travestida em fino movimento conceitual, ganha ares e dignidade de inferência rigorosa: não se trata de dizer que proletários mesmo são os militares, mas que de "militar" se deduz "proletário". – De qualquer modo, uma vez descobertos os verdadeiros proletários, o resto é fácil; abre-se parágrafo (o que isola materialmente a palavra "proletário", que será reintroduzida, do seu novo significado) e se faz, como em 1848, um apelo revolucionário à classe universal... em uniforme: "Aos proletários conscientes de sua posição social e da mensagem de redenção de que são portadores, cabe a tarefa de vencer o Privilégio que é a fonte da Desigualdade" (idem).

A distância que separa o Sr. Oliveiros dos autores que ele se compraz em citar e glosar, poderia ser enfim ilustrada por uma referência ao *Dezoito Brumário de Luis Napoleão*, de Marx, encontrada à página catorze de *O Fim do Poder Civil*. Trata-se de uma comparação entre as manobras políticas da Sorbonne, em particular as que visaram obter apoio para o afastamento de Ademar de Barros do govêrno de São Paulo, e as manobras de Luis Bonaparte: "O sedutor, parodiando Marx, não foi Luis Bonaparte, apoiado na grande massa amorfa dos pequenos proprietários, presos ao carro do capital financeiro pela hipoteca e sustentados pelo *lumpen-proletariat* organizado na 'Sociedade 12 de Dezembro', mas o grupo da Sorbonne, fundado na expressão mais primitiva do poder que é a força". O Sr. Oliveiros deve supor que a diferença entre o original e a paródia (a expressão é do autor) provém do objeto: é porque a Sorbonne só se apoia na "expressão mais primitiva do poder" e não em forças sociais determinadas como Bonaparte, que não há entre os dois casos, e não poderia haver entre os dois

---

18 *As Forças Armadas...*, p. 53 (grifos meus).

292 OUTRO DIA

textos, muita coisa mais em comum além (da imagem) da sedução. Para descrever "seduções" fundadas em forças tão diversas seria mesmo necessário usar de linguagens diferentes, como se fez no seu texto. Porém se a hipótese contrária for a verdadeira, e a amplitude da diferença provier não do objeto mas do sujeito que analisa, a comparação frustrada e o seu resíduo, a imagem, aparecerão como sintomas de um paralelismo teórico que se resolve em distância.

Houve época em que os membros das organizações francesas de extrema-direita gostavam de se dizer discípulos de Mao-Tse-tung. A filiação supreende mas ela não era, a rigor, mistificante. É que os ativistas distinguiam com clareza os fins dos meios: eles se consideravam discípulos de Mao-Tse, porque, das obras militares do lider chinês, extraíam certos conhecimentos técnicos necessários à consecução dos seus objetivos próprios, cujo sentido político não dissimulavam. Tratava-se de uma utilização puramente instrumental de técnicas militares eficazes. Na ideologia do Sr. Oliveiros há também uma instrumentalização. Mas se aqui o instrumento (o discurso marxista) serve é porque *ele toma a aparência de um fim*, com o que os fins verdadeiros (imperialismo, militarismo…) ficam ocultos ou, no limite, aparecem transubstanciados no conteúdo revolucionário do instrumento. A eficácia é o que se espera do instrumento técnico, a opacidade (que tem a sua própria eficácia) é o resultado visado pela instrumentalização ideológica. Não é, pois, surpreendente se à página 38 de *As Forças Armadas…*, o autor ridiculariza a transparência de uma certa "esquerda autêntica" que "tem escrúpulos em parecer diferente do que é"[19]. A articulação singular do seu próprio discurso, que não cede ante tais injunções, dá, sem dúvida, ao Sr. Oliveiros autoridade bastante para ministrar essa instrutiva lição de realismo político.

---

19 "A esquerda autêntica entra assim no processo já em condições de inferioridade: em primeiro lugar, porque tem escrúpulos em parecer diferente do que é, afirmando sempre a necessidade de uma perfeita concordância entre a integridade subjetiva e a ação objetiva [...]". "Os autênticos, antes que revolucionários são românticos, capazes de tudo permitir ao adversário, mas de nada igual fazer para conquistar a hegemonia e o Poder, pois para eles a ação revolucionária deve ser pura sob pena de confundirem-se com aqueles cujos métodos condenam" (*As Forças Armadas…*, p. 38.).

Sobre os Textos

ATRAVESSANDO MARX. Intervenção em um seminário sobre Marx, na USP, 6 de agosto de 2007.

SOBRE A IDENTIDADE DA ESQUERDA. QUE É SER DE ESQUERDA NO SÉCULO XXI? Intervenção na Conferência Caio Prado, Brasília, 18 de agosto de 2007.

NOTAS SOBRE DEMOCRACIA, CAPITALISMO E TOTALITARISMO. Para uma conferência proferida no seminário: Direitos Humanos e Democracia, Goiânia, setembro de 2007.

A ESQUERDA NA ENCRUZILHADA. Publicado pela *Folha de S. Paulo*, de 11 de janeiro de 2004.

A GANGRENA. Publicado pela *Folha de S. Paulo*, de 28 de março de 2004, sob o título: "O PT, Dirceu e o Risco de Gangrena".

PARA ALÉM DA GANGRENA. Publicado em versão ligeiramente reduzida pela revista de cultura e política *Lua Nova*, São Paulo, Cedec, n. 65, 2005.

REFLEXÕES SOBRE O MOMENTO POLÍTICO. Publicado pelo suplemento Mais!, da *Folha de S. Paulo*, do dia 16 de outubro de 2005, sob o título, que é da redação, "Gangrena na Esquerda".

AS PERSPECTIVAS DA ESQUERDA. Publicado pela *Folha de S. Paulo* em 22 de janeiro de 2006 (primeira parte) e 12 de março de 2007 (segunda parte, sob o título "A Esquerda e o País"). O Posfácio, inédito, é de setembro/outubro de 2007.

AS ESQUERDAS E A AMÉRICA LATINA. Publicado, em versão um pouco reduzida, pela *Folha de S. Paulo*, nos dias 14 de junho (primeira parte) e 25 de julho de 2006 (segunda parte, sob o título "Esquerda Totalitária e Esquerda Democrática").

QUE ME É PERMITIDO ESPERAR? Publicado pela *Folha de S. Paulo*, nos dias 10 de setembro de 2007 (primeira parte) e 29 de setembro de 2007 (segunda parte, sob o título "E agora?").

JOGO DE ESPELHOS. Publicado pela *Folha de S. Paulo* no dia 10 de setembro de 2006. O título é da redação do jornal, mas eu o conservei. O título primitivo era "Chomsky vota Heloisa".

ANTES TARDE. Inédito (enviado a um jornal de São Paulo, mas não publicado). O texto é do final do primeiro semestre de 2007.

ANTES DAS ELEIÇÕES FRANCESAS. Publicado pela *Folha de S. Paulo*, em 7 de abril de 2007, sob o título "Contendor Final de Sarkozy é Incógnita da Eleição Francesa".

REFLEXÕES SOBRE AS ELEIÇÕES FRANCESAS. Uma variante reduzida do texto foi publicada pela *Folha de S. Paulo*, em 15 de maio de 2007, sob o título "Reflexões sobre a Derrota da Esquerda na Eleição Francesa".

SARKOZY SEGUNDO A ORDEM DAS RAZÕES. Originalmente escrito em francês, publicado em português pela revista de política e cultura *Política Democrática*, Fundação Astrojildo Pereira, Brasília, n. 18, julho de 2007, p. 129 e s.

CUBA SIM, DITADURA NÃO. Publicado no suplemento Pensar do *Correio Braziliense*, de Brasília, no dia 26 de abril de 2003.

POLICIAIS BRASILEIROS EM CUBA. Publicado pela *Folha de S. Paulo*, em 14 de março de 2005.

CUBA E A CRÍTICA DE ESQUERDA AO CASTRISMO. Texto escrito atendendo a uma solicitação do Globo on line, mas até aqui inédito; o título é meu. Segundo semestre de 2006.

EM DEFESA DO "MORALISMO". Publicado pelo suplemento Mais! da *Folha de S. Paulo* de 2 de maio de 2004. Por engano, a redação omitiu as aspas na última palavra do título.

SOBRES OS *LOBBIES* NA UNIVERSIDADE. Publicado pela *Folha de S. Paulo*, de 24 de fevereiro de 2004. O Complemento, inédito, foi escrito em resposta a um e-mail de um colaborador de uma revista gauchista de São Paulo, que me pedia alguns esclarecimentos sobre o meu artigo. A minha resposta nunca foi publicada.

UNIVERSIDADE, DEMOCRACIA, SOCIEDADE JUSTA. Discurso apresentado em agosto de 1998, por ocasião da outorga do título de professor emérito de Faculdade de Filosofia, Letras e Ciências Humanas da Universidade de São Paulo. Publicado em opúsculo pela USP, em novembro de 2003, com uma apresentação da professora Maria das Graças de Souza.

DIALÉTICA, INDIVÍDUO, TEORIA CRÍTICA. Entrevista publicada sob o título "Os Limites do Marxismo". Folhetim, n. 325, *Folha de S. Paulo*, 10 de abril de 1983.

FILOSOFIA FRANCESA, ESQUERDAS NO BRASIL E NA EUROPA, UNIVERSIDADE BRASILEIRA. Entrevista a Luiz Felipe Pondé publicada sob o título "Ruy Fausto Manifesta seu Pensar Inatual". *O Estado de S. Paulo*, 18 de março de 1995.

SOBRE OS TEXTOS 295

SEMINÁRIOS SOBRE *O CAPITAL*, POLÍTICA BRASILEIRA, ESQUERDA E UNIVER-SIDADE. Entrevista a Fernando de Barros e Silva publicada sob o título "A Esquerda Passada a Limpo". Mais!, *Folha de S. Paulo*, 6 de outubro de 1996.

SOCIALISMO DEMOCRÁTICO, MARX HOJE, FUTURO DO PT, FUNDAMENTALIS-MOS. Entrevista a Maurício Santana Dias, publicada parcialmente. Mais!, *Folha de S. Paulo*, 9 de junho de 2002. Publico aqui a versão completa.

GOVERNO LULA, SOCIAL-DEMOCRACIA, ESQUERDA RADICAL. Entrevista concedida a Fernando de Barros e Silva e Rafael Cariello, sob o título "O Coringa da Ruptura é Carta Falsa". *Folha de S. Paulo*, 29 de novembro de 2003.

DUAS ENTREVISTAS DO SEGUNDO SEMESTRE DE 2002

a. Entrevista concedida a Manuel da Costa Pinto. Revista *Cult*, n. 61, setembro de 2002, São Paulo: Editora 17.
b. Entrevista concedida a Anderson Gonçalves, Rodnei Nascimento e Sílvio Rosa. Revista *Reportagem*, n. 37, outubro de 2002, São Paulo/Belo Horizonte.

ENTREVISTA SOBRE CUBA. Concedida à *Gazeta do Povo do Paraná*, Curitiba, dezembro de 2006.

A ESQUERDA DIFÍCIL, PROJETO SOCIALISTA-DEMOCRÁTICO, VIOLÊNCIA E COR-RUPÇÃO. Entrevista concedida a Rafael Cariello. *Folha de S. Paulo*, agosto de 2007. Publico aqui a versão completa.

ESQUERDA E DIREITA, INTELECTUAIS BRASILEIROS, CAPITALISMO E TOTALITA-RISMO. Entrevista concedida a Rosângela Chaves. *O Popular*, Goiânia, 2 de setembro de 2007.

LÓGICA E POLÍTICA, FILOSOFIA E NÃO FILOSOFIA, DIALÉTICA. Entrevista concedida a Alexandre Carrasco no segundo semestre de 2007. Revista *Rapsódia*, São Paulo, n. 4, 2008.

RESENHA DE *POURQUOI DES PHILOSOPHES?* DE JEAN-FRANÇOIS REVEL. Publicada no Suplemento Literário de *O Estado de S. Paulo*, 9 de janeiro de 1960.

SOBRE O RACIOCÍNIO POLÍTICO DE OLIVEIROS FERREIRA (Introdução e Parte II). Em colaboração com Roberto Schwarz, publicado pela revista *Teoria e Prática*, n. 1, São Paulo, 1967.

Este livro foi impresso na cidade de São Paulo,
em setembro de 2009, nas oficinas da Cherma Indústria da Arte Gráfica Ltda.,
para a Editora Perspectiva Ltda.